*Großmeister Ashida Kim*
*&*
*Sensei Andreas Leffler*

*präsentieren*

# *Ninja*
# *Geheimnisse der Unsichtbarkeit*
# *Gesamtwerk*

Andreas Leffler Medienverlag

Bildnachweis:
S. 13 © Daniel Shalloe - Fotolia.com
S. 23 © Matthias Nordmeyer - Fotolia.com
S. 33 © Carlos Garcia Pastor - Fotolia.com
S. 64 © Stephane Tougard - Fotolia.com
S. 75 © Olga Lyubkina - Fotolia.com
S. 84 © Pedor Monteiro - Fotolia.com
S. 87 © Igor Dimitrev - Fotolia.com
S. 96 © BerniX - panthermedia.net
S. 107 © jcbprod - panthermedia.net
S. 120 © jcbprod - panthermedia.net
S. 129 © jcbprod - panthermedia.net
S. 140 © TongRo_ASIA - panthermedia.net
Coverrückseite: © Tentacle - Fotolia.com
alle anderen Bilder © by Andreas Leffler & Ashida Kim

IMPRESSUM:
Ninja, Geheimnisse der Unsichtbarkeit Gesamtwerk
ISBN: 978-3-936457-42-1
Covergestaltung: Martina Grandl


herausgegeben von
Andreas Leffler Medienverlag
Postfach 71 06 47, 81456 München

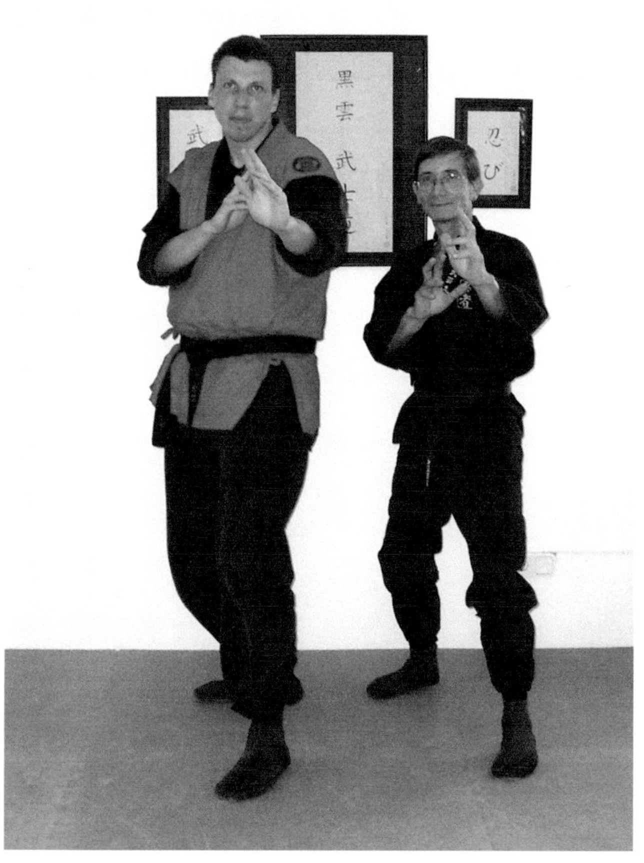

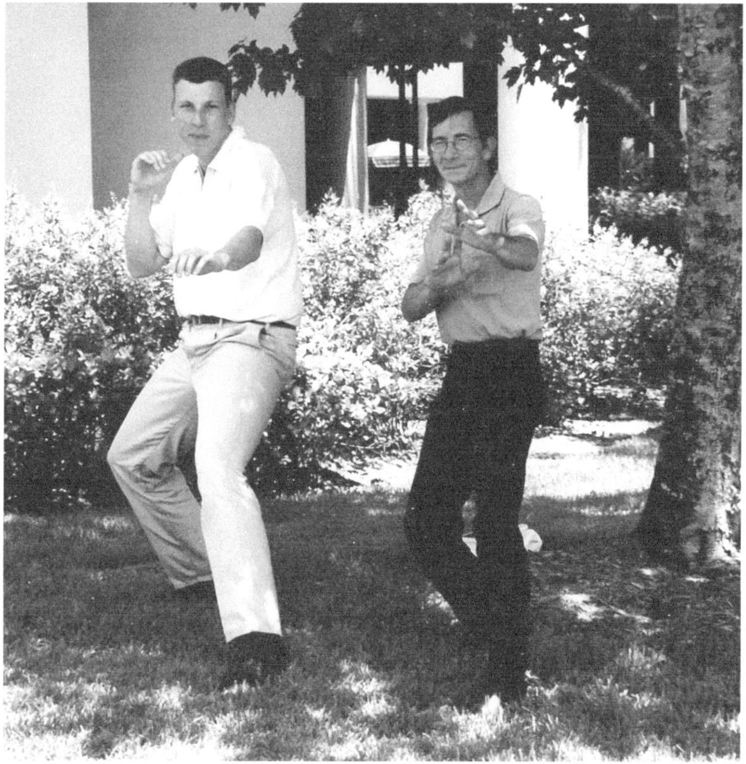

*links: Andreas Leffler & Asida Kim in München*
*rechts: Andreas Leffler & Ashida Kim in Orlando / Fl.*

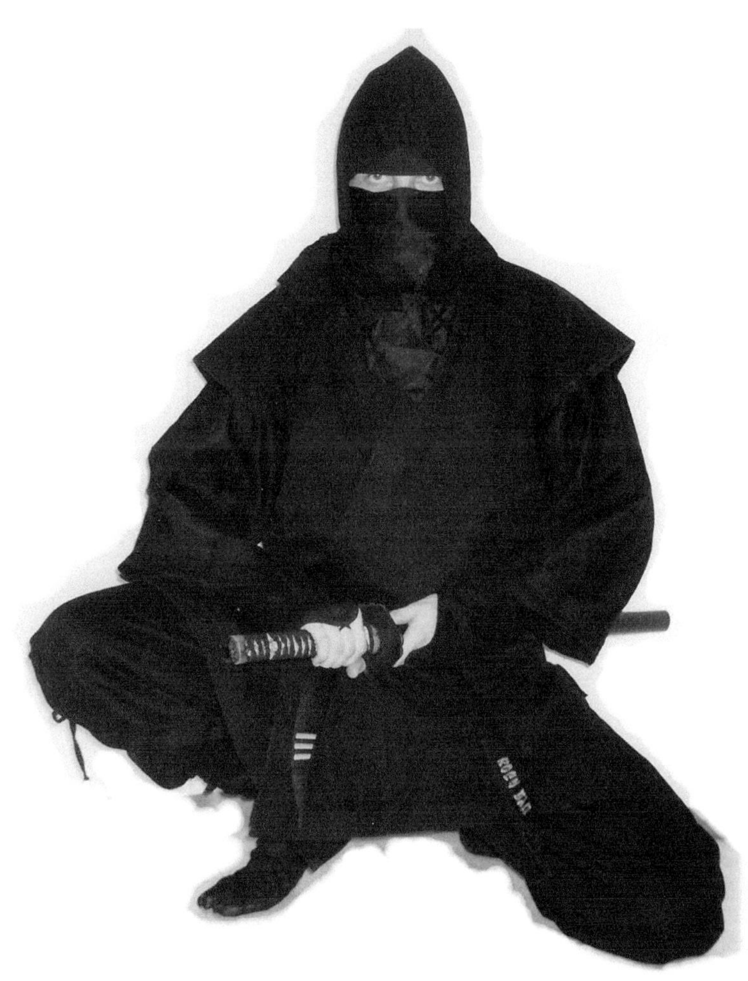

*gewidmet:*
*allen Kampfkünstlern*
*mit einem offenen Geist und*
*dem Willen Gewalt zu vermeiden*

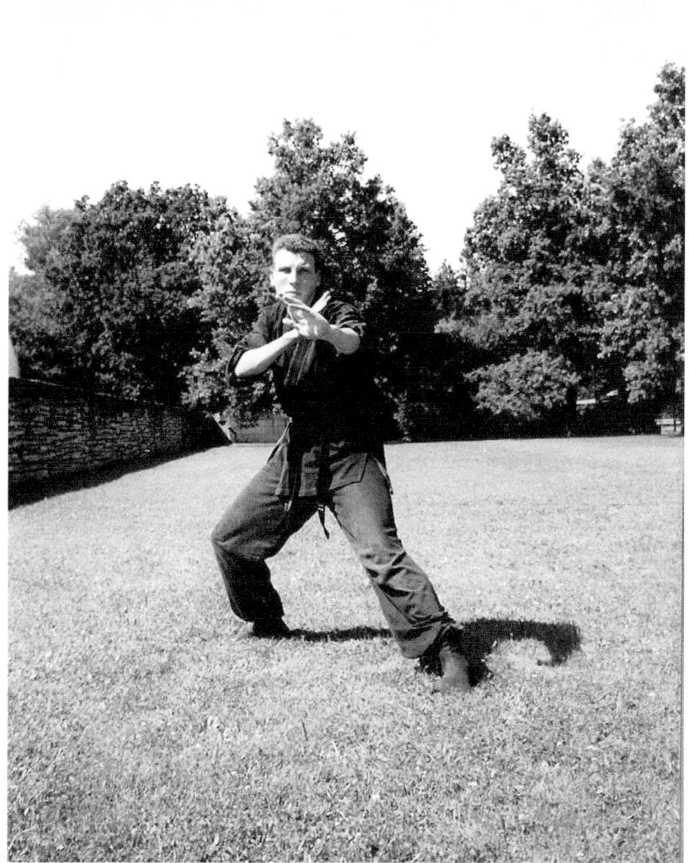

# Vorwort von Andreas Leffler

Der historische Ninja wird heute oftmals als Meister der Tarnung vorgestellt. Zu seinen Aufgabenbereichen gehörten Spionage und Infiltration. Hierfür musste er natürlich oftmals „unsichtbar“ sein. Egal ob er sich in feindliche Länder und Lager einschlich oder getarnt arbeitete, für seine Gegner war er nicht präsent, auch wenn er sich natürlich nicht wirklich „unsichtbar“ machen konnte.
Im Rahmen heutiger Ninjutsu Schulen wird dieser Bereich oftmals vernachlässigt. Da die wenigsten Ninjutsu Studenten dafür praktische Anwendungen im Rahmen von militärischer, polizeilicher oder sicherheitsdienstlicher Arbeit finden, ist das auch nur natürlich und eine logische Konsequenz aus Angebot und Nachfrage. Doch leider geraten nicht nur viele der eigentlichen Techniken der Ninja so immer mehr in Vergessenheit, sondern ein wichtiger und faszinierender Punkt der Selbstverteidigung wird schlichtweg aus dem Training entfernt. Denn „erfolgreich zu fliehen“ oder einfach gesagt „weg laufen und sich verstecken“ kann manchmal viel sinnvoller und einfacher sein, als einen Kampf aufzunehmen. Genau aus diesem Grund möchten wir im Rahmen dieses Buches dem interessierten Leser die Möglichkeit bieten, sich eingehend über die Kunst der Heimlichkeit und des Verschwindens zu informieren.

Ashida Kim sagte einmal zu mir:
„Alle Kampfkünste erzählen ihren Schülern, bei einer Gefahr zuerst einmal wegzulaufen und dann erklären sie den

Schülern fünf Jahre, wie man anderen Menschen ins Gesicht schlägt. Ninjutsu aber zeigt den Schülern auch, wie sie weglaufen können."

Dieser Satz blieb mir stets in Erinnerung und ich habe viel darüber nachgedacht. Denn tatsächlich ist ja „die Flucht" das was viele gute Lehrer ihren Schülern raten. Gerade in der heutigen Welt, in der auch die rechtliche Lage im Falle einer Selbstverteidigungssituation nicht immer klar ist, sollte man oftmals das Vermeiden der Konfrontation dem eigentlichen Kampf vorziehen. Natürlich kann das Vermeiden viele Gesichter haben. Es kann durch das konsequente „weg bleiben aus gefährlichen Gegenden" geschehen, oder durch kluge Wortwahl im Streit, der einer körperlichen Auseinandersetzung vorgeht. Aber die Vermeidung eines Konfliktes kann auch durch fliehen und verstecken passieren und hier können genau wie im Kampf selbst viele Fehler begangen werden, die eine erfolgreiche Flucht unmöglich machen. Die Lehre der Heimlichkeit und eine solide Ausbildung auf diesem Gebiet können also nicht nur historisch interessant sondern auch lebensrettend sein.

In einer Zeit, in der immer aggressivere, effektivere und noch härtere Kampfsysteme auf dem Markt erscheinen, in einer Zeit, in der Schlagworte wie „kompromissloser Nahkampf", „unbesiegbares System" oder „perfekte Selbstverteidigung in 6 Monaten" die Werbung verschiedener Stile und Systeme dominieren, da sollte man sich vielleicht auch schon einmal fragen, wohin uns dies alles führt. Wie weit wollen wir den normalen Studenten von der Straße noch aufrüsten?! Wie viele extrem gefährliche und menschenverachtende Griffe, Schläge und Prinzipien wollen wir ihm in noch kürzerer Zeit beibringen, damit er sich „angemessen verteidigen" kann? Doch was ist eine angemessene Verteidigung?
In vielen Augen ist dies der Angriff. Ich empfinde ihn zwar nicht als angemessen, aber leider muss ich zugeben, dass er oftmals den Sieg bringt. Ein aggressiver und brutaler Kämpfer ist dem anderen oft überlegen. Doch in welcher rechtlichen Grauzone befinden wir uns dann und vor allem, wenn der normale Schüler heute schon in sechs Monaten lernen möchte, wie er einen Angreifer im wahrsten Sinne des Wortes schnellstmöglich in Grund und Boden stampft, was lernen dann die wirklich bösen Jungs, was lernen die Sondereinsatzkräfte der Polizei? Wie wird sich diese Spirale der Gewalt weiter entwickeln? War noch vor fünfundzwanzig Jahren einer der wenigen Karateschwarzgurte in Deutschland ein hoch geachteter und gefürchteter Meister der Kampfkunst, so wird er heute von vielen nur noch milde als „Sportler" belächelt. Wahre Kämpfer trainieren andere Kampfarten, Kampfarten, die sich auf das Wesentliche fokussieren, nämlich auf die schnelle Zerstörung des Gegners. Was aber wird in fünfundzwanzig Jahren sein, wo bereits ein riesiger Anteil der Bevölkerung schon einschlägige Erfahrung mit einem oder mehreren dieser hoch gefährlichen Systeme hat? Wie rüsten wir dann weiter auf? Was muss ich dann tun, um mich wieder sicher zu fühlen? Waffen kaufen, Leibwächter engagieren,

gezielte Schläge auf den Kehlkopf üben, weil dies dann die einzig wahre Selbstverteidigung gegen eine Horde hochgezüchteter Straßenkiller ist?

Verstehen Sie mich nicht falsch. Ich möchte hier nicht zum Gesellschaftskritiker werden, ich möchte Ihnen nur einmal die Augen für die Realitäten der Gewalt und Gegengewalt öffnen.

Der Ninja wird in Büchern und Filmen oft als gewissenloser Killer, Mörder, Spion und Meuchler angesehen. Doch Ninja besaßen, wie viele andere Kampfkünstler in ihren Ursprüngen auch, einen religiösen Hintergrund, einen Kodex und eine Lebensphilosophie. Dieser wird zwar heute groß auf viele Dojotüren geschrieben, doch gelebt wird er meist nicht mehr. Natürlich war sicherlich nicht jeder Ninja ein Heiliger, dennoch habe ich in meinem langen Kampfsportleben eine Erfahrung gemacht: Menschen, die schon viel Gewalt in ihrem eigenen Leben erlebt haben, und ich spreche hier von richtiger Gewalt, von Mord und Totschlag, Krieg und Verrohung, die hatten oftmals einen anderen Blick auf die Dinge bekommen als die, die heute durch die Straßen gehen und Gewalt als etwas Positives, Männliches und Gutes ansehen. Ein Krieger hasst den Krieg, denn er ist der erste, der in ihm stirbt, hat einmal ein schlauer Mann gesagt. Und jeder gute Krieger, jeder vernünftige Soldat wird früher oder später zu dieser Erkenntnis kommen. Jahrhunderte über Jahrhunderte haben unsere Vorfahren diese Erfahrung immer wieder und wieder machen müssen.
Ganze Generationen sind auf den Kreuzzügen in der Wüste in Stücke gehackt worden, im Dreißigjährigen Krieg grausam massakriert worden oder in einem der beiden Weltkriege elend in einem verseuchten, stinkenden und verdreckten Schützengraben zu Grunde gegangen. Sie alle haben die Erfahrung gemacht, dass Gewalt etwas Furchtbares ist. Nicht das, was manch ein Straßenschläger für Gewalt hält. Mit fünf Freunden einen Unbekannten auf der Straße nieder zu prügeln und ihm dann sein Geld oder seine Jacke zu stehlen. Ich rede von richtiger Gewalt, die so furchtbar ist, dass diese Leute keine Vorstellung davon haben, was sie eigentlich anrichten.

Der Ninja hingegen hatte mit Sicherheit eine Vorstellung von den Grausamkeiten des Krieges. Der Tod war andauernder Begleiter in seinem Leben und ich kann mir nicht vorstellen, dass er es darauf angelegt hat, zu töten oder getötet zu werden. Ein guter Ninja versuchte den Kampf zu vermeiden und zu siegen ohne zu kämpfen. Was sich vielleicht ein wenig abgedroschen anhört, ist aber Tatsache. Die größte Tat des Kriegers ist es, den Krieg zu vermeiden. Der Ninja tat dies, indem er den Gefahren aus dem Weg ging. Er blieb lieber unbeobachtet, unauffällig im Hintergrund und konnte so sein Ziel erreichen. Der Kampf war nur das allerletzte Mittel. So sollte es auch für den Ninja heute sein. Der Kampf sollte die schlechteste und damit allerletzte aller möglichen Alternativen sein.

Ich habe bereits im Buch „Ninja & Samurai“ sehr ausführlich dargelegt, wie man Konfrontationen auf der Straße vermeiden kann bzw. wie man durch Aufmerksamkeit, Ruhe und ein gutes Einschätzungsvermögen viele Gewaltsituationen vermeiden kann. In dieser Buchreihe möchten wir natürlich ein wenig weitergehen und Ihnen die tatsächlichen Techniken der Unsichtbarkeit näher bringen. Vielleicht wollen Sie ja auch lieber einige Zeit damit verbringen, zu erlernen, wie man unsichtbar sein kann, anstatt noch mehr Zeit dafür aufzuwenden, wie man den vermeintlichen Angreifer noch brutaler niederschlagen kann.

In diesem Sinne hoffe ich, dass dieses Buch richtig verstanden wird: Als eine Beschreibung einer Kunst, nämlich der Kunst der Heimlichkeit. Als Hilfe für ein gewaltfreies Leben und als durchaus auch spannende Abwechslung im Trainingsalltag eines Kampfkünstlers.

Wir wollen niemanden dazu auffordern, die hier dargestellten Techniken tatsächlich auszuprobieren und so Leute ermutigen, in dunklen Anzügen „durch die Stadtparks“ zu schleichen. Andererseits findet der Leser vielleicht hier den einen oder anderen Tipp, der es ihm einmal in einer gefährlichen Situation ermöglichen wird, sich vor einer Gefahr zu verbergen.

Natürlich weiß ich auch, dass ein Buch über „verstecken spielen“ und „davon rennen“ bei weitem nicht so einen Anklang finden kann, wie ein weiteres Werk über das nächste unbesiegbare System mit den 72 geheimsten sofort tödlichen Techniken, aber vielleicht gefällt es Ihnen ja trotzdem. Das würde mich sehr freuen. Übrigens, Sie werden im Laufe des Buches feststellen, dass wir teilweise noch die chinesischen Namen für einzelne Techniken verwenden obwohl Ninjutsu natürlich eine japanische Kampfkunst ist. Allerdings kamen viele der Ninjakünste und viele Vorgänger der Ninja aus China, was den Verbleib einiger chinesischer Namen erklärt.

Ich wünsche Ihnen nun sehr viel Freude mit diesem, doch ein wenig anderem, Ninjutsu Buch.

Andreas Leffler
Sommer 2009

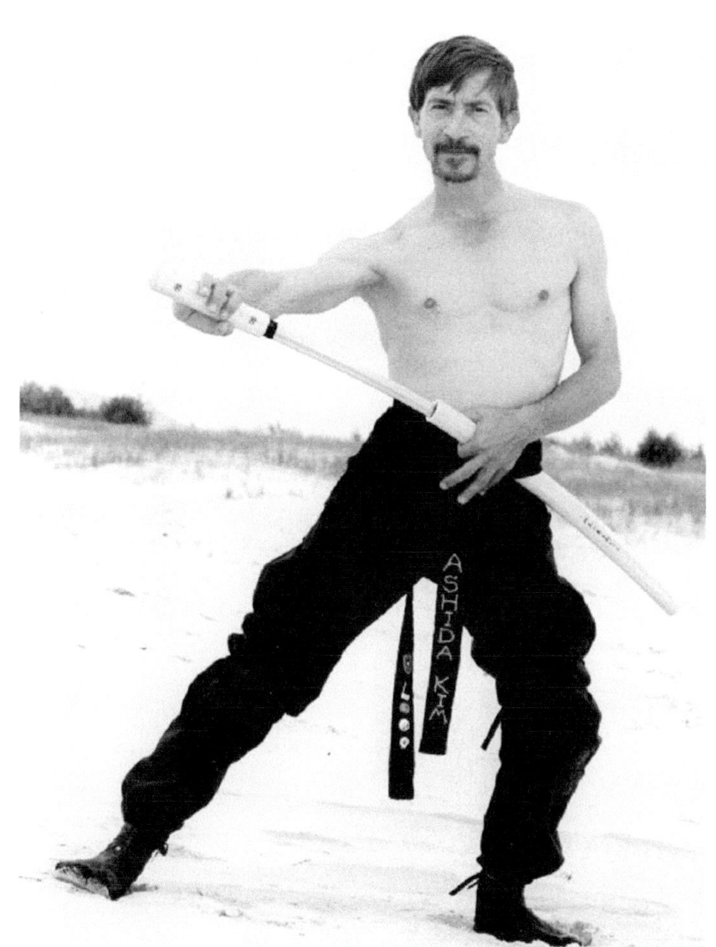


## Vorwort von Ashida Kim

Ninjutsu ist in seiner Grundüberlegung die einfachste Kampfart, die jemals erfunden wurde. Sie basiert auf dem Grundgedanken, dass Einfachheit siegt. Dass diese Selbstverteidigung so extrem effektiv gegen jeden und jede Anzahl von Gegnern ist, beruht aber noch auf zwei weiteren grundlegenden Prinzipien:

1.
Wenn ihn die Situation dazu nötigt, muss ein Kämpfer notfalls dazu bereit sein, bis zur letzten Konsequenz zu gehen.

2.
Das Einzige, was er sonst noch beherrschen muss, ist die „Magie“ der Unsichtbarkeit.

In vielen Filmen ist es der beliebteste Trick des „Bösen“, Sand in die Augen des Helden zu werfen. Dies geschieht meist dann, wenn er am Boden liegt und nahe an der Niederlage steht. Es ist die letzte Chance, ehe der Held den Sieg davon trägt, die letzte Verteidigung und für den Helden verboten, da er fair kämpfen muss.

Grundsätzlich ist es nun ja so, dass die Meisten von uns durch ihr ganzes Leben schreiten, ohne jemals von jemandem angegriffen oder überfallen zu werden. Was aber wenn es doch einmal passiert? Wäre es nicht großartig, sich auch verteidigen zu können, ohne dass man vorher tausende von Stunden damit zugebracht hat, seinen Körper zu einer tödlichen Waffe zu formen?

Ein Laie wird zu 99 Prozent den Kürzeren ziehen, wenn er sich auf einen Zweikampf einlässt. Doch von den Ninja können wir viele Tricks lernen, die JEDEM in einer Notsituation einen Vorteil verschaffen oder sogar das Leben retten könnten.

Wirft man z.B. Sand in die Augen eines Gegners, der einen bedroht und ausrauben möchte, um dann schnell weglaufen zu können, dann ist das im Erfolgsfall eine vielleicht nicht ganz faire, aber sehr unblutige Verteidigung, die trotzdem effektiv sein kann. Da die Aussicht, einen Zweikampf mit einem trainierten Angreifer zu überleben gering wäre, und er derjenige ist, von dem die Gewalt ausgeht, wäre es sozusagen die beste und gewaltfreiste Lösung einfach verschwinden zu können, um das eigene Leben zu schützen.

Ein Ninja weiß, dass ihm nicht passieren kann, wenn er gar nicht erst am Ort der Gefahr erscheint (A) oder es ihm gelingt, dass der Gegner ihn nicht sehen kann(B). Dazu benutzt er z.B. folgende Tricks:

Für Fall A gebraucht er seine Intelligenz und Voraussicht, um der Gefahr aus dem Weg zu gehen:
Er durchschaut die Pläne seiner Feinde oder weicht plötzlich auftauchenden Gefahrenquellen aus, die er in seiner Wachsamkeit sofort erkennt.
Im Fall B benutzt er Ablenkmanöver, z.B. indem er dem Gegner kleine Gegenstände ins Gesicht wirft, fahrige Handbewegungen macht, die ihn zum Blinzeln bringen, oder indem er laut schreit und ihn damit erschreckt.

Gelingt es dem Ninja, vor dem Gegner unsichtbar zu werden, dann hat er fünf Möglichkeiten:

1.
Er kann weglaufen und sich verstecken und damit den Konflikt beenden.

2.
Er könnte natürlich auch in einem nahen Versteck bleiben, sich ruhig verhalten und hoffen, dass der Angreifer ihn nicht findet und aufgibt, riskiert damit aber eine weitere Attacke.

3.
Er kann sich weigern, weitergehende Maßnahmen zu ergreifen und versuchen, den Angreifer rhetorisch zu überzeugen, dass er besser aufhören sollte.

4.
Er kann versuchen, ihn zu überwältigen, um ihn z.B. der Polizei zu übergeben.

5.
Er kann den Angreifer niederschlagen.

Die erste Möglichkeit ist vermutlich die Beste und Sicherste. Bei der Zweiten und Dritten bedarf es schon einer gehörigen Portion Glück und diese sind damit eher gefährlich. Die Vierte ist evtl. sinnvoll aber auch riskant und die Letzte ist mit unseren heutigen Gesetzen nicht mehr vereinbar. Aber wir sehen, der Ninja hat nun die Möglichkeit selbst zu entscheiden und auch wenn seine Entscheidung dumm sein sollte, er kann entscheiden und somit hat er die Wahl und nicht mehr der Aggressor.

In diesem Buch nun finden Sie zahlreiche Methoden der Unsichtbarkeit, wie sie von den japanischen Ninja und vor ihnen von einigen chinesischen Organisationen eingesetzt wurden.

Für uns ist es natürlich gänzlich unwichtig, wer sich diese Methoden ausgedacht hatte und sie niederschrieb. Ob es ein chinesischer Tongführer, ein japanischer Ninja, ein moderner Scharfschütze oder sonst jemand war. Wir können davon ausgehen, dass einige der Ideen auch im Westen umgesetzt wurden und auch heute noch von verschiedenen Personen und Gruppierungen, die sich mit dem Thema auseinandersetzen müssen, angewendet werden. Denn jeder, der sich lange genug damit beschäftigt, kann auf die richtigen Ideen kommen.

Jeder, der sein Studium der Unsichtbarkeit widmet, wird früher oder später auf die mehr oder weniger gleichen Grundprinzipien stoßen. Die Grundregeln sind dabei einfach und hilfreich. Steigt man tiefer in die Materie ein, wie es die Ninja getan haben, dann wird die Thematik zu einer eigenen Kunstform.

# Inhaltsverzeichnis

# Band 1
# Grundlagen der Heimlichkeit

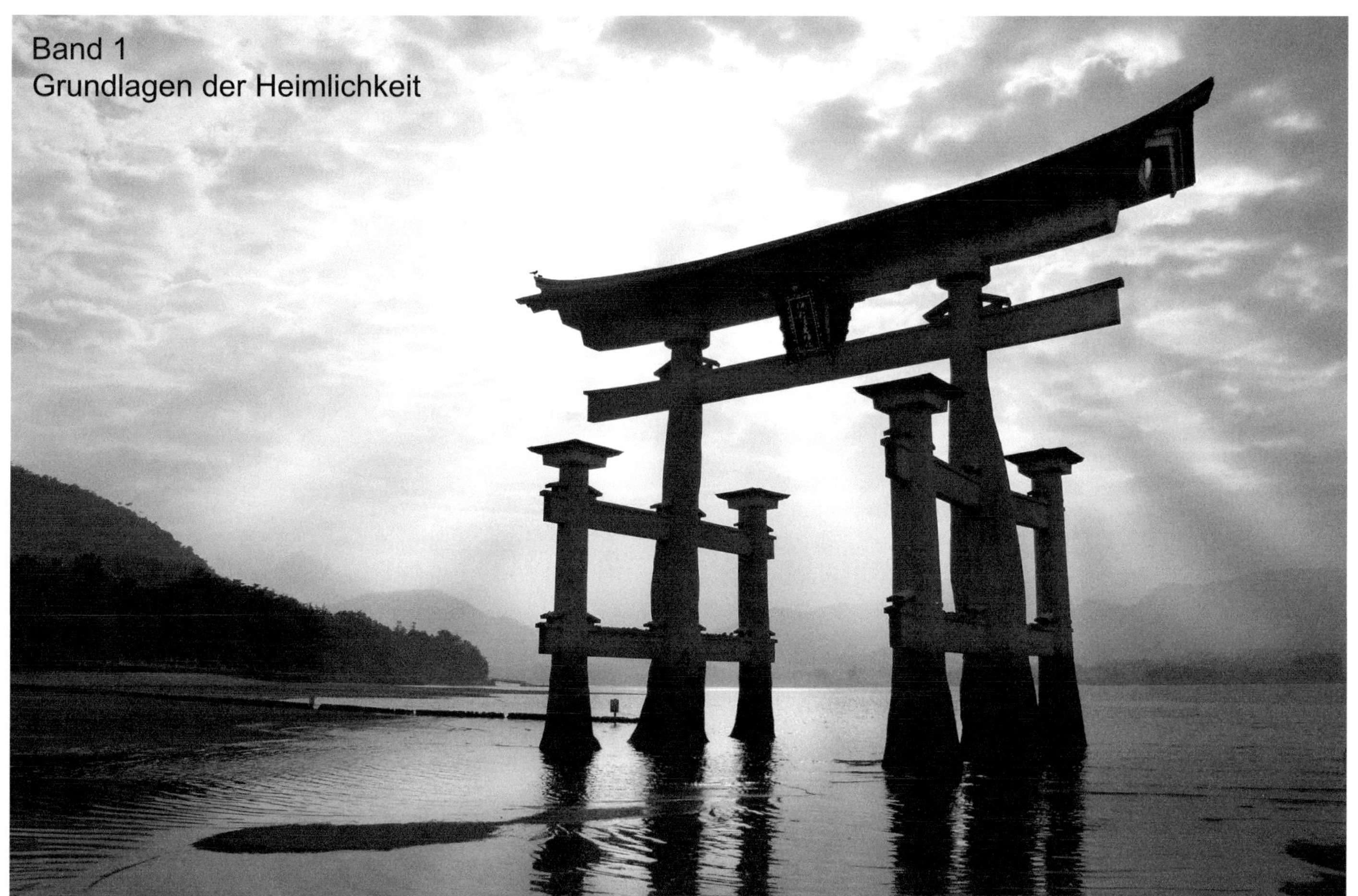

## Die Unsichtbarkeit des historischen Ninja

In alten Geschichten über die Ninja hören wir oft, sie seien unschlagbar gewesen, unbesiegbar, sie konnten fliegen, sich unsichtbar machen oder sich beliebig in einen Vogel oder ein Tier des Waldes verwandeln. Aus unserer heutigen Sicht scheinen solche Geschichten natürlich wenig glaubhaft. Doch in früherer Zeit, als die Menschen noch nicht so aufgeklärt waren, als in dunklen Nächten finstere Krieger über die Dächer schlichen, zu jener längst vergangenen Zeit also, konnte der Ninja seinen Mythos stricken und er gab ihm reichlich Nahrung. Der Ninja war selbstverständlich kein Magier, aber er war ein Mann der Wissenschaft oder er hatte zumindest Zugriff auf erstaunliche Errungenschaften seiner Zeit. Außerdem war der Ninja erfinderisch und aufgrund seiner Klassenlosigkeit nicht an einen Kodex gebunden. Das bedeutet, er konnte sich allen Mitteln bedienen, die ihm nützlich erschienen. Deshalb möchte ich mich in diesem Kapitel kurz einigen sagenumwobenen Ninjafertigkeiten zuwenden und diese mit den heutigen Augen der Wissenschaft erklären.

1.
Die Ninja konnten fliegen und so einfach und ungesehen in ein Lager eindringen oder wieder verschwinden:
Ein Mythos, der leicht entstehen konnte, wenn man die überlegenen Sprung- und Kletterfertigkeiten des Ninja betrachtet. Wie war es wohl, wenn sich der Ninja in finsterer Nacht behände an einem geschwärzten Seil entlang von Mauer zu Mauer hangelte? Konnte ihn dann nicht eine müde und ängstliche Wache schnell für ein fliegendes Wesen oder einen Tengu (Dämon) halten? Oder stellen wir uns vor wie der Ninja von einem hohen Vorsprung hinab sprang, dabei einen Salto vollführte und weich und unverletzt landete, so war auch das ein Ergebnis hart antrainierter, akrobatischer Fähigkeiten und keinesfalls seine Fähigkeit zu fliegen. Für den gemeinen Menschen mit beschränkter Vorstellungskraft der in seinem Leben vielleicht weder einen Akrobaten noch einen Zirkus gesehen hatte, konnte so etwas jedoch ein unglaubliches Ereignis sein.

2.
Der Ninja konnte unsichtbar in feindliche Lager eindringen:
Der Ninja hatte viele Möglichkeiten einfach zu verschwinden. Schließlich wusste er sehr genau über die Techniken des Tarnens, Schleichens und Versteckens bescheid. Er hatte sie zu einer eigenen Kunstform erhoben, einer Kunstform, über die in der damaligen Zeit nur wenige Menschen Kenntnis hatten. Mit dem Wissen über Farben, Bewegungen und den entsprechenden Schleichschritten ausgestattet, war es ihm so durchaus möglich, plötzlich an Orten aufzutauchen, wo ihn sonst niemand vermutet hätte.

3.
Der Ninja konnte in einer magischen Rauchwolke verschwinden:

Mit selbst gemachtem Blendpulver und/oder entsprechendem verbrennendem Nebelpulver ausgestattet, konnte er sich unter Umständen in einem einzigen Augenzwinkern „in Luft auflösen." Stellen wir uns nur vor, eine Wache hätte ihn erblickt, läuft ihm nach, der Ninja dreht sich um, wirft der Wache eine Ladung Blendpulver in die Augen und verschwindet mit einer schnellen Bewegung hinter einem Mauervorsprung. Zu dem Zeitpunkt, an dem die Wache die Augen wieder geöffnet hätte, wäre der Ninja wie vom Erdboden verschluckt gewesen.

Solche und ähnliche Geschichten gab es viele und es gibt sie heute noch. Von Hollywoods und Hongkongs Filmemachern werden sie gerne zitiert, um die Ninja darzustellen und sie mächtiger wirken zu lassen. Doch wie gerade gesehen, hatten all diese Sagen und Geschichten einen wahren Kern: das Wissen um die Möglichkeit der Tarnung und der Täuschung. Ein Wissen, welches damals wie heute ein wesentlicher Bestandteil des Überlebens im Kampf darstellt.

Im Folgenden wollen wir uns damit ein wenig näher befassen.

## Definition des Wortes Unsichtbarkeit

Zunächst einmal stellt sich die Frage, wie definiert man das Wort unsichtbar. Bedeutet unsichtbar, dass man sich in Nichts auflösen kann? Nun, auch der erfahrenste Ninja konnte dies sicherlich nicht.

Deswegen bedeutet für uns Unsichtbarkeit: außerhalb der Wahrnehmung des eventuellen Gegners zu sein.

Wahrnehmung bedeutet, dass er uns mit keinem seiner Sinne erkennen kann. Eine Erkennung durch den Gegner wird vor allem dann stattfinden wenn:

*er uns sieht*
*er uns hört*
*er uns spürt*
*er uns riecht*
*er uns fühlt*

Im Laufe dieses Buches werden wir auf all diese Problematiken noch näher eingehen. Doch bleiben wir zunächst bei der Definition für Unsichtbarkeit. Der Ninja musste sich also verschiedene Arten von Unsichtbarkeit überlegen, mit denen er in entsprechenden Situationen arbeiten konnte.

Dazu gehörten z.B.:

- Tarnung der Kleidung und des Körpers, um nicht gesehen zu werden.

- Veränderung der menschlichen Gestalt, um nicht erkannt zu werden.
- Leise Bewegungen, um nicht gehört zu werden.
- Beachtung besonderer Grundsätze, um nicht gerochen zu werden.
- Ein besonders Blickverhalten, um nicht erfühlt zu werden.

Ein Ninja war also für den Feind sowohl dann unsichtbar, wenn er perfekt getarnt in einer Baumkrone saß, als auch, wenn er in der Verkleidung eines feindlichen Soldaten direkt neben dem feindlichen Anführer stand. Für die Umsetzung in die Moderne sei hier angefügt, dass Unsichtbarkeit z.B. auch dann statt findet, wenn man mit einem vorausschauenden Blick die Straße hinab geht, erkennt, dass einige junge Männer an der nächsten Kreuzung wohl auf Ärger aus sind, deshalb einen Umweg nimmt und einfach nicht da (unsichtbar) ist.
Unsichtbarkeit kann, wie Sie sehen, viele Gesichter haben und im Laufe dieses Buches werden wir auf alle diese Facetten näher eingehen.

## Terminologie der Unsichtbarkeit

Es gibt sowohl zahlreiche japanische, als auch chinesische Ausdrücke für die unterschiedlichsten Tätigkeiten, die ausgeführt werden können, um unsichtbar zu bleiben. Hier eine Aufstellung chinesischer Ausdrücke und ihrer Bedeutung:

*Jung Ha (verschmelzen):* Der Ninja verschmilzt mit seiner Umgebung, indem er sich ihr langsam anpasst. So wie man sich langsam in einen dunkleren Schatten gleiten lässt. Die Bewegung kann mit dem Hinabsinken in eine Wanne warmen Wassers verglichen werden.

*Ya (drücken):* Der Ninja wird eins mit einem Objekt. Dies kann man z.B. durch starkes anpressen an einem Baum etc. erreichen, wenn die Lichtverhältnisse entsprechend sind.

*Hua Chu (gleiten):* Eine schnelle und meist seitliche Bewegung, etwa entlang einer Barriere.

*Ti Lao (fallen):* Der Ninja lässt sich flach nach vorne fallen und benutzt dabei die vordere Fallschule. Der Körper verlässt dabei sehr schnell die Sichtlinie des Gegners und wird lautlos am Boden abgefangen.

*Tiao Chi (springen):* Eine schnelle Sprungbewegung.

*Yin Ni (Versteck):* geschützt sein vor den Blicken der Feinde, jedoch nicht zwangsweise vor seinem Feuer.

*Chi Kai (Deckung):* Eine Position, die nicht nur vor den Blicken sondern auch vor den Waffen des Gegners schützt.

*Chieh Shih (Beobachtungsloch):* Der Ninja beobachtet den Feind durch ein kleines Beobachtungsloch oder z.B. durch kurzes „um die Ecke" blicken. Der Ninja bleibt dabei außerhalb des Blickfelds des Gegners.

*Chien Hsing Kan (luren):* Der Ninja beobachtet den Gegner aus der Deckung heraus so, dass er möglichst wenig von seinem Körper zeigt.

*Pieh Chien (schneller Blick):* Der Ninja beobachtet den Gegner, indem er einen schnellen Blick riskiert.

*I Pieh (unauffälliger Blick):* Der Ninja merkt sich alle relevanten Details bei einem normalen Blick, wenn der Gegner z.B. an dem verkleideten oder unerkannten Ninja vorbei geht. Diese Technik kann in der Öffentlichkeit gemacht werden. Man darf hierbei nicht noch einmal extra auf das Zielobjekt schauen.

*Pien Pieh (seitlicher Blick):* Die Augen zum Ziel bewegen, wenn das Ziel in eine andere Richtung schaut.

*Chu Shih (starren):* Den Gegner ganzheitlich beobachten, ohne den Blick von ihm zu nehmen.

*Chien Shih (schauen):* Den Gegner für einen speziellen Zeitraum beobachten.

*Kuan Cha (beobachten):* Den Gegner beobachten und seine Situation so gut wie möglich einschätzen.
Zu allen Methoden der Beobachtung sei an dieser Stelle gesagt, dass es unbedingt erforderlich ist keinen Augenkontakt mit dem zu beobachtenden Objekt herzustellen. Fast alle Menschen bemerken Augenkontakt sofort.

Heute werden im Zusammenhang mit den Tarnkünsten der Ninja meist folgende japanischen Ausdrücke verwendet, die im offiziellen Sprachgebrauch der meisten Ninjutsuschulen angewendet werden:

*Inpo*
Die Kunst sich zu verstecken und zu tarnen

*Intonjutsu*
Die Kunst zu Entkommen und sich zu verstecken

*Onshinjutsu*
Anderer Oberbegriff für - die Kunst sich zu tarnen und zu verstecken

*Hensojutsu*
Die Kunst sich zu verkleiden

*Tonpo*
Die Kunst zu Entkommen

Der Ninja entwickelte in vielen der Oberbereiche noch Unterdisziplinen, die alle selbstverständlich auch eigene japanische Namen besitzen. Doch um den Leser nicht weiter zu verwirren, wollen wir es im Rahmen dieses Buches dabei belassen.

## Grundlagen für Schleichen und Verbergen

Um erfolgreich in diesem Bereich zu sein, bedarf es weit mehr, als die Ausführung einiger Schleichschritte oder das Anlegen eines Tarnanzugs.
Um unentdeckt zu bleiben, musste sich der Ninja ein breites Wissen über die Besonderheiten von Heimlichkeit und Tarnung aneignen, er musste die menschliche Psyche kennen, seinen Körper meistern und viele Einzelheiten bedenken.

Im folgenden Kapitel finden sich grundlegende Informationen, die für erfolgreiche Heimlichkeitsmanöver berücksichtigt werden müssen.

Sichtfelder:
Blickt ein Mensch den Ninja direkt an und dieser steht ungetarnt vor ihm, dann kann auch der beste Ninja nichts dagegen tun. Doch der Ninja versucht außerhalb dieser Wahrnehmung zu bleiben. Dazu weiß er, dass jeder Mensch verschiedene Sichtfelder hat.

- Blickt ein Mensch gerade aus, dann sieht er nur eingeschränkt zu den Seiten.
- Schielt ein Mensch zur Seite, vergrößert sich logischerweise sein Blickfeld zu der Seite, auf die er schielt.
- Dreht ein Mensch den Kopf, vergrößert er sein Blickfeld weiter.

- Dreht sich ein Mensch um, verändert er sein Blickfeld komplett.

Der Mensch hat also diese vier Blickfelder. Der Ninja muss diese ungefähr kennen und abschätzen können. Dazu gibt es verschiedene Methoden der Übung. Nur so kann er abschätzen, ob er ungesehen seitlich oder hinter einer Person vorbei schleichen kann oder eben nicht.

*Übung 1:*
Der Ninja stellt sich in einem beliebigen Abstand (z.B. drei Meter) hinter eine Person. Diese Person blickt nach vorne. Der Ninja bewegt sich nun zu einer Seite. Die Person wird den Ninja irgendwann erkennen. Der Ninja sollte sich solche Distanzen merken, um zu wissen, wie lange er sich in einer sicheren Distanz aufhält. Hat der Ninja diese Übung mehrmals gemacht, kann er den Abstand zum Vordermann vergrößern oder verkleinern, um dann erneut festzustellen, wie weit er sich zur Seite bewegen kann, ohne dass er gesehen wird.

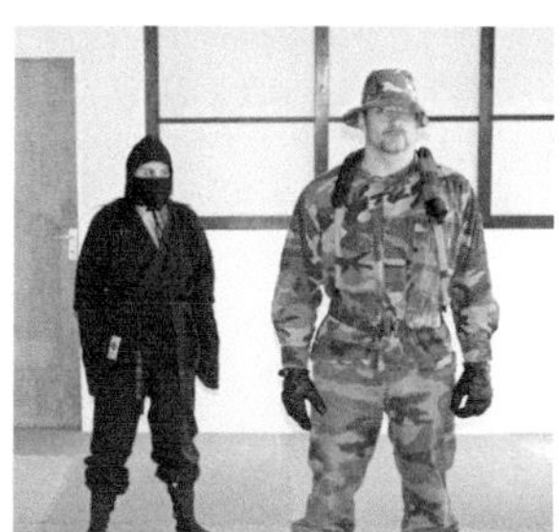

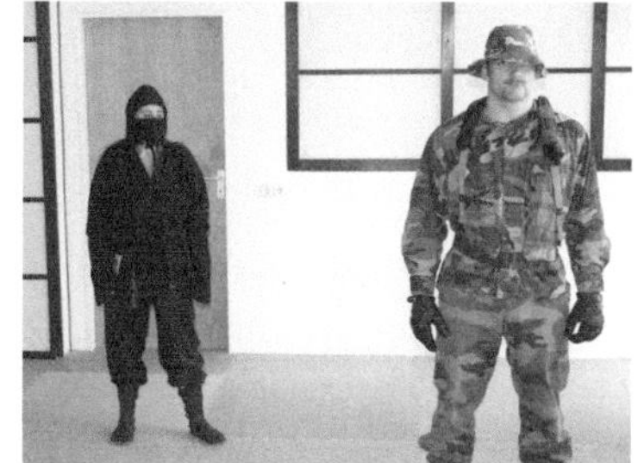

*Übung 2:*
Wie Übung 1, nur dass der Vordermann nun zur Seite schielt. Sein Sichtfeld zu der entsprechenden Seite vergrößert sich. Er wird den Ninja entsprechend eher erblicken. Auch diese Übung sollte wieder in unterschiedlichen Abständen ausgeführt werden.

*Übung 3:*
Der Ninja stellt sich direkt hinter den Vordermann. Dieser schielt zunächst zur Seite, dann dreht er den Kopf.
Der Ninja versucht durch gute Körperbewegung außerhalb der Sichtweite des Partners zu bleiben. Dabei ist auch auf sein führendes Bein zu achten, denn lässt er dieses stehen, dann wird es vermutlich gesehen. Für diese Übung benötigt man ein gutes Körper- und Distanzgefühl und darf den Gegner keinen Moment aus dem Auge lassen.

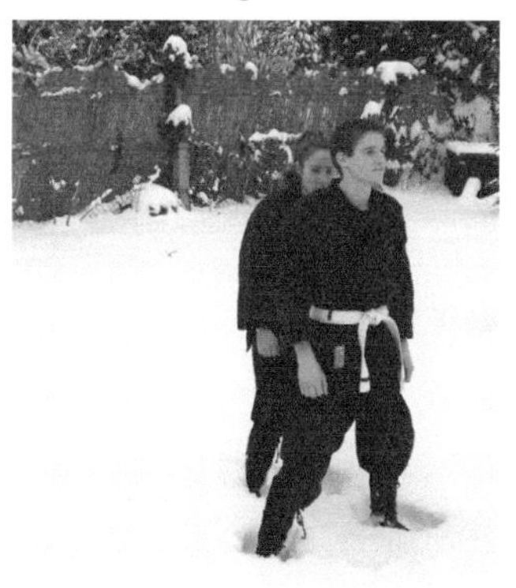

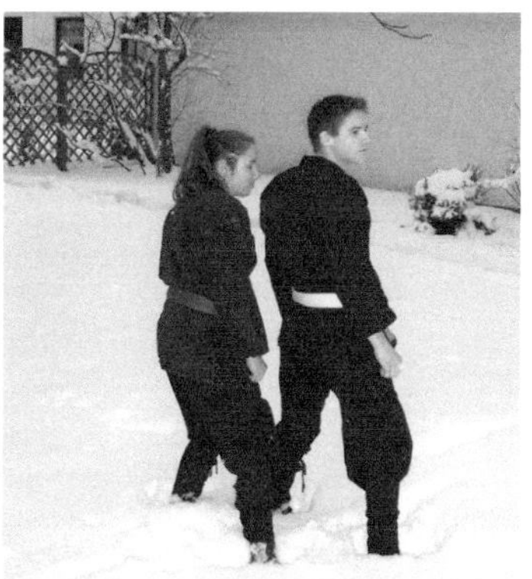

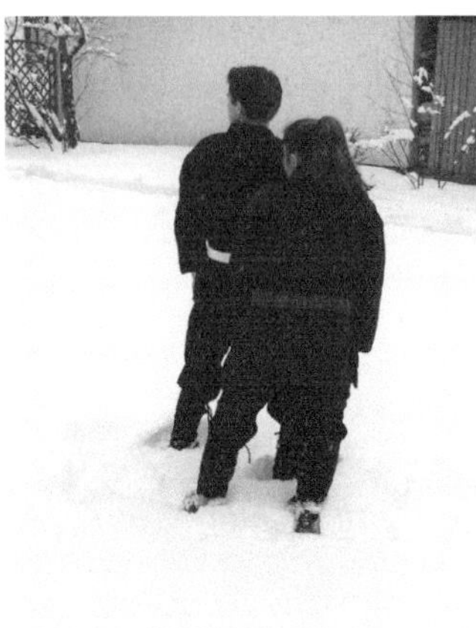

## Die Wahrnehmung

Erkennt man etwas im Augenwinkel, dann ist die erste Frage: Weshalb hat man die Sache oder die Person im Augenwinkel erkannt. Der Ninja weiß, dass das menschliche Auge unterschiedlich auf verschiedene Reize reagiert.

Das menschliche Auge erkennt zuerst Bewegung.
Das bedeutet, wenn man still verharrt ist die Chance größer nicht gesehen zu werden.

Als Zweites erkennt das Auge einen Umriss.

Als Drittes erkennt es die Farbe.

Wenn wir das am Beispiel eines Autos verdeutlichen wollen, sähe das so aus:

1.
Etwas bewegt sich – die Aufmerksamkeit wird auf das „Ding“ gelenkt.
2.
Man erkennt es, ist ein Auto.
3.
Als Letztes erkennt man die Details, wie Farbe, Typ etc.

Der Ninja weiß dies, denn er muss die Risiken der Bewegung im feindlichen Gelände kennen.

## Schnelle und langsame Bewegung

Das Problem für den Ninja ist: Manchmal muss er sich schnell bewegen und manchmal darf er sich nicht schnell bewegen. Er muss wissen, wann welche Art der Bewegung angebracht ist. Dabei ist zu beachten: Schnelle Bewegungen sind im Normalfall immer lauter, als langsame Bewegungen. Leider gibt es nun hierfür keine Faustregel und der Ninja muss immer situationsabhängig entscheiden. Generell kann man aber sagen, dass man in einem Gelände mit guter Deckung meist mehr Zeit hat und in einer Gegend ohne Deckung oft eine schnelle Überbrückung hilfreich ist. Aber wie gesagt, es gibt keine absolute Regel, sondern nur bestimmte Situationen die entsprechende Maßnahmen erfordern.

**Hilfreiche Geräusche**

Wenn der Ninja sich nicht selbst leise bewegen kann, weil es die Bodenverhältnisse keinesfalls erlauben, so benötigt er Hilfe von außen. Am besten geeignet für Schleichversuche sind z.B. stürmische Nächte. Regen, der Wind in den Blättern, Donnergrollen und all solche natürlichen Geräusche sind im Allgemeinen sehr laut, gänzlich unverdächtig und sie überdecken sehr viele Eigengeräusche des Ninja. Für den Ninja auf Mission ist deswegen eine stürmische Nacht meist eine gute Nacht. Es können natürlich auch andere Geräusche verwendet werden wie z.B. vorbeifahrende Autos, ein Flugzeug, eine Bahn, ein Generator oder Ähnliches. Wenn der Ninja ausharrt und offen bleibt für die gegebenen Möglichkeiten, die sich ihm bieten, dann wird er vermutlich oft ein passendes Geräusch finden, welches seine eigene Bewegung überdeckt.

**Hinterhältige Geräuschverursacher:**

Der Ninja kann der perfekte Meister in der Ausübung seiner Schleichschritte sein, macht er jedoch einige grundlegende Fehler, dann wird ihm dies nichts helfen. Deswegen galt es für den Ninja vor dem Beginn seiner Mission, alles noch einmal genau durchzudenken und zu überprüfen.

*Die Schuhe:*

Das erste Problem ist die Auswahl der Schuhe. Weiche und dünne Sohlen eignen sich meist am Besten zum Schleichen. So sind z.B. die typischen Ninja Schuhe, die Tabi, ausgezeichnet geeignet, um sich leise fortzubewegen. Allerdings sind die Sohlen so dünn, dass ein Fortkommen auf felsigem Gestein oder mit Wurzeln durchzogenen Waldboden oftmals schwierig und schmerzhaft sein konnte, zumal die Schuhe auch nicht viel Halt bieten. Die modernen Armeen verwenden eingängig bekannte Militärstiefel, die optimalen Halt bieten und den Fuß gut vor Unebenheiten des Bodens schützen. Aufgrund der dicken Sohle, des Gewichts der Schuhe und dem streng eingebundenen Fuß geht jedoch das Gefühl für das Schleichen verloren und eine geräuschlose Fortbewegung wird wesentlich erschwert.

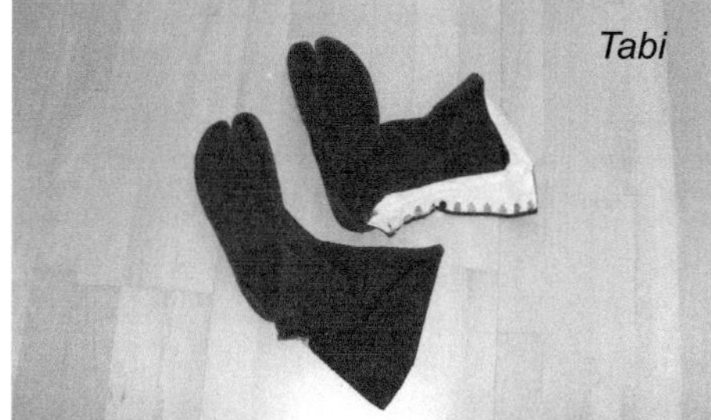

*Tabi*

Grundsätzlich sind Gummisohlen den Ledersohlen vorzuziehen. Allerdings machen manche Gummisohlen auf einigen Untergründen quietschende Geräusche, besonders wenn sie nass sind. Im Falle einer Flucht im Alltag haben wir ohnehin keine Möglichkeit mehr unser Schuhwerk zu wechseln, wir sollten aber einerseits die Gefahren auf diesem Gebiet kennen und andererseits nicht die Möglichkeit außer acht lassen unsere Schuhe auszuziehen und barfuss zu gehen.

*Die Kleidung:*
Kleidung raschelt oftmals. Wenn der Ninja weite Ärmel und vor allem weite Hosenbeine hatte, dann konnte er davon ausgehen, dass er raschelnde und/oder schlurfende Geräusche beim Gehen und Bewegen verursachte. Er band die Ärmelenden und die Beinenden deshalb mit Gamaschen ab, damit konnte das Geräuschvolumen erheblich verringert werden.

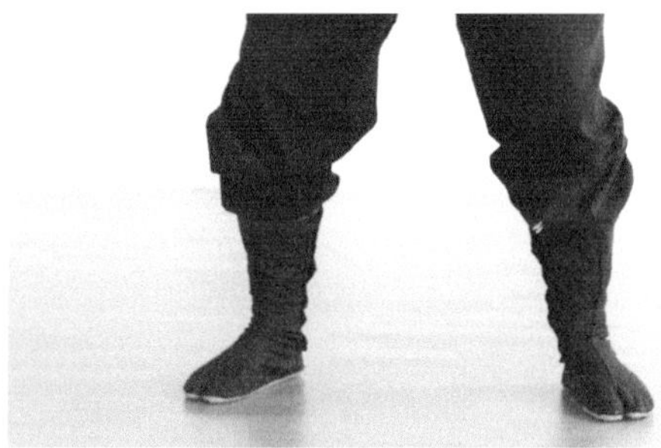

Bei der Wahl der Kleidung ist auch auf den Stoff zu achten: moderne Regenjacken etwa machen unglaublich viele Geräusche, wenn man sich darin bewegt. Am besten Sie machen ein paar Versuche mit unterschiedlichen Kleidungsstücken aus unterschiedlichem Material und in verschiedener Weite, dann werden Sie schnell bemerken, was sich besser und was sich schlechter zum schleichen eignet. Bei der Flucht im Alltag gilt wieder, vielleicht besser eine verräterische gelbe Regenjacke aus raschelndem Kunststoff ausziehen und zurück lassen als sein Leben zu verlieren.

*Die Ausrüstung:*
Der klassische Ninja war meist mit einigen lebenswichtigen Utensilien ausgestattet. Waffen, Nahrung, Wasser, Werkzeug, Erste Hilfe Ausrüstung und andere nützliche Dinge wie z.B. einen Taschenwärmer. All diese Sachen waren und sind potentielle Geräuschverursacher. Werden sie nicht fachgerecht befestigt, dann werden sie in der Bewegung Geräusche verursachen, sich lockern, herunter fallen und den Ninja verraten. Kurz gesagt gilt: Der Ninja muss mit seiner Ausrüstung rennen, fallen und springen können ohne dass sie verräterische Geräusche verursacht oder ihn wesentlich behindert.

## Tarnfarbe

Wir haben ja bereits gelernt, dass das menschliche Auge die Farbe des Objektes zuletzt wahrnimmt. Das hilft dem Ninja natürlich nicht, wenn die Farbe seiner Kleidung deutlich aus der Umgebung heraus sticht. Man stelle sich eine Person in einem neongelben Anzug in einem Wald vor. Tarnversuche dieser Person sind vermutlich sehr schnell zum Scheitern verurteilt, ganz egal ob sie sich bewegt oder eben nicht. Das gilt natürlich auch für einen Waldtarnanzug in der Wüste oder einen Wüstentarnanzug im Schnee. Deswegen macht es Sinn, sich der Umgebung entsprechend zu kleiden. Der Ninja trug dazu meist dunkle Kleidung. Diese war in vielen Fällen dunkelblau oder dunkelgrün und nicht wie heute oftmals gezeigt schwarz.

*Weshalb eignet sich schwarz nur bedingt zur Tarnung?*
Natürlich wäre eine schwarz vermummte Gestalt zunächst einmal besser getarnt, als eine grellgelb gekleidete Person. Dennoch strebt der Ninja ja nach dem Optimum. Schwarze Kleidung hat einen ganz gravierenden Nachteil: Dunkles Schwarz kommt eigentlich in der Natur nicht vor. In Wald, Feld und Flur ist eigentlich nichts (außer einem Tier ab und zu) zu finden, was wirklich schwarz ist. Damit ist schwarz dunkler als alle Farben, in der Umgebung des Ninja. Ist es nun Nacht, so handelt es sich in fast allen Fällen um keine vollkommene Dunkelheit. Vollkommene Schwärze hätten wir z.B. in einem unbeleuchteten Raum ohne Fenster. In der freien Natur aber herrscht niemals eine komplette Finsternis. Sterne, der Mond, eine nahe Großstadt, ein Lagerfeuer, ein Scheinwerfer, all das sind die Lichtquellen einer normalen Nacht. Ist der Ninja nun komplett schwarz gekleidet, so ist er dunkler als seine Umgebung. Hält er sich nicht im komplett finsteren Schatten eines Baumes oder eines Hauses auf, so ist er „schwärzer" als die finstere Umgebung. Dies ist zwar vom ungeübten Beobachter nicht ohne weiteres zu erkennen, ein trainierter Gegner jedoch wird so ein „schwarzes Loch" in der Natur erkennen und den Ninja vermutlich erspähen.

*Moderne Tarnung:*
Spezialeinheiten der modernen Welt tragen deshalb immer eine entsprechende Tarnkleidung. Es gibt diese für die verschiedensten Anlässe. So sind z.B. Waldlandtarnung (meist verschiedene Grüntöne mit ein wenig braun), Stadttarnung, Wüstentarnung und Schneetarnung gängige Farbmuster für entsprechende Tarnbekleidung. Man muss dann noch mal bedenken für welche Armee, in welchem exakten Land und Gebiet die Tarnkleidung entworfen wurde. Dschungel hat sicherlich eine andere Vegetation wie Tundra oder ein deutscher Nadelwald. Gäbe es moderne Ninja, mit der Absicht sich zu tarnen, so würden sie sicherlich auf entsprechende moderne Tarnkleidung zurückgreifen. Moderne Tarnung hat außerdem den Vorteil gegenüber unifarbenen Kleidungsstücken, dass die Mischfarben den menschlichen Umriss „aufbrechen."

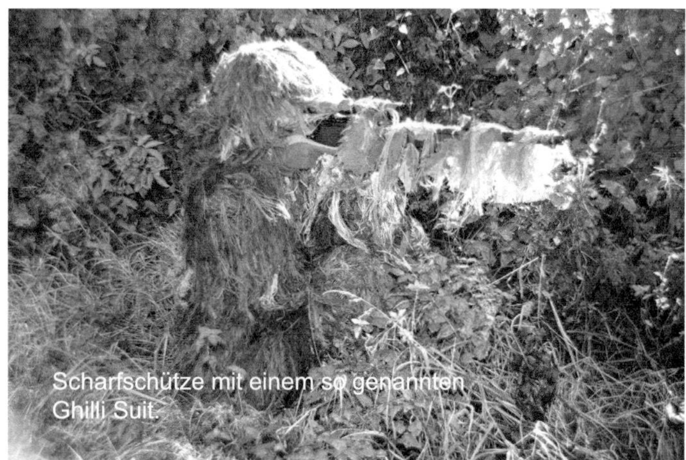
Scharfschütze mit einem so genannten Ghilli Suit.

Das bedeutet, dass der Mensch, wenn er getarnt in seinem Versteck ist, nicht mehr so leicht als solcher enttarnt werden kann, als wenn er z.B. einen gleichmäßigen grünen Anzug anhätte, der ihm eben die grüne Silhouette eines Menschen verleihen würde. Diese Idee wird von den Tarnnetzen, die Scharfschützen oft verwenden aufgegriffen und noch verbessert, da dann vom menschlichen Umriss überhaupt nichts mehr übrig bleibt.

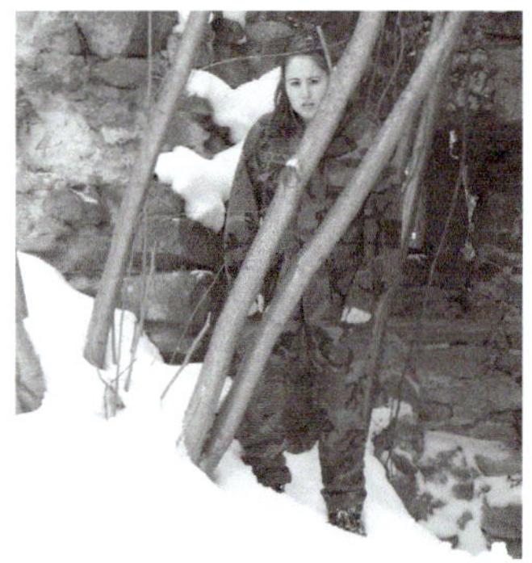

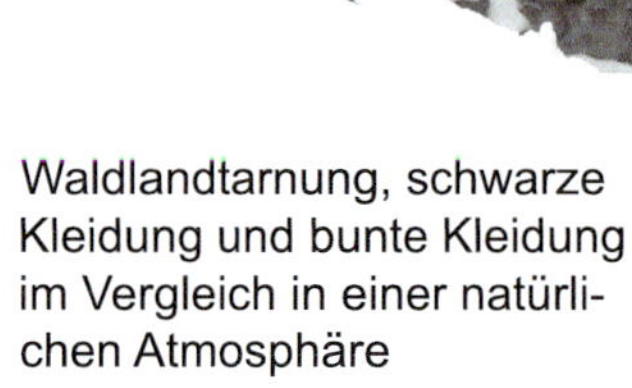

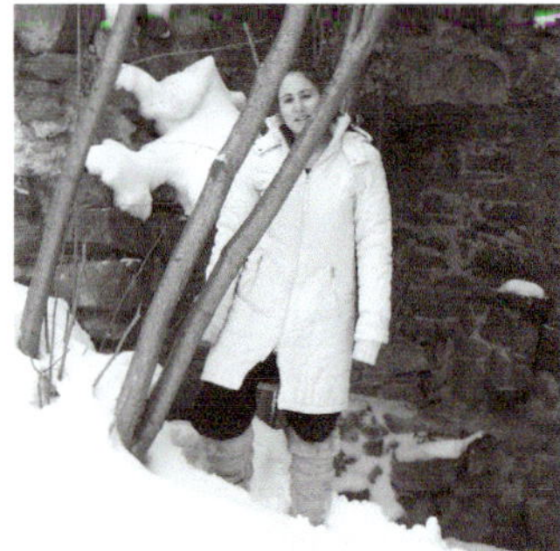

Waldlandtarnung, schwarze Kleidung und bunte Kleidung im Vergleich in einer natürlichen Atmosphäre

*Problemzonen bei der Tarnung:*

Alles am Körper, was nicht getarnt ist, kann einen verraten. Ein Ninja wusste dies wohl. Deshalb verhüllte er auch Handrücken und Gesicht. Damit sind wir auch schon bei zwei von drei großen Problemen bei der Tarnung. Diese sind: Hände, Gesicht und evtl. auch noch Füße. Ist die Tarnkleidung perfekt, aber das Gesicht und die Hände strahlen ebenso heraus, wie die hellen Turnschuhe, dann kann man natürlich trotzdem sehr leicht entdeckt werden. Die heutigen Armeen tragen ohnehin immer dunkle Stiefel. Für das Gesicht hat man Tarnfarbe für die Hände gibt es sogar tarnfarbene Handschuhe. Ein moderner Ninja würde also darauf achten, solche Dinge zu benutzen.

*Tarnfarbe oder Maske?*

In den modernen Ninjafilmen trägt der Ninja meist eine Gesichtsmaske, die seinen ganzen Kopf und sein Gesicht umhüllt, so dass nur noch die Augenpartie frei ist. Hatte er so etwas nicht zur Hand, so kann man wohl davon ausgehen, dass ein antiker Ninja sein Gesicht mit Ruß oder Dreck gefärbt hat. Was aber sind nun die Vor- und Nachteile der beiden Methoden? Unter der Maske ist es heiß und man beginnt leichter zu schwitzen. Außerdem behindert sie das Atmen und wenn sie über die Ohren geht, beeinträchtigt sie auch noch das Gehör. Dies sind viele Nachteile. Für den Ninja bot so eine Gesichtstarnung allerdings einen wesentlichen Vorteil. Er konnte sie einfach abnehmen und unter Umständen im nächsten Moment als ganz normaler Passant erscheinen. Ein Ninja mit bemaltem Gesicht hat zwar keinerlei Beeinträchtigungen im Gehör oder bei der Atmung, braucht aber sehr lange, um sich wieder „zu enttarnen." Vermutlich muss man sich also je nach Aufgabe und Mission entscheiden welche Tarnung man bevorzugt. Im Falle einer Flucht als Zivilist in der heutigen Zeit sollte man sich überlegen helle Körperstellen mit Schlamm einzureiben, einen Schal oder ein überschüssiges dunkles Kleidungsstück zu Tarnzwecken zu verwenden.

*Ausrüstung:*

Die Ausrüstung ist ein weiterer Problempunkt der Tarnung. Moderne Soldaten haben deswegen sogar oft Tarnüberzüge für ihre Gewehre. Der Ninja hatte so etwas nicht und musste peinlich genau darauf achten, dass ihn seine Ausrüstung nicht verraten würde. Klingen mussten geschwärzt werden, weiße Pfeilfedern gefärbt und helle Seile eingerußt werden.

## Psychologie und geistige Vorbereitung des Ninja

Wollte der historische Ninja eine Mission erfolgreich erfüllen, so galt es zunächst einige Dinge zu tun: er musste sich selbst geistig darauf vorbereiten und er musste die Psyche seiner Gegner kennen. Ein Ninja, der z.B. ein gegnerisches Camp infiltrieren wollte und sich einschleichen wollte, der musste in etwa wie folgt vorgehen:

### 1. Persönliche Vorbereitung

Der Ninja musste ein selbstständig denkender, mobiler Geist sein, der alle Eventualitäten berücksichtigt. Alles was er dem Zufall überließ konnte sich schnell zu seinem Nachteil auswirken. Da der Einsatz sein Leben war, wäre es keine gute Idee gewesen mit einer gewissen lockeren Nachlässigkeit an die Mission heranzugehen. Er musste also nicht nur den genauen Plan für das Eindringen ersinnen und alle nötigen Informationen besitzen, sondern er musste sich selbst dabei optimal vorbereiten. Das bedeutet, die Auswahl der richtigen Kleidung, des passende Schuhwerks, der entsprechenden Tarnung, des benötigten Werkzeug usw. war essentiell für ein späteres Gelingen des Auftrags.

Schließlich hatte er sich selbst komplett zu kontrollieren, musste alles befestigen, überprüfen ob alles an seinem Platz war und dort auch bleiben würde, ob es evtl. Stürze oder andere akrobatische Manöver mitmachen würde,

ob etwas Geräusche oder etwa Lichtreflexe verursachen würde. Man kann diesen Punkt gar nicht oft genug ansprechen. Denn viele werden dies hier lesen und sagen: „Ist ja eh klar."
Aber jeder, der sich näher damit beschäftigt, wird schnell feststellen, dass es dutzende von Fehlerquellen gibt und fast jeder vergisst etwas, es sein denn, er ist ein wirklicher Profi auf diesem Gebiet. Vergisst er jedoch dennoch etwas, dann kann die Mission bereits scheitern, ehe sie angefangen hat. Ein Ninja konnte sich so etwas nicht leisten, denn sein eigenes Leben und war nur der mindeste Einsatz auf seiner Reise, ein Scheitern konnte auch den Untergang eines Landes oder einen verlorenen Krieg zu Folge haben. Er musste Perfektion in alle Details legen, um eine reelle Chance für den Erfolg zu haben.

**2. Geistige Mobilität**

Dann, nachdem er alles geplant, durchdacht und überprüft hatte, galt es geistig flexibel zu bleiben, denn Gegebenheiten konnten sich jederzeit ändern, Fehler passieren oder unvorhergesehne Ereignisse eintreten. Das bedeutet nur mit einem offenen Geist und dem Willen einmal gefasste Pläne sofort zu ändern, konnte er am Ende auch mit einer reellen Chance zum Gelingen seiner Aufgabe rechnen.

**3. Die Psyche des Gegners**

Um die geeigneten Punkte und den richtigen Zeitpunkt zum Eindringen ins feindliche Lager zu wählen und unter Umständen durch einen Trick verschwinden und fliehen zu können, musste der Ninja sich mit der menschlichen Psyche vertraut machen. Hierzu einige Beispiele:

*Die müde Wache:*

Schlich sich der Ninja an einer Wache vorbei, dann war die Aufmerksamkeit der Wache nicht nur von deren Ausbildungsstand beeinflusst, sondern auch von ihrer Müdigkeit. Eine Wache, die nervös war und erst seit einigen Minuten auf Posten stand, war sicherlich schwerer zu täuschen als eine Wache, die seit Stunden an der selben Stelle stand, müde war, schon hunderte von kleinen Geräuschen aus dem umliegenden Wald gehört hatte und deswegen auch nicht mehr so geistig rege war. Natürlich, logisch denken jetzt viele Leser. Aber, erstens muss man erst einmal wissen wann eine Wache frisch ist und wann sie müde ist (Wachpläne kennen, beobachten) und man braucht unter Umständen die Geduld stundenlang regungslos zu verharren, ehe die Wache einen Status der Unaufmerksamkeit erreicht hat und zwar ohne dass man selbst müde, ausgelaugt und unaufmerksam ist.

*Das Wetterproblem:*

Die meisten Leute sind lieber bei schönem Wetter draußen, als bei Schlechtem. Wachen geht es da nicht anders. Regen und Sturm tarnten also nicht nur die Geräusche des Ninja, sondern demoralisierten auch die Wachen.

*Das Lagerfeuer:*

Standen mehrere Wachen um ein Lagerfeuer, etwa um zu

reden oder sich zu wärmen, dann hatten sich ihre Augen an das helle Licht des Feuers gewöhnt. Hörten sie nun ein Geräusch und drehten sich um, um in die Dunkelheit zu starren, dann mussten sich ihre Augen erst an die veränderten Lichtverhältnisse gewöhnen. Dies dauerte einige Zeit. Der Ninja hatte dabei Zeit, sich eine entsprechende Deckung zu suchen und konnte schlechter entdeckt werden.

## Das Selbstverständnis

Mit den Künsten der Heimlichkeit ist es wie mit vielen Dingen des Lebens. Im Ernstfall funktioniert nur, was von selbst geschieht. Das bedeutet, der Ninja muss etwas so oft geübt haben, dass er nicht mehr darüber nachdenken muss. Hat er Lücken in seiner Ausbildung, muss er über Dinge nachdenken, dann wird er im Ernstfall Fehler begehen. Wenn wir von einem Ninja auf seiner Mission im Japan des 16. Jahrhunderts ausgehen, würde so ein Fehler vermutlich den Tod zur Folge haben.

Im Folgenden finden wir in einem kurzen Abriss den möglichen Verlauf einer Mission und einige Fehlerquellen. Sie werden beim Studium schnell merken, wie einfach es ist, einen verhängnisvollen Fehler zu machen.

Der Ninja hat die Aufgabe, ein feindliches Camp zu infiltrieren und aus dem Zelt des Anführers Pläne zu stehlen. Er macht sich also auf zum Camp, um in dieser Nacht seinen Auftrag auszuführen. (**Fehler 1**: Er hat sich keinerlei Informationen über das Camp, die Wachzyklen, die feindliche Truppenstärke, die Position des Anführerzeltes, die Schwachpunkte in der Campverteidigung, die Motivation der Soldaten etc. beschafft.) Der Ninja erreicht das Camp und beobachtet es ein wenig aus der Entfernung, ehe er sich für eine Seite entscheidet, die ihm ein guten Kompromiss aus wenigen Wachen und leichter Überwindbarkeit zu bieten scheint. (**Fehler 2**: Der Ninja hat aufgrund seiner

mangelnden Vorbereitung vermutlich nicht alles an nötiger Ausrüstung dabei und kann deswegen nicht die am wenigsten bewachte Seite nehmen, da er hierzu ein Seil benötigen würde.)
Der Ninja schleicht durch die äußeren Befestigungsanlagen des Camps und hat dabei Rückenwind. (**Fehler 3:** Dieser trägt seine verursachten Geräusche und evtl. Gerüche weiter zu den nahen Wachen im Camp.) Schließlich erreicht er eine erste Blockade mit einer Wache direkt vor ihm. Hastig schleicht er vorbei. (**Fehler 4:** Schleichen ist oftmals eine Geduldsache. Natürlich gibt es Situationen, bei denen man schnell sein muss, aber es gibt auch viele Situationen, in denen man unerträglich langsam sein muss.)
Dem Ninja fällt auf, dass er seine Hände nicht getarnt hat und seine Klinge nicht geschwärzt hat. (**Fehler 5:** Das hätte er bei einem kompletten Check vor dem Beginn der Mission tun müssen.) Kaum hat er das nachgeholt zwingen ihn die Umstände hinter einer weiteren Wache vorbei zu schleichen. (**Fehler 6:** Da er den Mond nicht beachtet, vergisst er seinen Schattenwurf, welcher der Wache auffällt. Nun muss er sich mit ihr auseinander setzen.) Nehmen wir an, er hat die Wache ruhig gestellt und macht sich weiter auf den Weg. Doch innen sieht nun alles anders aus, wie von seinem Beobachtungspunkt außerhalb des Camps und er findet das Zelt des Anführers nicht ohne weiteres, auch wenn er es von draußen noch erkannt hatte. (**Fehler 7:** Ohne Übung fällt es vielen Leuten sehr schwer sich in unbekannten Orten, in der Nacht und unter Stress zu orientieren, dass muss genauso geübt werden, wie alles andere.)
Der Ninja muss eine weitere Wache überwinden. (**Fehler 8:** Dummerweise übersieht er sein Spiegelbild in einer Pfütze. Die Wache übersieht es nicht. Ein neuer Kampf steht ihm bevor.) Nach einem kleinen Umweg glaubt er sich dem Zelt des Anführers nahe, er bückt sich, um unter einer Absperrung hindurch zu gelangen und aus seiner Tasche fallen klirrend einige Shuriken zu Boden. (**Fehler 9:** Durch ein entsprechendes Überprüfen der Ausrüstung vor der Mission wäre das zu vermeiden gewesen.) Zum Glück hat es niemand gehört. Er geht weiter, vorbei an der vermutlich letzten Wache. (**Fehler 10:** Da er keine große Erfahrung mit den Sichtwinkeln von Menschen hat, schätzt er diese falsch ein und wird abermals entdeckt.) Doch auch dieses Mal kann er sich noch retten und betritt das Zelt des Anführers. Dort ist es absolut und vollständig finster. Der Ninja ist kaum im Zelt und stößt schon krachend einen Waffenständer zu Boden. (**Fehler 11:** Er beherrscht keinen Schleichschritt für absolute Dunkelheit oder vergaß ihn aufgrund mangelnder Übung anzuwenden.) Schließlich bringt er die Pläne tatsächlich in seinen Besitz. Nun aber schnell weg. Schnell weg? Wie? (**Fehler 12:** Er hat im Vorfeld keinen Fluchtplan, geschweige denn alternative Fluchtpläne erdacht.)
Also einfach aus dem Zelt heraus, hastig durch das Lager. Hierbei wird er vermutlich noch eine große Anzahl weiterer Fehler machen, bis er es schließlich schafft, in sein Versteck zu gelangen, wo er die Beute genauer un-

ter die Lupe nimmt. Da er vergessen hat, seine Spuren zu verwischen oder einen entsprechenden verwirrenden Schleichschritt anzuwenden, wird dies dann mit Sicherheit sein letzter Fehler sein, auch wenn er es in der Realität vermutlich nicht einmal ins Lager geschafft hätte.

Im Folgenden **zwei Beispiele** für Sie, zum selbst überlegen:

*Mission:*
Eindringen in das gegnerische Lager und erbeuten der feindlichen Aufmarschpläne
Zeit:
16. Jahrhundert
*Zeitrahmen:*
Die Zeit drängt. Die Ninja haben keine Zeit mehr für große weitere Vorbereitungen und müssen mit dem arbeiten, was sie haben oder finden.

**Ninja A:**
Alter: 34 Jahre, Gewicht: 80 kg, Größe: 180 cm, Haare: schwarz und lang
Er ist barfuss, trägt ein weites Hakama (Rockhose), eine Kampfsportjacke mit Gurt, ein Schwert, ein Nunchaku und außerdem besitzt er ein großes schwarzes Dreieckstuch und 10 Meter Seil.

Was kann Ninja A tun, um sich bestmöglich auf das Eindringen in das feindliche Lager vorzubereiten? Überlegen Sie zunächst selbst, ehe Sie die Lösung lesen.

**Ninja B:**
Alter 20 Jahre, Gewicht: 60 kg, Größe: 165 cm, Haare: kahl
Er trägt Tabis und Strohsandalen, eine abgebundene Hose, eine Jacke mit Ärmelstulpen, einen Gurt, 2 Tanto-Messer, 6 Shuriken Wurfsterne, 1 Shogei, 1 Lanze, 1 Bogen, Köcher und 30 Pfeile, Nahrung für 3 Tage, 2 Liter Wasserschlauch, Taschenwärmer, einen Säckchen mit 20 Geldstücken.

Was kann nun Ninja B tun um sich vorzubereiten? Überlegen Sie wieder zuerst selbst!

**Ninja A: Die Lösung:**
Ninja A überlegt zuerst in welchen Gebieten er sich vorbereiten muss:

Eindringen
Heimlichkeit
Kampf
Flucht

Er beschließt sein Seil zu verwenden, um über die abgelegenste Seite des Palisadenzauns zu klettern. Für die Heimlichkeit könnte das Seil hinderlich sein, da es relativ unhandlich ist, aber evtl. würde er es für die Flucht brauchen. Er muss also abwägen, ob er es wieder mitnimmt, in der Nähe des Eindringplatzes versteckt oder an einem anderen Ort deponiert. Für verbesserte Schleichmöglichkeiten muss er die Hosenbeine seines relativ ungeeigneten Hakamas weitgehend abbinden. Das er barfuss ist, könnte ein Problem werden, wenn er auf stachlige oder unangenehme Dinge tritt. Die Bodenbeschaffenheit ist also zu bedenken. Für die Heimlichkeit ist „barfuss“ hingegen gut. Das Schwert ist eine gute Waffe, aber ein wenig unhandlich. Hat er eine Chance effektiv zu kämpfen, wenn man ihn entdeckt? Wenn ja muss er das Schwert mitnehmen. Wenn er ohnehin verloren ist, falls er entdeckt wird, dann wird er das Schwert vermutlich nicht benötigen und kann es in seinem Versteck lassen. Andererseits könnte er es evtl. zum Aufstemmen von Türen oder Truhen etc. verwenden. Sollte er es mitnehmen, wäre es evtl. sinnvoll die Klinge zu schwärzen. Auch hier muss er abwägen. Das Nunchaku ist eine gute Waffe, um leise Wachen auszuschalten. Die Kette könnte aber beim Schleichen klappern, sollte also evtl. isoliert werden mit einem Stückchen Stoff etc. Muss er maskiert sein? Er muss die Vor- und Nachteile von dem Gesichtstuch gegenüber einer evtl. Bemalung von Gesicht, Füßen und Händen mit Schmutz abwägen. Seine Haare sind lang und könnten ihm ins Gesicht fallen. Ein sorgfältiges zurückbinden scheint deshalb unbedingt erforderlich.

**Ninja B: Die Lösung:**

Ninja B überlegt sich die vier Grundprobleme ähnliche wie Ninja A. Mit Tabi und Strohsandalen ist er ebenso adäquat ausgerüstet, wie mit seiner abgebundenen Hose und der Jacke mit den Ärmelstulpen. Strohsandalen und Tabi müssen fest sitzen bzw. gebunden werden. Die Frage ist auch nach der Farbe der Kleidung. Ich nehme an, Sie sind bei Ninja A davon ausgegangen, dass er dunkle Kleidung besitzt, ebenso wie bei Ninja B. Doch es stand nirgends. Sollte also ein Kleidungsstück hell sein, dann muss es ausgewechselt oder mit Schmutz verdunkelt werden. Die Ausrüstung von Ninja B ist sehr umfangreich und unnötigen Ballast sollte er auf keinen Fall mitnehmen. Sperrige Dinge wie Lanzen oder ein Bogen werden bei solch einer Mission selten gebraucht. Man kann sie also da lassen. Selbst wenn er den Bogen braucht, dann wohl keinen Köcher mit 30 Pfeile. Die Tanto Messer können in einem Kampf ebenso nützlich sein, wie beim Ausschalten einer Wache. Da sie nicht sonderlich sperrig sind, kann er vermutlich beide mitnehmen. Klingen schwärzen darf er nicht vergessen. Eine evtl. Tarnung seines kahlen Kopfes und seines Gesichts mit Dreck, Schlamm, Ruß o.ä. muss er auflegen. Das Shogei kann er mannigfaltig verwenden, um zu klettern, Dinge aufzustemmen oder auch im Notfall um zu kämpfen. Er muss es allerdings so befestigen, dass es seine Heimlichkeitsaktionen nicht gefährdet. Die 6 Shuriken könnten nützlich sein, wenn sie vergiftet sind. Er muss allerdings aufpassen, wie und wo er sie trägt. Erstens, um sich z.B. bei einem Fall oder Sturz nicht selbst zu vergiften und zweitens, dass sie ihm nicht klimpernd aus der Tasche fallen, wenn er sich schnell weg ducken oder wegrollen muss. Essen, Wasser und Taschenwärmer sind wohl überflüssig bei dieser Mission, wenn er schon kurz vor dem Lager ist. Diese Sachen kann er also in der

Nähe des Lagers zurück lassen. Es sei denn, der Gegner hat Hunde und in seinem Nahrungspaket steckt etwas, dass ihm bei den Hunden helfen könnte. Das Geld wird er ebenso wenig brauchen, da es vermutlich nur klappert. Sollte er es in seiner Tasche vergessen, könnte er es aber immerhin evtl. noch benutzen, um eine Wache abzulenken.

Sie sehen, der Ninja musste sich sehr ausführliche Gedanken machen, bevor er sich auf so eine Mission machte und dies ist nur die Spitze des Eisbergs. In einem realen Fall würden diese Überlegungen noch viel weiter führen.

Da jede Mission anders war, seine Kleidung und/oder Ausrüstung vermutlich oft unterschiedlich waren, andere Wetterverhältnisse herrschten, verschiedene geographische Merkmale vorhanden waren, sich differenzierte Fluchtmöglichkeiten boten etc. musste der Ninja sorgfältig denken und planen.

Dazu kommen noch so simple Dinge wie: Wenn ich schon ein wenig älter und schwerer bin wie z.B. Ninja A, könnten meine Gelenke knarren, wenn ich mich direkt in Hörweite in der Stille eines Raumes befinde? Habe ich Hunger? Knurrt mein Magen? Muss ich noch einmal auf die Toilette? Können patrouillierende Wachen im Außenbezirk des Lagers zurückgelassene Dinge oder Spuren finden? Das und vieles mehr.

Viele Leser werden jetzt sagen „Das ist ja wohl alles logisch.“

*Aber logisch ist gar nichts.*

Was denken Sie, wie viele so genannte Spezialisten schon ihr Leben lassen mussten, ertappt wurden oder in Kriegsgefangenschaft wanderten, weil sie eben genau einen dieser Fehler begangen haben. In Stresssituationen machen die Menschen die dümmsten Fehler und ein mangelnder Ausbildungsstand kommt dabei am schnellsten zur Geltung. Ein einziges sorglos und locker geschnürtes Band an der Ausrüstung kann eine Mission zum Scheitern bringen und Menschenleben kosten.
Ich habe selbst schon wirklich alles gesehen und erlebt. Schüler vergessen ihre Kleidung abzubinden, sie stolpern über Gegenstände am Boden bei Schleichversuchen oder rennen direkt dagegen, sie tragen die falschen Schuhe, ein auffälliges Kleidungsstück, sie bleiben an einem Hindernis hängen, Gegenstände fallen aus ihren Taschen, Schleichschritte werden einfach plötzlich vergessen usw.

Das ist auch ganz normal und menschlich. Der Mensch muss immer mitdenken und braucht lange, um entsprechende Lehrinhalte in Ernstfallsituationen zusammen zu bauen. Nur weil einer den Schleichschritt X in der Übung perfekt beherrscht, heißt das noch lange nicht, dass er in einer Realsituation auch erkennt, dass er diesen Schleichschritt jetzt auch anwenden muss.

Jeder der denkt, für ihn wäre dies kein Problem, der ist entweder schon jetzt ein Profi oder er leidet an kompletter Selbstüberschätzung. Das Verhältnis dürfte hierbei etwa 1 zu 5000 sein. Das ist wohl auch der Grund, weshalb der historische Ninja so viel üben musste.

Solche Dinge sind etwas für Personen, die sich von Berufswegen ganztägig damit befassen und nichts für Freizeitkrieger. Bedenken Sie dies immer!

# Band 2
# Kuji Ashi
# Die 9 Schleichschritte

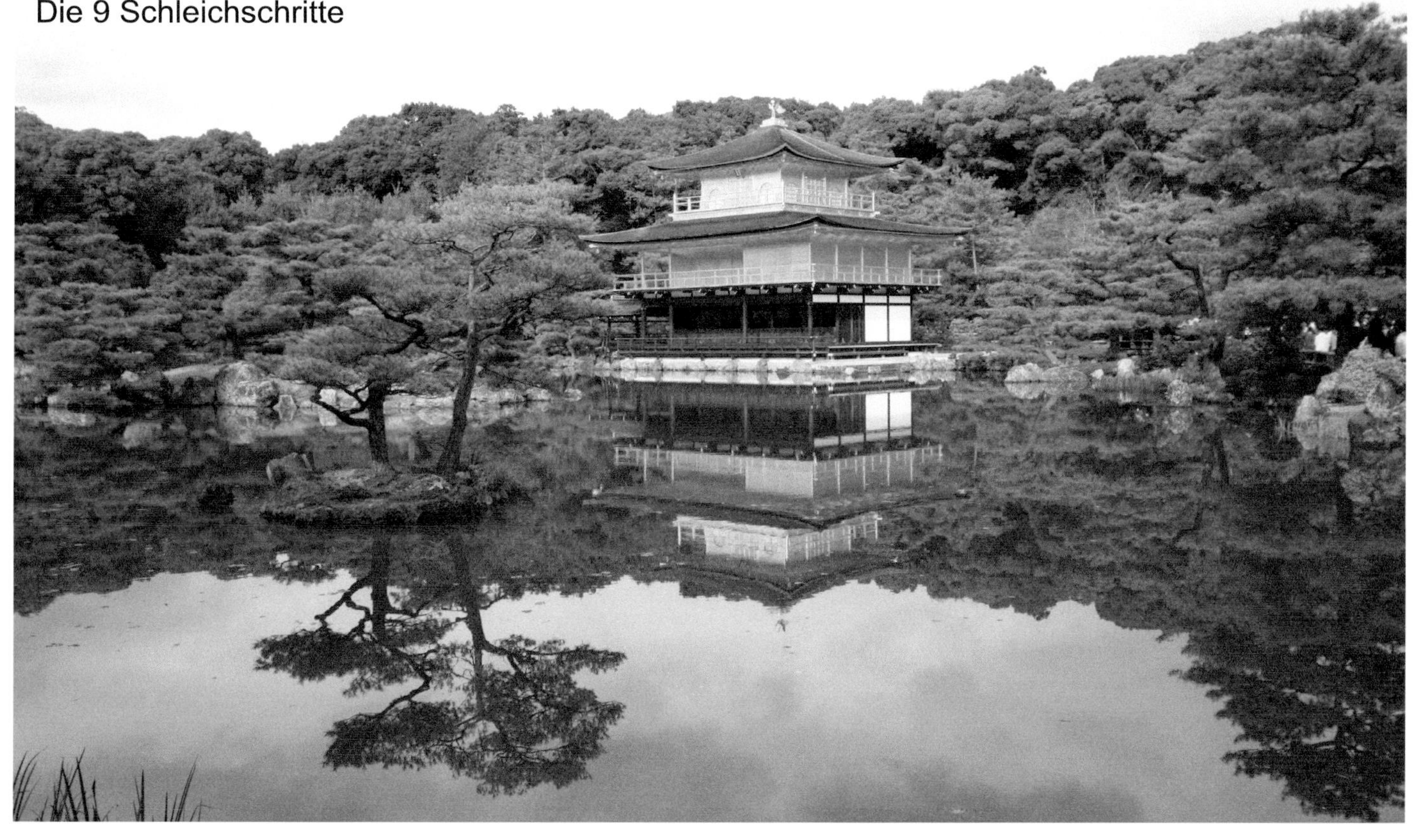

Die neun Schleichschritte, auch „Kuji Ashi", wie sie in unserem System des Ninjutsu benutzt werden, finden sich in diesem Kapitel. Jeder der Schritte erfüllt eine gewisse Funktion. Jeder der Schritte ist für eine andere Situation einsetzbar. Der Ninja muss entscheiden, in welcher Situation er welchen Schritt benötigt.

*Manchmal muss der Ninja schnell sein, weil er nur die Körperdrehung einer Wache Zeit hat.*

*Manchmal muss der Ninja langsam sein, weil er keinen Laut verursachen darf.*

*Manchmal muss der Ninja seine Umrisse verbergen.*

*Manchmal muss der Ninja einfach nur leise sein.*

*Manchmal muss der Ninja sich bei Helligkeit leise bewegen.*

*Manchmal muss der Ninja in kompletter Finsternis operieren.*

*Manchmal operiert der Ninja im Zwielicht, wird geblendet oder kann das Licht zu seinen Gunsten einsetzen.*

*Manchmal muss der Ninja um Ecken herum, durch Türen oder an*
*Wänden entlang schleichen.*

*Manchmal muss der Ninja aber auch unter niedrigen Objekten vorbei, diese als Deckung benutzen oder sie umgehen.*

*Manchmal muss der Ninja auch einfach durch das freie Feld, durch eine Wohnung oder einen Wald.*

*Manchmal ist für den Ninja die „Unsichtbarkeit" wichtiger.*

*Manchmal ist für den Ninja die „Unhörbarkeit" wichtiger.*

*Manchmal ist für den Ninja beides wichtig.*

*Manchmal muss der Ninja nur erkennen, dass eine Aktion zu einem bestimmten Zeitpunkt keinen Sinn hätte.*

Sie sehen, es gibt viele unterschiedliche Situationen. Jede dieser Situationen stellt für den Ninja eine gänzlich neue und andere Herausforderung dar. Er muss sich an die Begebenheit anpassen oder er wird seine Mission nicht erfüllen können. Dazu gehört außer cleverem Denken auch eine ganze Menge Technik. Die Schleichschritte sind Bestandteil dieser Technik.

Dennoch sind Schleichschritte zwar eine solide Basis, aber nur ein kleiner Teil des gesamten Bereichs „Heimlichkeit." Der Ninja muss sie immer und immer wieder üben, um die Schritte zu perfektionieren und ihre Einsatzmöglichkeiten kennenzulernen. Dazu gehört auch die Anwendung auf verschiedenen Untergründen, zu verschiedenen Jahreszeiten bei verschiedenen Lichtverhältnissen. Nur so kann er für sich selbst Erfahrungen sammeln und diese auch verwerten.

Das bedeutet, einen Schleichschritt erlernte der Ninja nicht, indem er ihn „ab und zu einmal machte“ oder indem er ihn ganz einfach wusste, sondern indem er ihn viele hunderte und tausende Male unter verschiedenen Bedingungen testete. Nur dann konnte er davon ausgehen, dass er im Ernstfall auch den richtigen Schritt perfekt ausgeführt anwenden würde.

Die folgenden neun Schritte besitzen Namen in vielen Sprachen. Wir benutzen im Rahmen dieses Buches die chinesischen und englischen Namen, wie sie von Großmeister Ashida Kim in seiner Heimat benutzt werden und haben eine jeweils passende deutsche Übersetzung angefügt.

# Hai-Pu
# Black Step
## Der schwarze Schritt

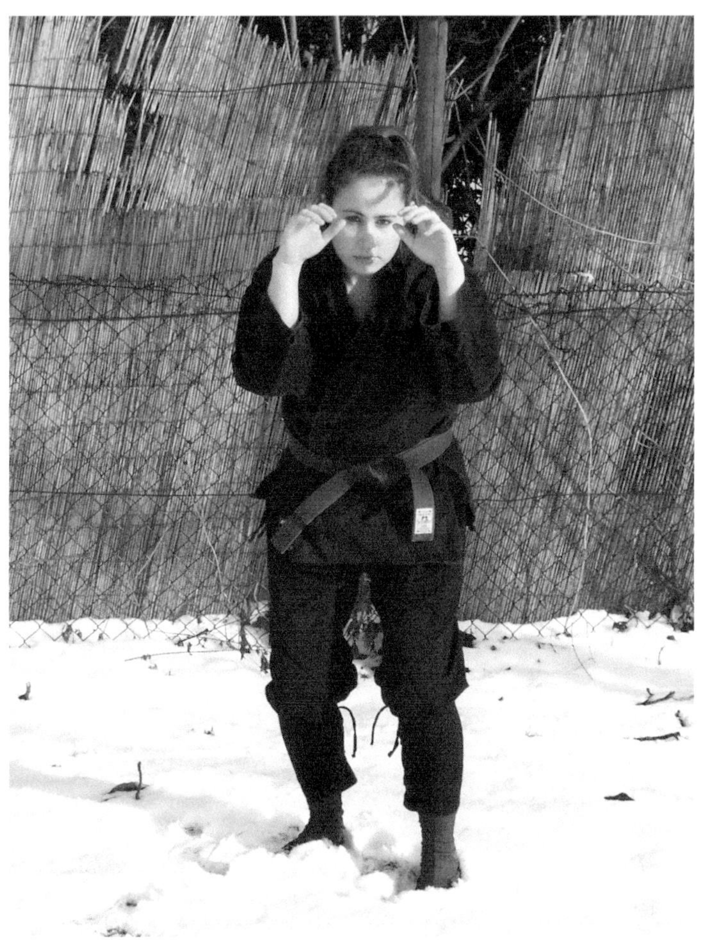

Hai Pu wurde entwickelt, um sich in kompletter Dunkelheit zu bewegen. Es ist der erste der neun Kuji Ashi und er sollte auch als erstes erlernt werden.

Stellen Sie sich vor, Sie sind in einem Raum mit geschlossenen Türen, ohne Fenster. Kein Lichtstrahl dringt herein oder auch nur der unmerkliche Schein einer mondlosen Nacht. Wie bewegt sich ein Ninja in solcher Umgebung? Man bedenke: Er weiß vermutlich nicht, was sich in dem Raum befindet, er weiß nicht, ob es dort andere Menschen gibt, Feinde, Wachen, schlafende Hausangestellte. Er kennt das Mobiliar ebenso wenig, wie die Beschaffenheit des Bodens. Der Ninja braucht also einen Schritt, der ihm die best mögliche Chance gibt, den Raum unbemerkt zu durchqueren. Dabei stellt sich ihm eine Reihe von Problemen:

*Problem 1:*
Zunächst ist klar, dass eine Bewegung in kompletter Dunkelheit nur sehr langsam stattfinden kann. Wäre der Ninja nicht langsam, dann könnte er sich selbst in einem völlig ungefährlichen Raum in seinem eigenen Haus verletzen, indem er mit dem Kopf gegen eine Lampe stößt oder mit dem Fuß an einem Tischbein hängen bleibt.
Hai Pu kann also nur ein sehr langsamer Schritt sein. Der ausführende Ninja braucht sehr viel Geduld!

*Problem 2:*
Das zweite Problem, welches sich stellt, ist das Raumvolumen, dass der Ninja mit seinem Körper einnimmt. Der Ninja kann dieses Volumen nicht verkleinern.
Er kann nur versuchen, so wenig zusätzlichen Raum wie möglich zu brauchen. Seine Beinstellung muss also locker in den Knien sein und nicht ganz aufrecht. Das macht ihn schon einmal ein wenig kleiner. Die Schrittfolge muss nun so gewählt werden, dass die Füße beim Gehen nicht weiter zur Seite gehen, als die normale Körperbreite des Ninja ausmacht. Dazu ein kleines Beispiel. Stellen wir uns vor, unser Ninja ist 50 cm breit von Schulter zu Schulter. Er geht auf einem geraden Weg. Bleiben seine Schritte nun innerhalb dieses Weges, dann wird er nicht breiter als 50 cm. Benutzt er jedoch einen schlendernden Gang, bei dem die Füße weit nach außen gehen, dann wird der Weg, den er „beschreitet" breiter, als seine Schultern. Sagen wir, er braucht nun einen 75 cm breiten Weg. Das heißt er hat 25 cm (50% !) mehr die Chance, gegen etwas zu laufen, etwas umzutreten oder jemanden zu berühren. Das will er natürlich vermeiden.

*Problem 3:*
Da der Ninja die bevorzugte Wahrnehmung des Menschen, „die Sicht" in diesem Fall nicht verwenden kann, muss er sich also auf andere Sinne verlassen. Er kann riechen und hören und dabei versuchen evtl. anwesende Personen zu orten. So oder so muss er sich jedoch zusätzlich die ganze Zeit auf seinen Tastsinn verlassen. Den Tastsinn seiner Hände, die vor dem Kopf geführt werden, um diesen zu schützen und den Tastsinn der Füße, um

evtl. Hindernisse am Boden zu umgehen oder beiseite zu räumen.

*Problem 4:*
Da er nicht sieht, wohin er tritt, muss der Ninja unglaublich langsam und geschickt auftreten, um keine oder nur minimale Geräusche zu machen. Dazu bedarf es eines außergewöhnlichen Gleichgewichtes, eines schnellen Reaktionsvermögens und viel Gefühl in den Füßen. Außerdem ist so eine extrem langsame Art der Fortbewegung natürlich unglaublich anstrengend.

*Ausführung:*
Der Ninja stellt sich also wie in diesem Bild ersichtlich in Position. Locker in den Hüften und Schultern, den Körper ein wenig abgesenkt. Die Zehen der Füße drehen sich nach innen. Die Stellung der Beine ist keinesfalls weiter als Schulterbreit. Die Hände befinden sich beim Kopf mit ausgestreckten Fingern. Er benutzt die Hände so als Fühler, um nicht mit dem Kopf gegen ein Hindernis zu stoßen. Was bei Licht besehen etwas seltsam aussehen mag, kann in kompletter Dunkelheit sehr nützlich sein.
Bewegt sich der Ninja nun, so versucht er Hüfte und Schultern so wenig wie möglich auf und ab bzw. seitlich zu bewegen. Damit minimiert er seine eigene Bewegung. Dies hat den Vorteil, dass er selbst, wenn er schwarz gekleidet ist, „unsichtbar“ wird, weil er keinerlei sichtbare Bewegungen mehr verursacht, wenn man ihn frontal von vorne anschaut.

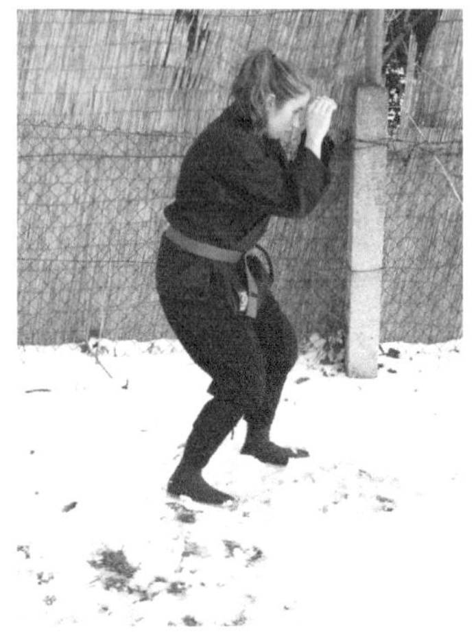

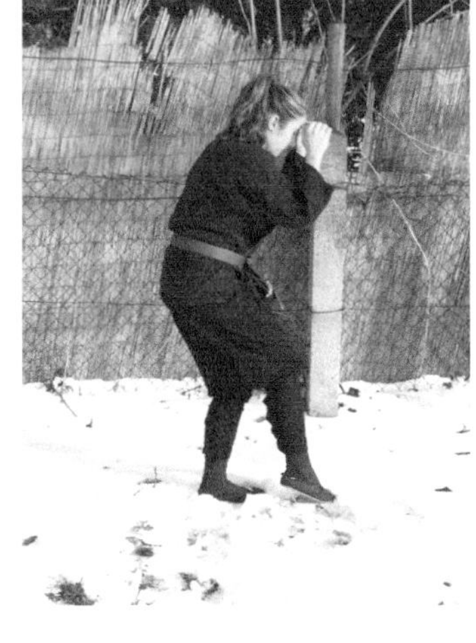

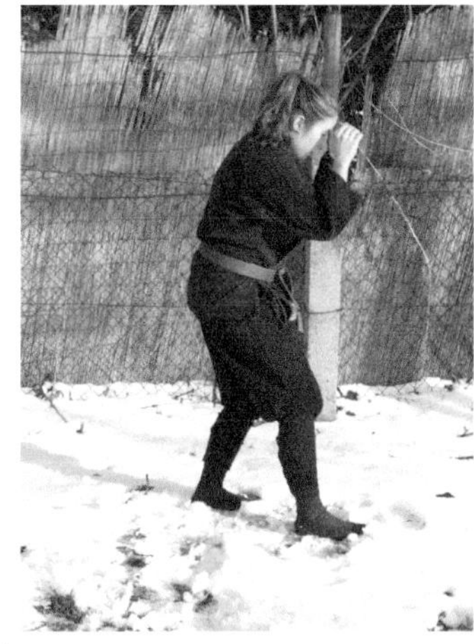

Beim Gehen in Hai Pu bewegen sich die Beine nun stets sehr langsam und abwechselnd. Geht der Ninja zuerst mit dem rechten Bein, verlagert er sein Gewicht auf das linke Bein. Der rechte Fuß macht einen langsamen Kreis von innen nach außen. Damit tastet er den Weg vor sich nach Hindernissen ab. Der Fuß wird nicht weiter außen als in der vorigen Stellung zum Stehen gebracht. Die Gewichtsverlagerung erfolgt sehr langsam und mit Bedacht, da der Ninja ja nicht wissen kann, ob der Boden ein Geräusch von sich gibt, wenn er sein Gewicht darauf stellt. Erst wenn er mit Rechts sicher steht, folgt die gleiche Bewegung mit dem linken Bein. Die Knie schauen dabei stets nach innen.

Diese Art des „Gehens" ist abgesehen vom Aspekt der Heimlichkeit ein gutes Training, um starke Beine und Geduld zu entwickeln.

Der antike Ninja entwickelte diese Technik noch weiter. Er nahm sein Schwert aus der Saya (Scheide) und hielt es in der Hand. Dann setzte er die Schwertspitze zurück in die Saya, so dass diese wie eine Art abknickender Rüssel vorne an der Schwertspitze hing. Da sie von alleine nicht gehalten hätte, nahm der Ninja die Bänder seiner Schwertscheide zwischen die Zähne. Nun hatte er eine Art Blindenstock, denn er konnte mit der Spitze der Saya den Boden vor sich abtasten. Stieß er auf eine Wache musste er nur den Mund öffnen. Die Saya fiel herab und die blanke Klinge tauchte direkt vor der Wache auf.

# Heng-Pu
# Cross Step
## Der Kreuzschritt

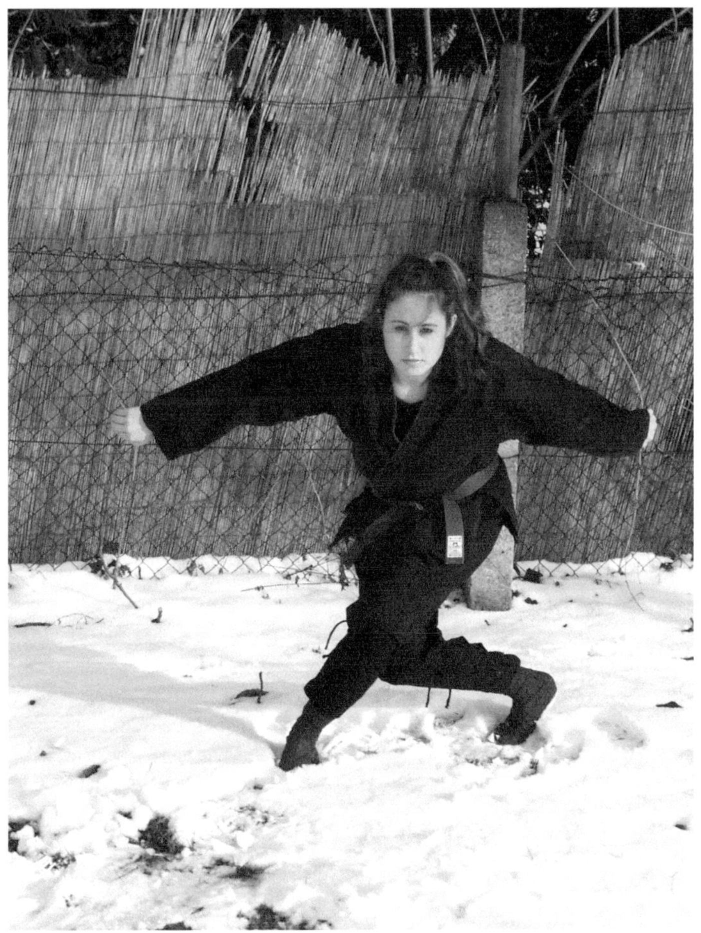

Heng Pu hat nun im Gegensatz zu Hai Pu zahlreiche Anwendungen. Der Ninja kann ihn verwenden, um sich relativ schnell zu bewegen, enge Korridore entlang zu schleichen, Treppen hinauf oder hinab zu gehen, an Wänden entlang zu gehen oder um seine Spuren zu verwischen.
Heng Pu ist ein seitlicher Schritt, bei dem sich die Füße ständig überkreuzen. Dabei ist es dringend notwendig, auf die Fußstellung zu achten, den Boden vor sich zu erkennen und das Gleichgewicht zu behalten.

*Problem 1:*
Beim Entlangschleichen an Wänden ist es sinnvoll, nahe an der Wand zu stehen, um einem Beobachter, der seitlich steht, möglichst keine Umrisse zu zeigen. Deswegen leistet Heng Pu dem Ninja gute Dienste bei allen Begebenheiten, bei denen er an einer Wand entlang schlei-chen muss. Er bietet ein schlechteres Ziel und er wird schlechter gesehen. Dabei ist es wichtig, dass er nahe der Wand geht (so nah wie möglich), aber die Wand im Fall des „Schleichens“ keinesfalls mit seiner Jacke, seinem Rücken oder irgendwelchen Gegenständen berührt, da dies natürlich Geräusche verursachen würde. Es ist also durchaus viel Übung erforderlich, um den Abstand zur Wand jederzeit richtig einzuschätzen.

*Problem 2:*
Bewegt sich der Ninja in einem normalen Gehschritt oder z.B. in Hai Pu, dann hinterlässt er Spuren, die klar zeigen, in welche Richtung er gegangen ist. Durch Heng Pu kann er dies verhindern. Heng Pu besteht, wie Sie in der Bilderserie erkennen können, im wesentlichen aus zwei sich andauernd wiederholenden Fußstellungen. Einer weiten offenen Stellung und einer überkreuzten Fußstellung. Wenn die Zehen des Ninja nun bei der weiten und offenen Stellung jeweils nach außen blicken und bei der überkreuzten Stellung zueinander, dann ist eine Rückverfolgung nicht mehr oder nur noch von einem geübten Spurenleser möglich.

*Ausführung:*
Wie Sie auf der hier folgenden Bilderserie sehen können, beginnt der Ninja Heng Pu mehr als Schulterbreit auseinander. Die Zehen blicken in unterschiedliche Richtungen nach außen. Der Blick erfasst die nächsten Meter Boden, die der Ninja zurücklegen muss, um evtl. Hindernisse besser zu erkennen. Die Arme sind relativ ausgestreckt, um eine bessere Balance zu erhalten.

Beim ersten Schritt macht der Ninja einen Schritt mit dem rechten Bein. Es wird vor dem linken Bein abgesetzt. Die Zehen blicken dabei zueinander.

Es folgt ein Schritt mit dem linken Bein und die Überkreuzung wird wieder geöffnet. Dabei nehmen die Zehen wieder eine voneinander weg blickende Stellung ein.

Auf diese Weise kann man mit Heng Pu endlos fortfahren. Je nach Geräuschverhältnissen relativ schnell (und damit

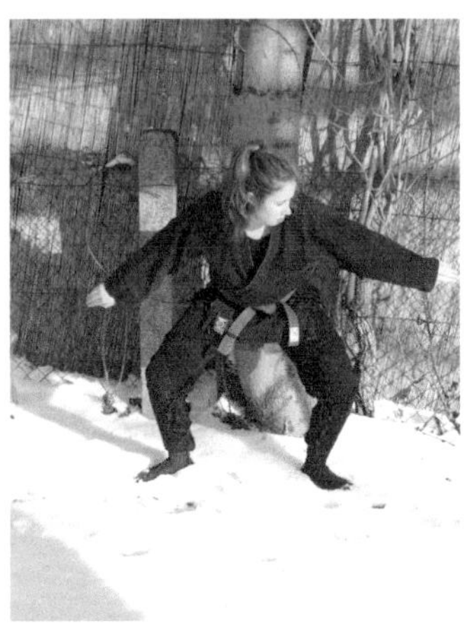

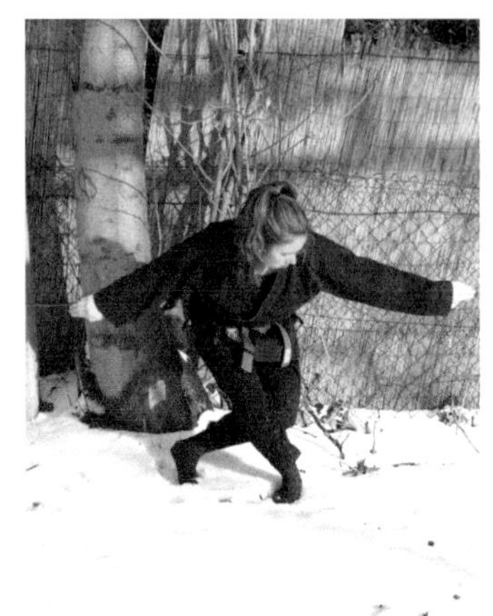

natürlich lauter) oder sehr langsam und leise. Der Ninja setzt beim Gehen stets die Ballen zuerst auf und nie die Ferse. Denn so hat er mehr Gefühl und kann durch ein langsames Aufsetzen des Fußes Geräusche verhindern oder im Zweifelsfall noch einmal eine andere Stelle zum aufsetzen des Fußes suchen.

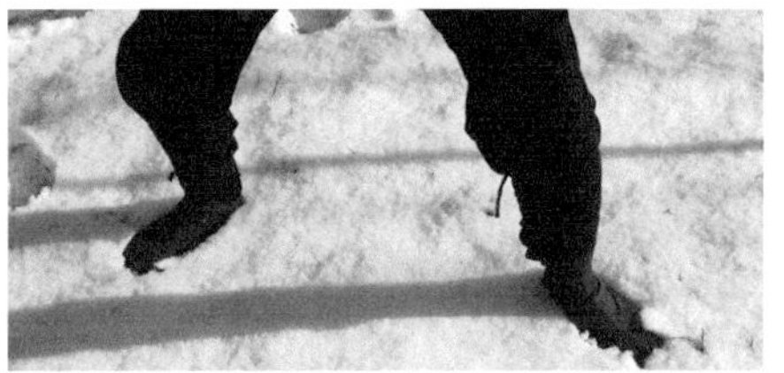

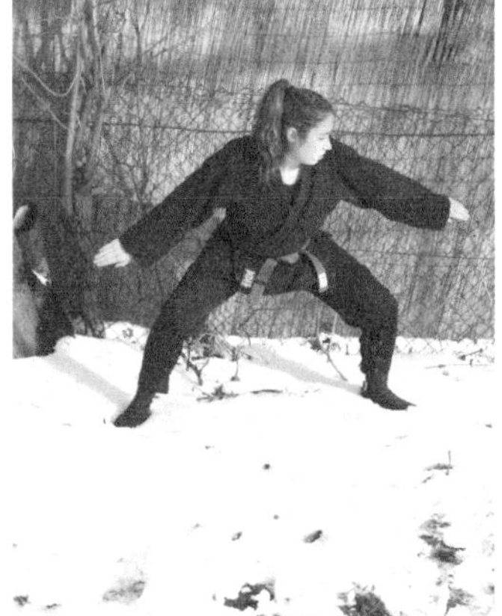

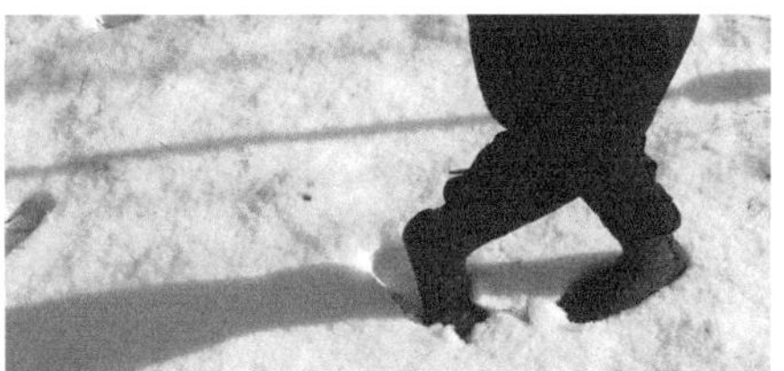

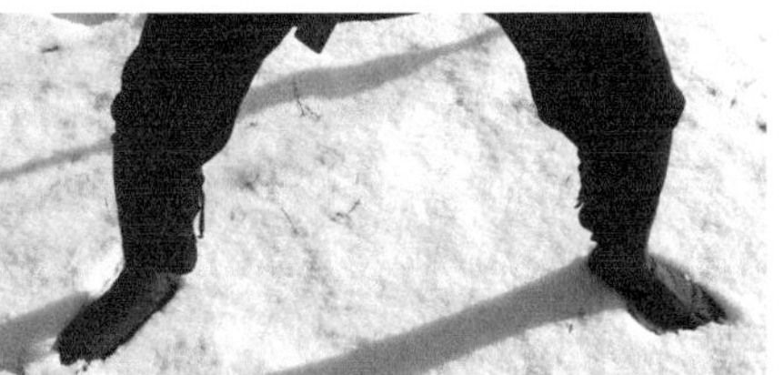

Exkurs:
Heng Pu und das Fenster

Schleicht der Ninja nun z.B. an einer Hauswand entlang, dann ist es nicht ungewöhnlich wenn diese von Fenstern unterbrochen wird.
Heng Pu wird nun wie gezeigt unter dem Fenster hindurch einfach weiter fortgesetzt, was allerdings sehr schwierig auszuführen ist.
Sollte der Ninja diesen Schritt nicht in Perfektion durchführen können und genötigt sein, den Oberkörper nach vorne biegen zu müssen (wie in dem falschen Bild gezeigt), was natürlich im Ernstfall leicht von einem Menschen am Fenster gesehen werden würde, dann empfiehlt es sich für den Ninja, noch ehe er das Fenster passiert, seitlich einen schnellen Blick in das Fenster zu erhaschen, ob der Weg frei ist oder nicht.

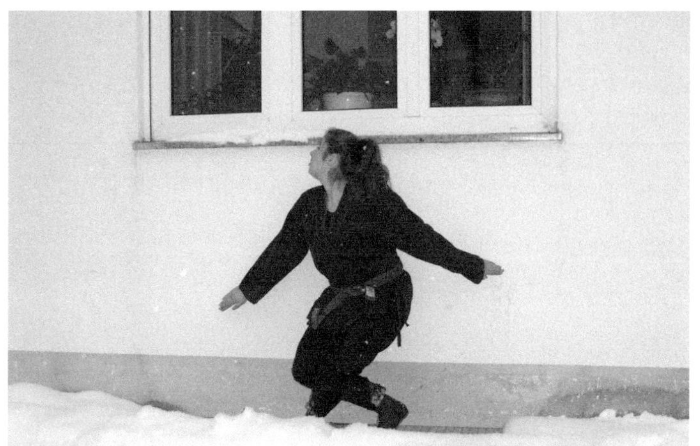

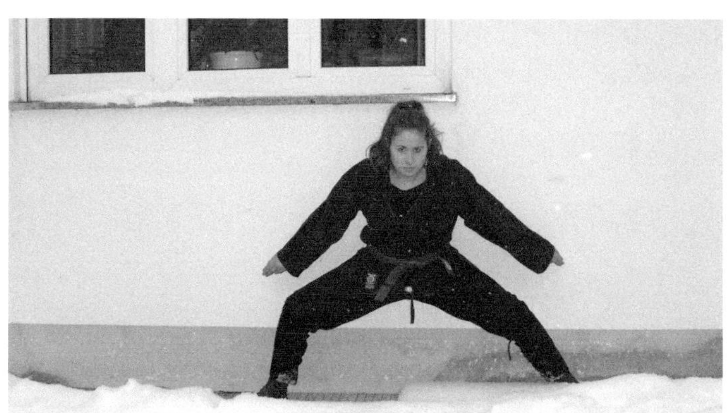

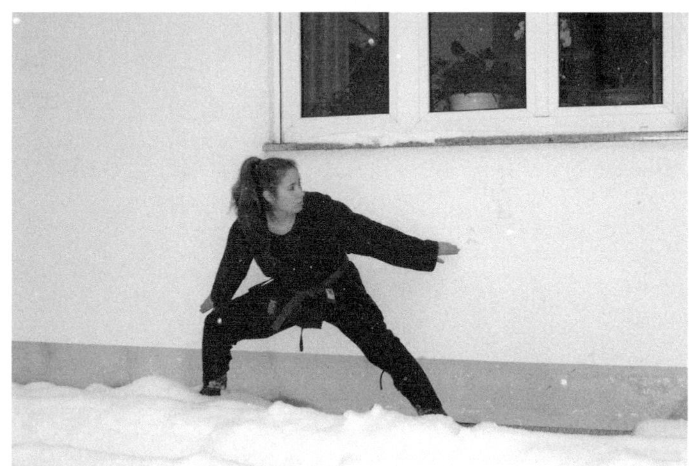

# Pa-Pu
# Night Step
## Der Nachtschritt

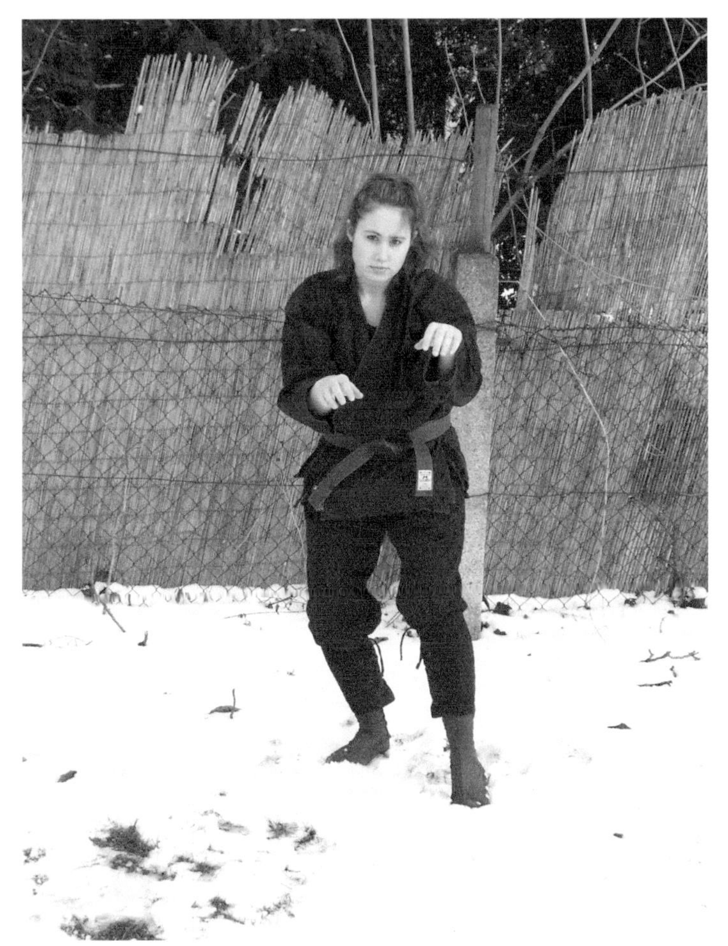

Pa Pu ist nun so etwas wie der “normale Schleichschritt” für die Dunkelheit. Im Gegensatz zu Hai Pu, mit dem der Schritt verwandt ist, ist er jedoch nicht für komplette Dunkelheit, sondern für eine Dunkelheit, in welcher der Ninja noch zu einem kleinen Teil seinen Augen vertrauen kann. Das bedeutet, er muss sich zumindest nicht fürchten, im nächsten Moment frontal mit dem Kopf gegen ein Hindernis zu laufen, welches er übersehen hat.

Pa Pu kann fast völlig auf den Fußballen ausgeführt werden. Damit kann der Ninja weitere Geräusche eliminieren bzw. minimieren. Mit etwas Übung kann Pa Pu ein durchaus schneller Schritt werden, welcher den Ninja relativ leise über größere Distanzen tragen kann.

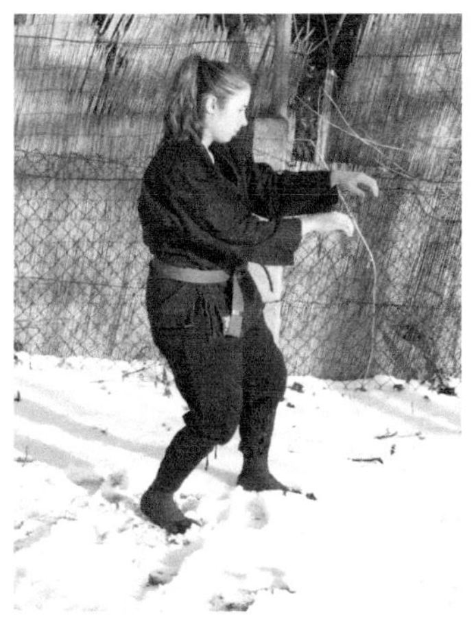

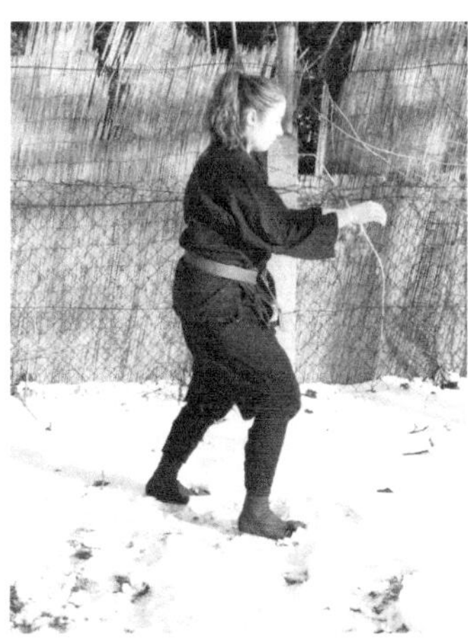

*Ausführung:*

Wie bei Hai Pu werden die Füße jeweils von innen nach außen geschoben, um die eigene „Spur“ nicht zu verbreitern. Der Ninja tritt dabei leicht mit den Ballen auf und verlagert das Gewicht dann, um die Möglichkeit zu haben, den Fuß bei einem Fehlschritt noch einmal heben und anders platzieren zu können. Natürlich kann man mit dem Fuß auch Zweige und andere Geräuschverursacher zur Seite schieben. Wird Pa Pu schnell ausgeführt, geht das zwar nicht, aber immerhin bleibt die eigene „Spur“ schmal und durch die Vermeidung mit dem ganzen Fuß aufzutreten, ist das Geräuschvolumen von Haus aus minimiert. Die Arme werden bei Pa Pu auf der Körpermitte etwa waagrecht an den Seiten gehalten, um eine bessere Balance zu ermöglichen.

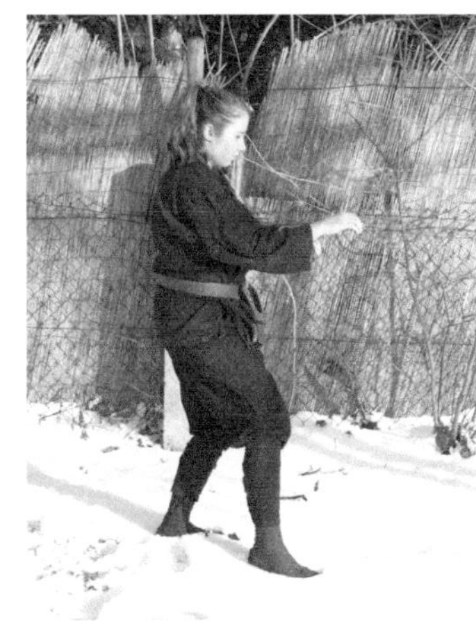

# Mi-Lu-Pu
# Lost Track Pivot
## Der verschwindende Schritt

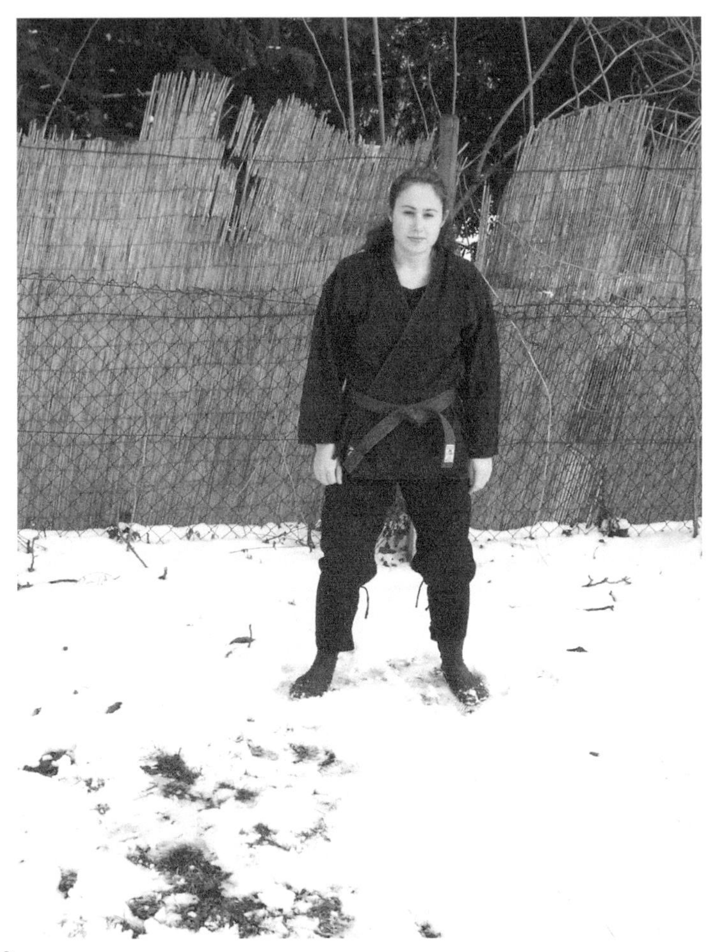

Der Mi Lu Schritt ist ein sehr wichtiger Schritt in diesem System und hat sowohl mehrere Anwendungen im Bereich der Heimlichkeit als auch im Kampf.
Er besteht grundsätzlich aus zwei einzelnen Schritten, die wir zunächst einmal, der Einfachheit halber, als 90 Grad Schritte darstellen wollen. Die Winkel der genauen Schritte können im Realfall natürlich variieren. Geht man aber von der Schrittfolge (2x 90 Grad) aus, dann wird besonders klar, dass der Sinn des Schrittes darin besteht, den eigenen Körper um 180 Grad zu drehen.

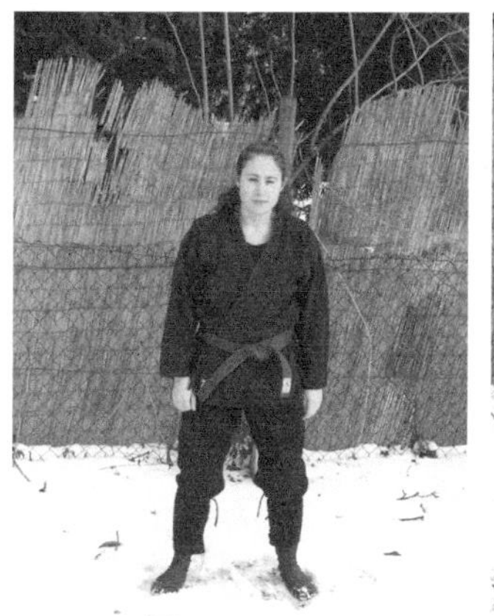

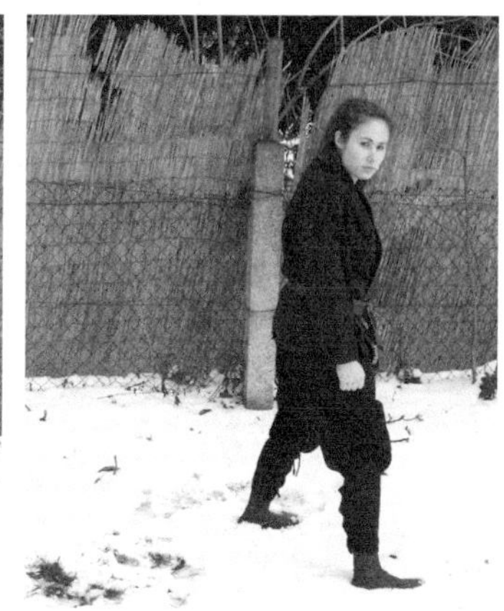

*Ausführung:*
In der folgenden Bildfolge steht der Ninja nun mit beiden Beinen in einer Linie. Der Körper des Ninja ist nach Süden ausgerichtet.
Im zweiten Bild dreht sich der Ninja auf den Ballen des linken Fußes nach links. Sein rechter Fuß geht dabei nach vorne. Er hat nun eine Veränderung seiner Körperposition um 90 Grad vorgenommen. Der Körper des Ninja ist nun nach Osten ausgerichtet, auch wenn sein Blick noch nach Süden geht.
Im dritten Bild zieht er nun seinen linken Fuß um 90 Grad nach links zurück (Westen) . Der gesamte Körper des Ninja ist jetzt nach Norden ausgerichtet. Der Mi Lu Schritt ist nun beendet.
In den folgenden Kapiteln finden Sie noch einige Anwendungsbeispiele des Mi Lu Schrittes, der oftmals dazu benutzt wird, hinter Wachen vorbei zu schleichen oder plötzlich vor ihnen aufzutauchen.

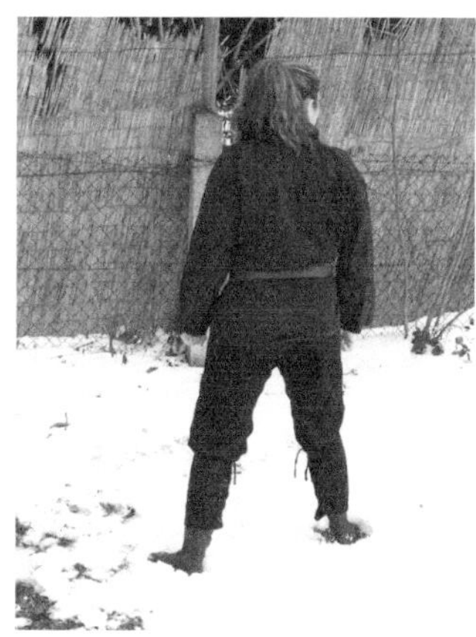

# She-Pu
# Serpent Step
## Der Schlangenschritt

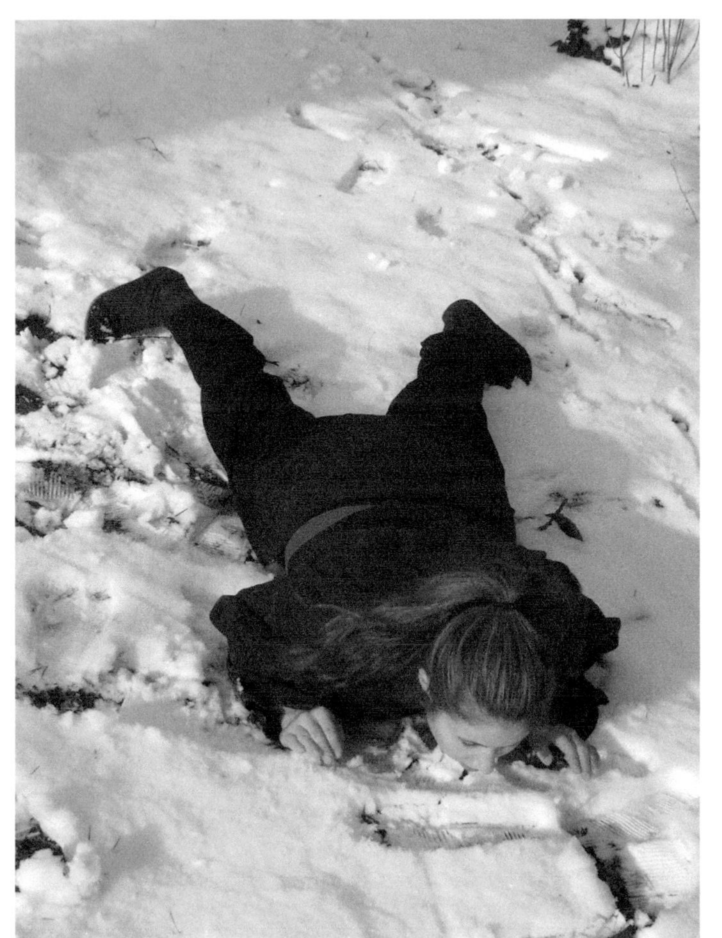

She Pu ist der erste Kriechschritt im Rahmen dieses Systems. Für den Ninja gab es natürlich zahlreiche Momente, in denen er seine Silhouette so gut wie möglich vor den neugierigen Blicken seiner Feinde verbergen musste. Mit Schleichschritten wie Pa Pu oder Heng Pu wäre dies alleine nicht mehr möglich gewesen. Deshalb musste er sich auch kriechend fortbewegen können und dabei möglichst leise sein.
She Pu ist der langsamere Bodenschleichritt dieses Systems. Er wird dann eingesetzt, wenn sich der Ninja so nah wie möglich am Boden befinden muss, um nicht gesehen zu werden und sich entweder aus visuellen oder aus akustischen Gründen nicht schnell bewegen kann oder darf. Das bedeutet natürlich auch, dass man für einen erfolgreichen Einsatz von She Pu unter Umständen sehr viel Zeit und Geduld benötigt.

*Exkurs: Schleichschritte am Boden*
Im Gegensatz zu allen anderen Schleichschritten ermöglichen nur die Schleichschritte am Boden ein relatives „Unsichtbar machen" der eigenen Gestalt. Alle anderen Schritte sind für bestimmte Gelegenheiten oder wenn man leise sein muss, aber nicht zwangsweise gesehen werden kann. Der Ninja hatte hierbei das Ziel so gut wie möglich mit dem Boden zu verschmelzen, das bedeutet, auch natürliche Deckungen zu nutzen. In der heutigen Zeit gibt es für so etwas Tarnnetze, die komplett mit natürlichem Baum und Blattmaterial bestückt sind, was so ein kriechendes Manöver natürlich wesentlich vereinfacht, als wenn man in normaler Kleidung am Boden entlang robbt. Doch auch bei allen Schleichschritten am Boden muss der Ninja versuchen, so leise wie möglich zu sein und er muss genau abwägen, wie schnell er sich in der gegebenen Situation bewegen darf oder soll.

*Ausführung:*
In der Grundstellung liegt der Ninja flach am Boden. Die Hände sind nahe beim Kopf, die Handflächen liegen flach am Boden. Die Ellbogen sind ebenfalls flach am Boden und nahe am Körper. Die Beine sind leicht gespreizt. Die Zehen sind nach außen gedreht, so dass die Füße flach am Boden liegen und die Fersen nicht nach oben blicken. Der Kopf kann leicht angehoben sein, um den Gegner zu beobachten oder bei Bedarf flach am Boden liegen.

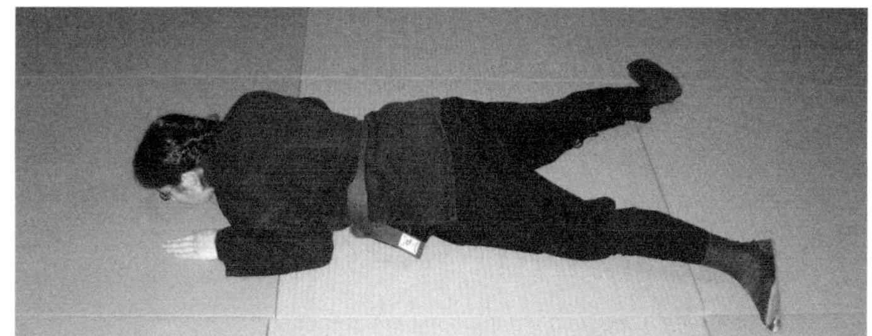

Will der Ninja sich nun bewegen, dann geschieht dies sehr langsam. Die Arme werden langsam ausgestreckt. Ein Bein wird flach über dem Boden nach vorne gezogen. Hier ist bereits darauf zu achten, eine Berührung der sich bewegenden Glieder mit dem Boden zu vermeiden, da es sonst Schleifgeräusche gibt. Der Ninja zieht sich dann durch die Kraft seiner Arme und Finger und die der Zehen des vorderen Fußes nach vorne. Der Körper wird dabei komplett minimal vom Boden angehoben, so dass ein Schleifen abermals verhindert wird. Abschließend wird der Körper sehr langsam wieder aufgesetzt. Der Ninja hat nun einige Zentimeter Boden gut gemacht.

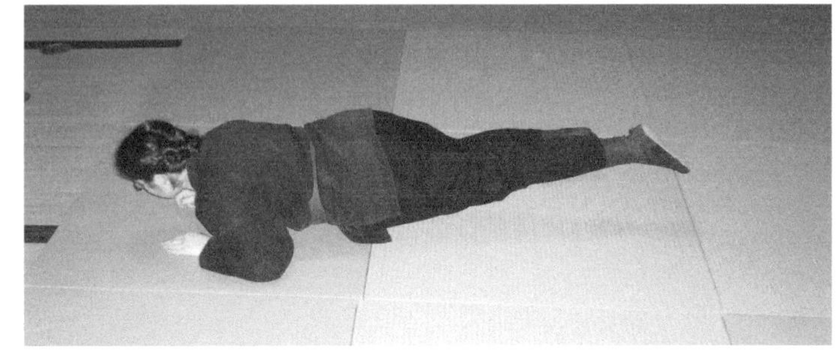

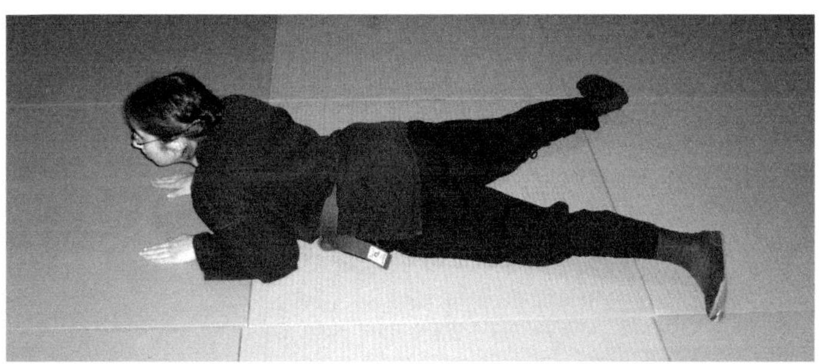

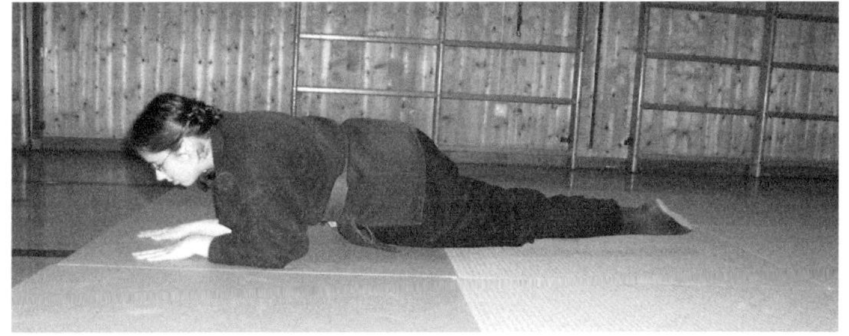

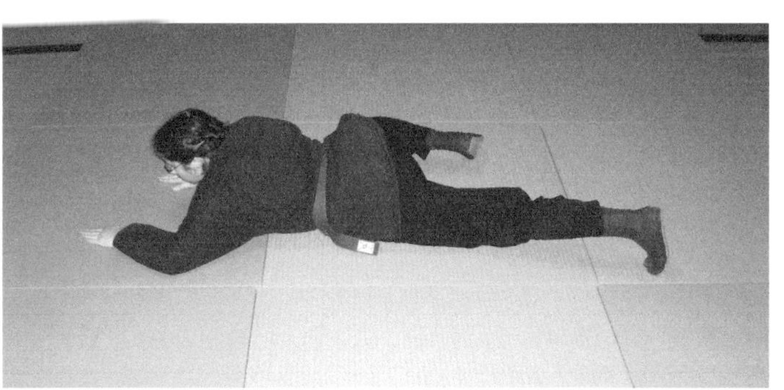

Bei einem folgenden Schritt wird der Fuß, der nach vorne gezogen wird, gewechselt. Da She Pu aber maximale Heimlichkeit verlangt, sollte nach jedem Schritt ein Stopp eingelegt werden, gelauscht und beobachtet werden und erst wenn man sicher ist, nicht gesehen worden zu sein, sollte man sich weiter bewegen.
Wenn Sie es einmal selbst versuchen, werden Sie feststellen, dass She Pu ein sehr anspruchsvoller Schritt ist, der sehr anstrengend und kraftraubend ist.

# Lung-Pu
# Dragon Step
## Der Drachenschritt

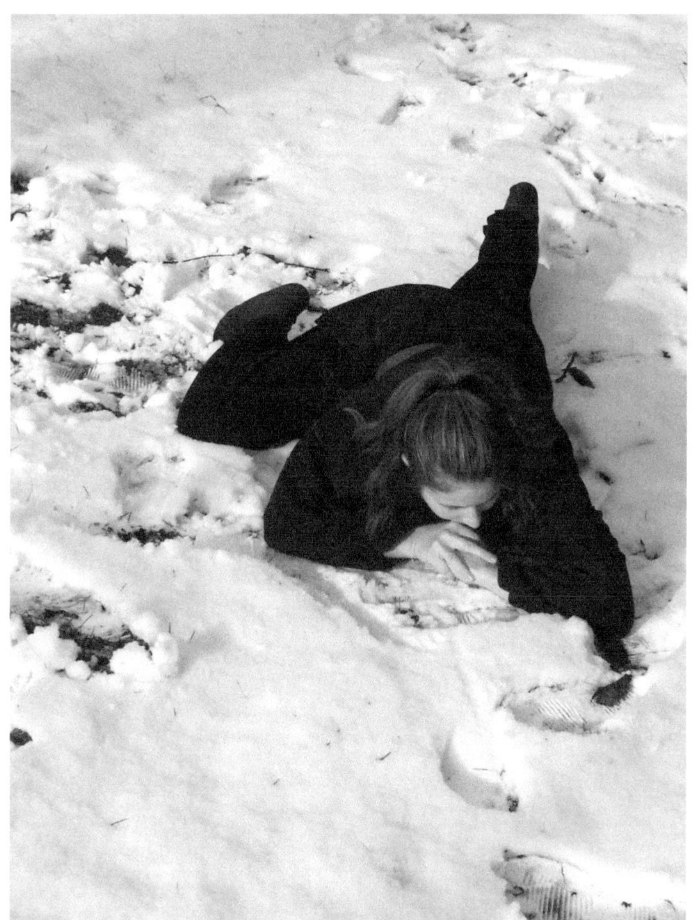

Lung Pu ist die zweite Möglichkeit des Schleichens am Boden. Im Gegensatz zu She Pu wird Lung Pu eingesetzt, wenn mehr Deckung zur Verfügung steht und eine größere Geräuschentwicklung in Kauf genommen werden kann. Lung Pu ist deshalb wesentlich schneller als She Pu, aber dafür auch auffälliger.

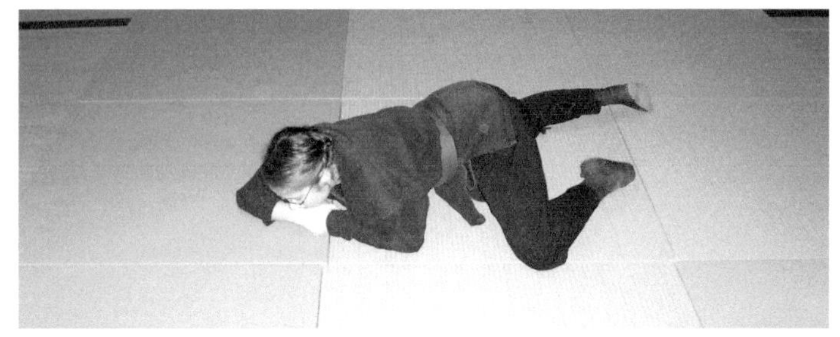

*Ausführung:*
Der Ninja kriecht hier in dem er abwechselnd das linke Knie und den rechten Unterarm oder das rechte Knie und den linken Unterarm nach vorne bringt. Der Körper ist dabei leicht vom Boden abgehoben, um wieder die Schleifgeräusche zu vermeiden.

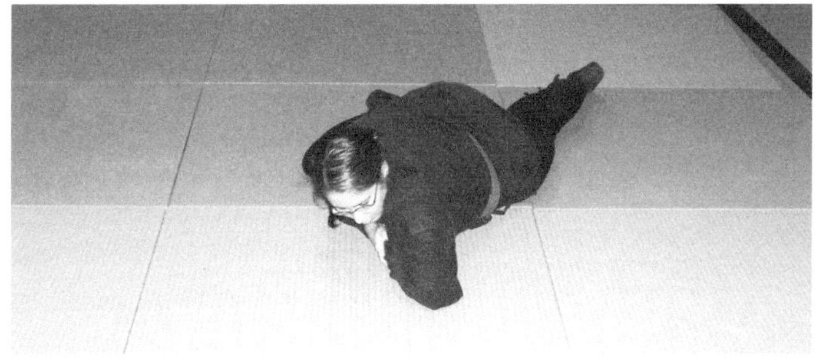

Lung Pu kann nun in einer sehr schnellen Bewegungsfolge gemacht werden und es ist dem am ähnlichsten, was in vielen der heutigen militärischen Einheiten als „Robben“ bezeichnet wird.

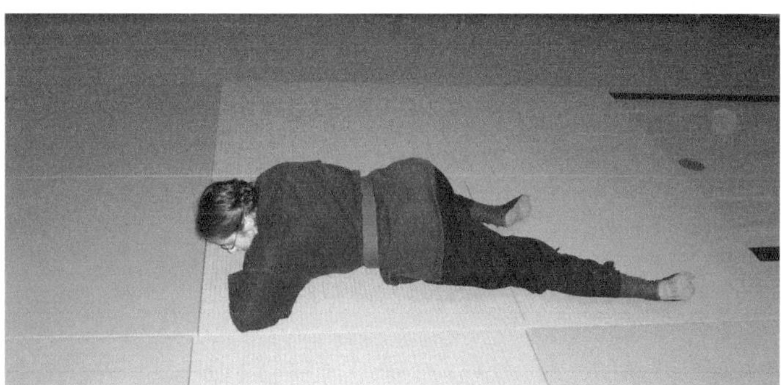

# Tu-Pu
# Rushing Step
## Der eilende Schritt

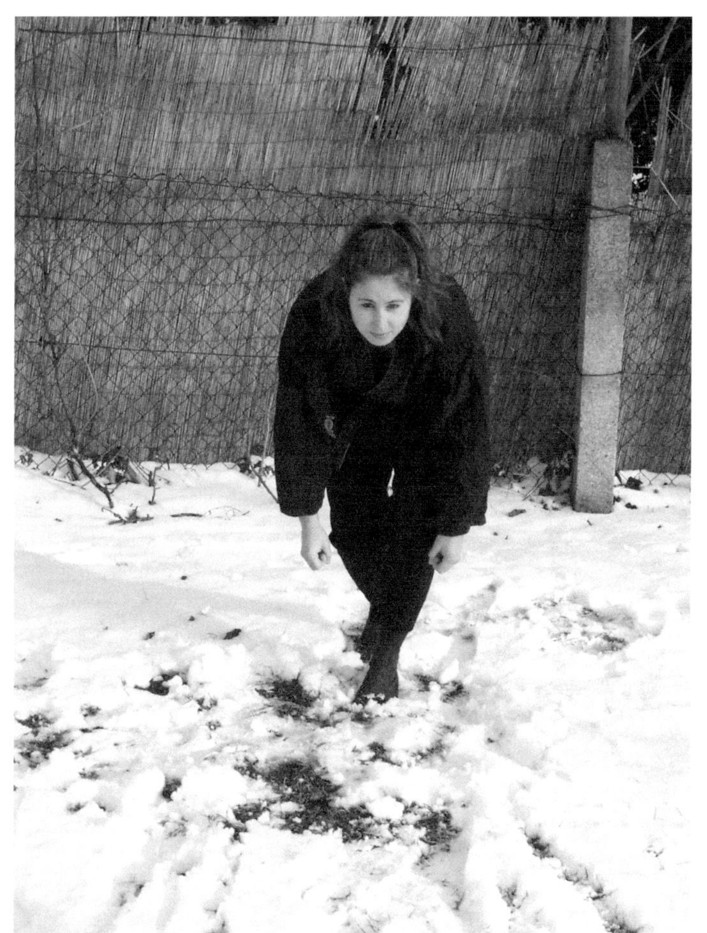

Manchmal muss der Ninja auch schnell eine Strecke überwinden. Kann er dabei nicht gesehen werden und auch nicht übermäßig gut gehört werden, dann empfiehlt sich unter Umständen ein schneller Schritt. Natürlich könnte der Ninja nun auch einfach laufen, doch um noch ein gewisses Maß an Heimlichkeit zu gewährleisten, muss auch so ein schneller Schritt einige Anforderungen erfüllen.

Tu Pu wird z.B. verwendet, wenn der Ninja von einem Versteck in das Nächste eilt und es vorteilhafter erscheint, schnell zu sein, als leise oder unsichtbar. Ein entsprechender Hintergrund, welcher die Silhouette verbirgt oder teilweise aufnimmt, ist bei der Ausführung von Tu Pu sehr vorteilhaft.

*Ausführung:*
Nehmen wir an der Ninja kroch mit Lung Pu zu einem bestimmten Punkt, von dem aus er in einigen schnellen Schritten ein Gebiet überqueren muss. Er liegt also am Boden.

1.
Der Ninja hebt den Kopf und verschafft sich einen Überblick. Dabei wählt er bereits jetzt das nächste Versteck. Dies ermöglicht ihm einen kurzen und direkten Weg und verhindert unnötige Verzögerungen während des Laufens.

2.
Der Ninja zieht die Arme an den Körper, die Ellbogen am

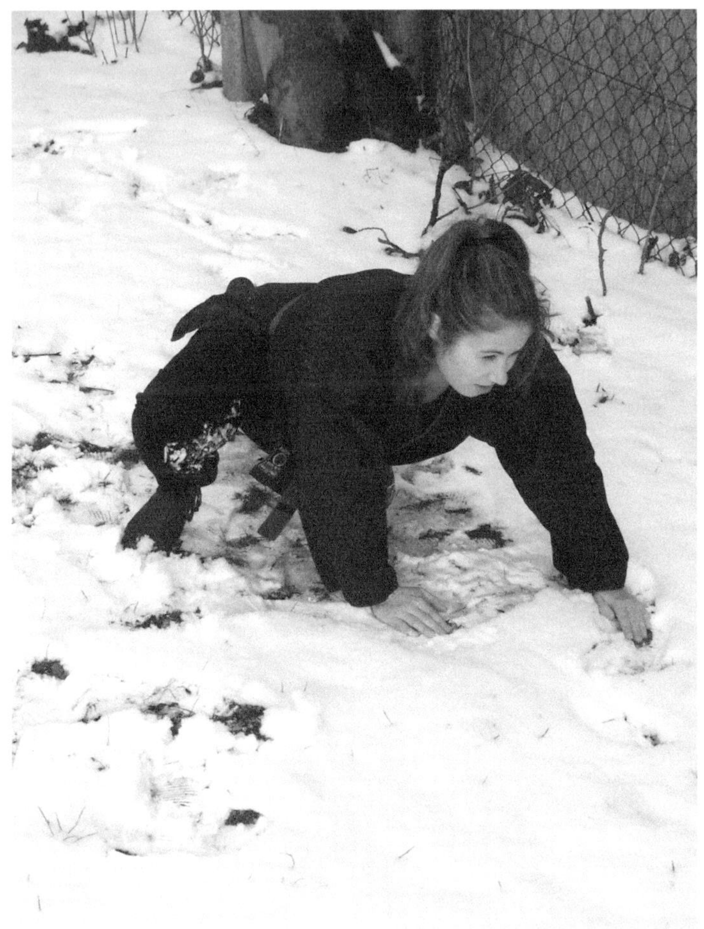

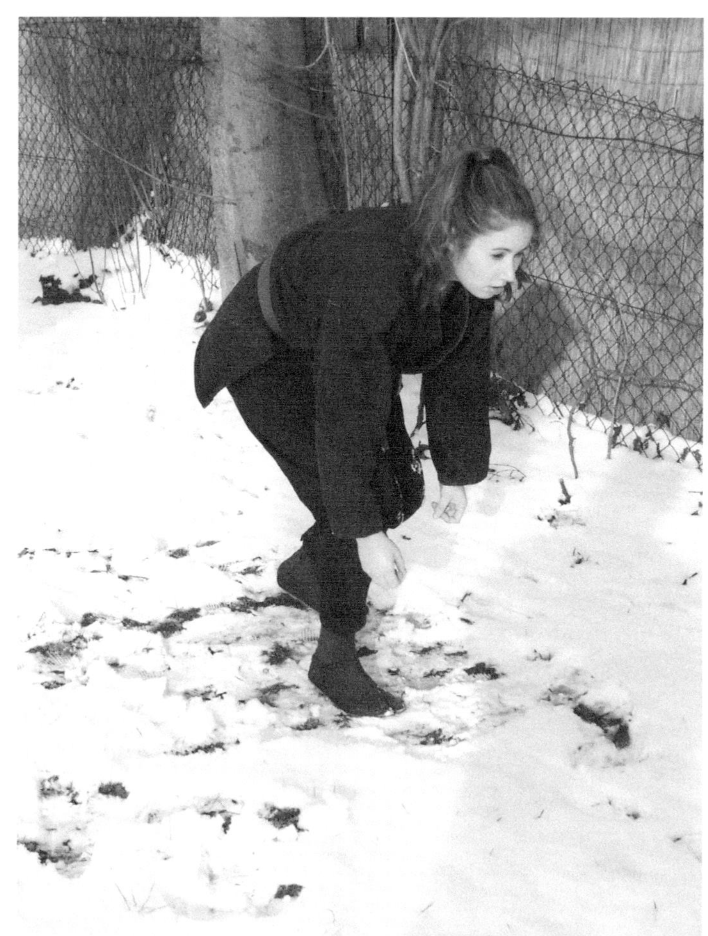

Körper, das starke Bein wird vorgezogen, wie etwa bei einer Startposition bei einem Wettlauf, und die Arme werden dabei ausgestreckt. Ohne unnötig lange in dieser Position zu verweilen springt der Ninja auf und beginnt seinen Weg.

3.
Der Ninja benutzt auf seinem Weg von Versteck zu Versteck immer den kürzest möglichen Weg. Er läuft dabei auf den Ballen um die Geräusche zu minimieren. Der Körper ist gebückt und die Schultern locker. Die Arme hängen locker herab in etwa auf Kniehöhe. Die Hände sind zu lockeren Fäusten gerollt. Die Arme werden zur Balance benutzt und bewegen sich etwa, als würden sie ein Seil entlang gleiten. Die Bewegung der Arme ist dabei aber nicht besonders ausladend und verlässt nicht die Silhouette des Körpers, da ausladende Bewegungen nur zusätzliche Geräusche verursachen und weitere Aufmerksamkeit auf sich ziehen.

4.
Erreicht der Ninja sein neues Versteck lässt er sich leise und schnell in Deckung fallen. Hierzu ist allerdings zunächst eine umfassende Ausbildung in Fallschule nötig. Besteht die Chance, dass er gesehen wurde, dann bewegt er sich am Boden liegend sofort ein wenig von seinem „Landeplatz“ weg.

# Ju-Men-Pu
# Entering Pivot
## Der Eckschritt

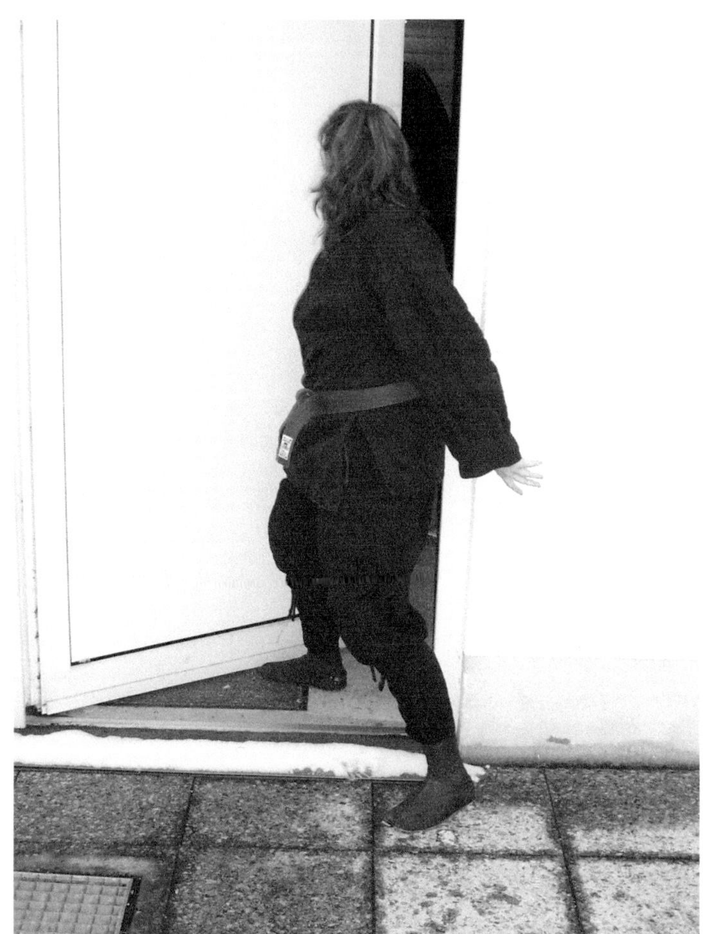

Ju Men Pu ist eine Technik, die vom Ninja benutzt wird, wenn er um Ecken biegt oder einen neuen Raum betritt. Dabei muss man sich immer vor Augen halten, dass für den Ninja jeder Schritt eine tödliche Gefahr in sich bergen konnte. Erreichte er eine Ecke, oder einen Durchgang, dann wurde es noch einmal gefährlicher, da er:

- Nicht sehen konnte, wer oder was hinter der Ecke befand.
- Nun von einer weiteren Seite angreifbar wurde.

Deswegen war auch eine extra Technik von Nöten, um das Risiko bei solchen Manövern zu verkleinern.

*Ausführung:*
Der Ninja erreichte also die Ecke oder den Durchgang (indem er z.B. mit Heng Pu die Wand entlang geschlichen war). Nun musste er sich einen ersten Überblick verschaffen. Er postierte sich nahe der Ecke. Eine Hand oben bei der Schulter, eine Hand unten beim eigenen Knie. Beide Hände wie gezeigt an der Wand, um das Gleichgewicht zu verbessern und den eigenen Körper besser „abzugrenzen" und damit ein versehentliches Vorstrecken eines Körpergliedes zu verhindern. Hörte er nichts und hatte er keinen direkten Grund anzunehmen, dass sich ein Feind in direkter Nähe befand, so wagte er einen Blick um die Ecke. Dabei minimierte er das Risiko gesehen zu werden erheblich, wenn er den Kopf auf möglichst niedrigerer Ebene hielt. Streckte er hingegen den Kopf auf seiner normalen Höhe um die Ecke, so war er vermutlich auch im direkten Blickwinkel eines jeden zufälligen Betrachters. Ging er jedoch tief in die Knie und blickte weiter unten um die Ecke, so konnte er eine Entdeckungsgefahr verkleinern.

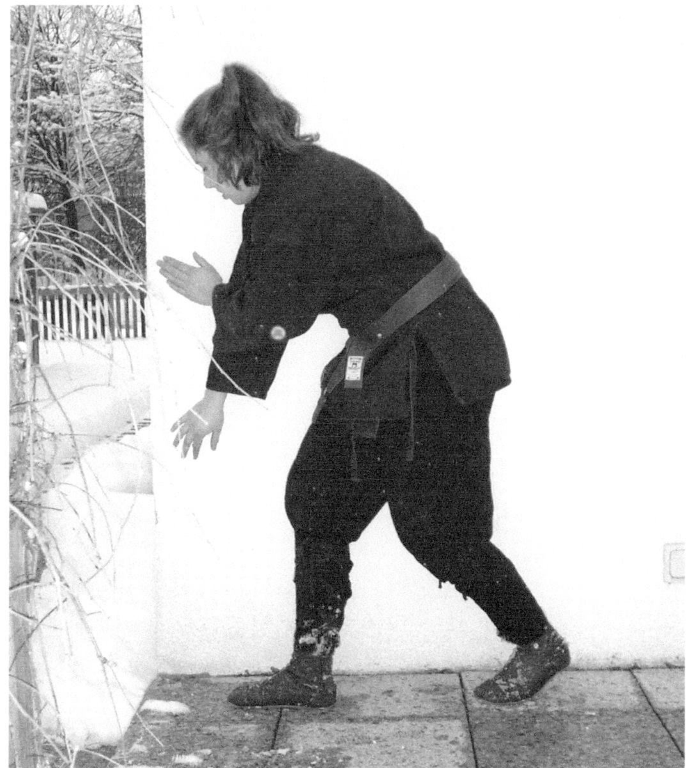

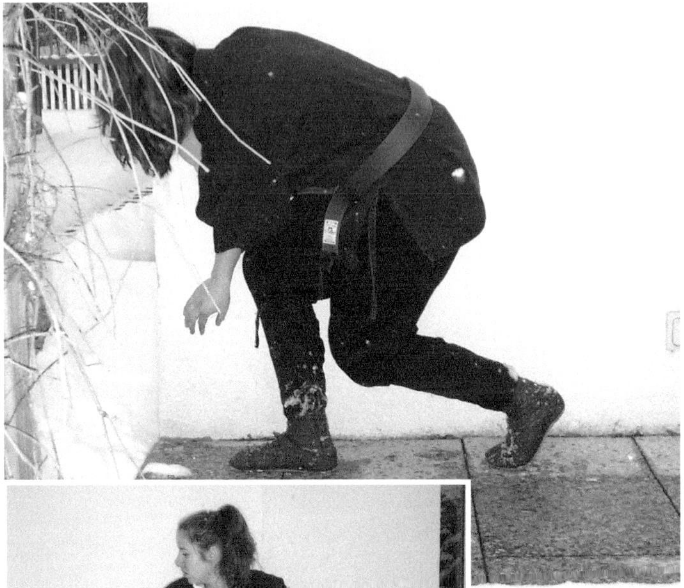

Wenn er sicher war, dass keine Gefahr bestand, war es an der Zeit den Schritt zu wagen. Der Ninja zieht den Kopf zurück und macht mit dem führenden Fuß einen Schritt um die Ecke. Dies postiert den Ninja in einen weiten „Horse Riding Stance“ diagonal um die Ecke. Der Rücken gleitet nun um die Ecke ohne die Wand zu berühren. Dabei wird das hintere Bein nachgezogen und das ehemals führende Bein, wenn nötig, ebenfalls nachgeschoben. Das ehemals hintere Bein wird nun das führende Bein. Ist der Ninja sicher, dass sein neue Position ungefährlich ist, dann riskiert er noch einen schnellen Blick zurück, um sich zu überzeugen, dass sein Manöver auch wirklich nicht entdeckt wurde und keine evtl. Verfolger auf seinen Fersen sind.

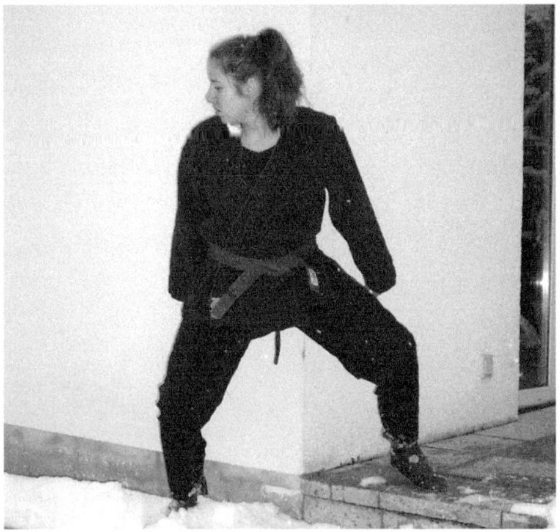

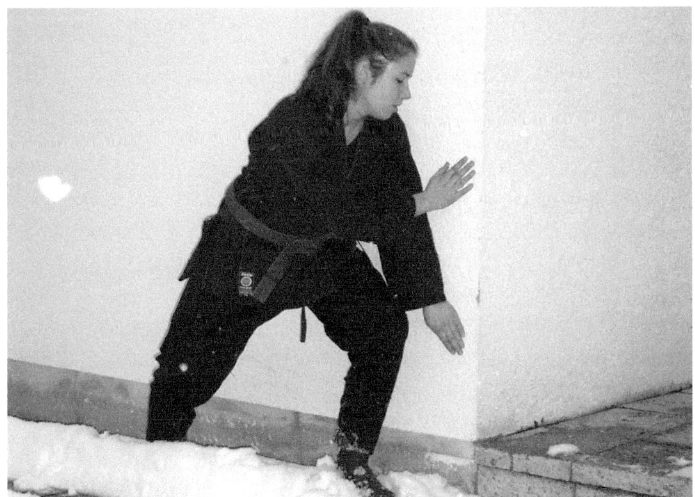

# Pien-Pu
# Side Step
## Der seitliche Schritt

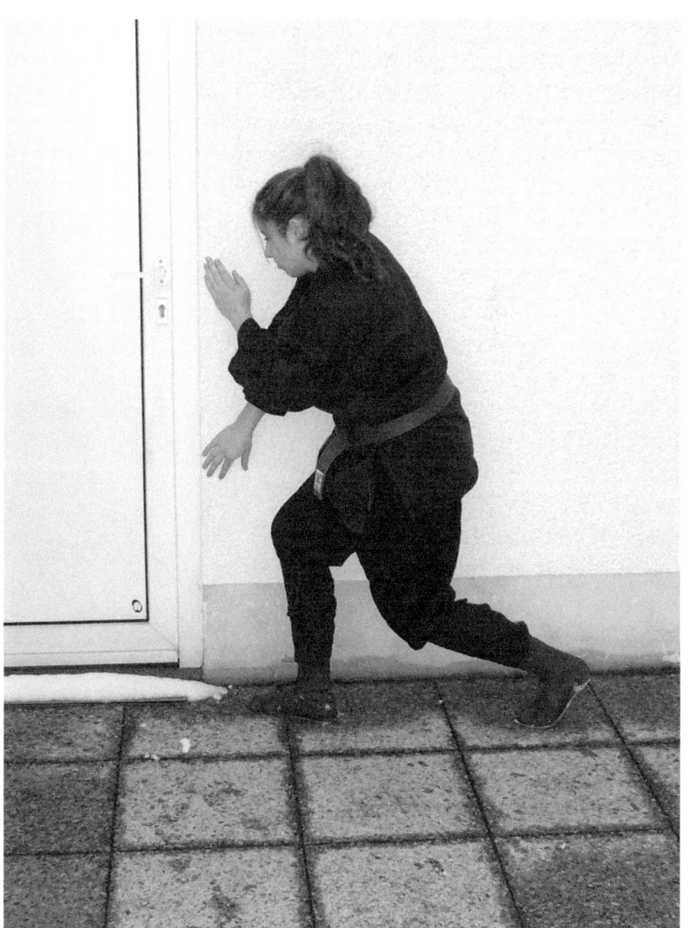

Pien Pu ist nun wie Ju Men Pu nur ein kleines Manöver. Es wird benutzt, um kleine Öffnungen oder ähnliches zu überqueren. Man kann mit Pien Pu z.B. auch einen Durchgang überqueren, ohne ihn zu benutzen. Würde man ihn benutzen, um einen neuen Weg zu gehen, wäre Ju Men Pu anzuwenden. Bleibt der Ninja aber auf seinem alten Weg und will nur an dem Durchgang vorbei, kann er Pien Pu anwenden.

Dabei muss man sich immer klar sein, dass jeder Durchgang, jedes Fenster, jede Abzweigung einen von einer weiteren Seite her verwundbar und angreifbar macht. Solche Punkte sind also nicht zu unterschätzen und verdienen eine besondere Beachtung.

*Ausführung:*
Ähnlich wie bei Heng Pu, handelt es sich bei Pien Pu um einen seitwärts gerichteten Schritt.

1.
Der Ninja beginnt wie beim Ju Men Pu, in dem er die bereits beschriebene Position an der Ecke einnimmt. Er stabilisiert sich und riskiert einen Blick in den Durchgang.

2.
Auf den Abbildungen steht der Ninja nun so an der Ecke, dass sein linkes Bein führt. Als erstes zieht er das rechte Bein ganz an das linke Bein heran.

3.
Nun stößt er sich mit dem rechten Bein ab und macht einen weiten Schritt nach links. Dabei ist die Breite des Durchgangs ebenso zu beachten, wie die Bodenbeschaffenheit und die Anwesenheit evtl. Feinde. Die ganze Bewegung kann ein Schritt sein, oder im Falle eines sehr geübten Ninja, schon ein kleiner Sprung. Dabei blickt der Ninja über seine Schulter in Richtung des Durchgangs, falls sich dort Feinde aufhalten, um diese im Auge zu behalten.

1.
Pien Pu ist nun extra für schmale Hindernisse geschaffen. Das heißt, der Durchgang muss mit einer zügigen Bewegung überquert werden können.

2.
Auf der anderen Seite angekommen, nimmt der Ninja wieder eine stabile Position ein und riskiert abermals einen kurzen Blick, um sicher zu gehen, nicht entdeckt worden zu sein.

3.
Der Ninja blickt beim Schritt oder Sprung über seine Schulter, um den Durchgang im Auge zu behalten, vor allem wenn er jemand in dem Raum/Durchgang vermutet.

Warum Pien Pu?
Jetzt könnte man natürlich fragen, weshalb man so ei-

nen komplizierten Schritt ausführen sollte nur um an einem Durchgang oder einer offenen Türe vorbei zu kommen. Hat man selbst eine Waffe wäre es ja viel sinnvoller sich mit der Waffe gerichtet zum Durchgang zu drehen und anschließend wieder hinter der gegenüberliegenden Wand zu verschwinden. Nun, erstens hat nicht jeder eine Schusswaffe zur Hand, schon gar nicht wenn er im historischen Japan gewohnt hat oder heute als Zivilist auf der Flucht ist und zweitens ermöglicht es Pien Pu direkt an direkt an der Wand zu bleiben und ganz im Stil von Heng Pu weiter zu schleichen, die eigene „Gestalt“ also nur wenig zu exponieren.

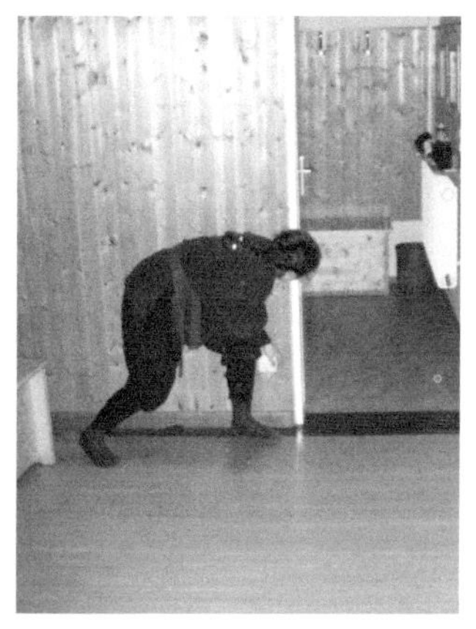

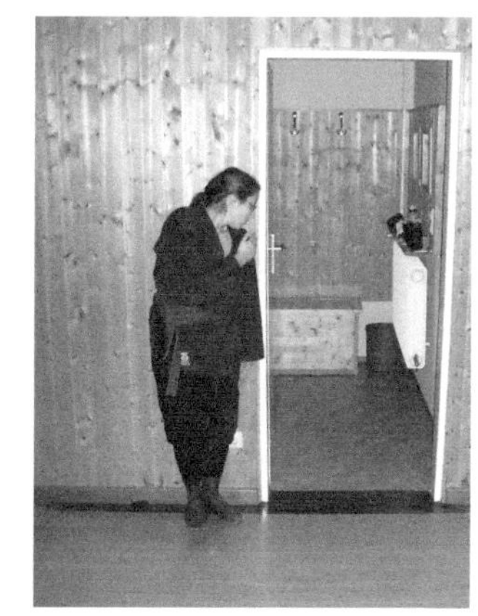

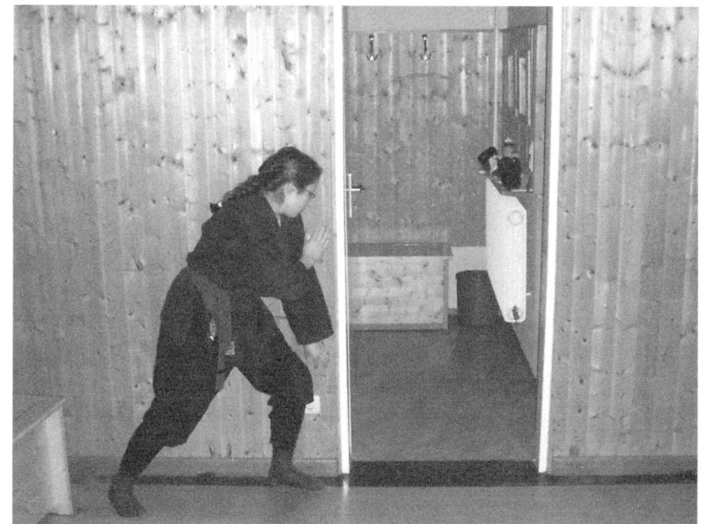

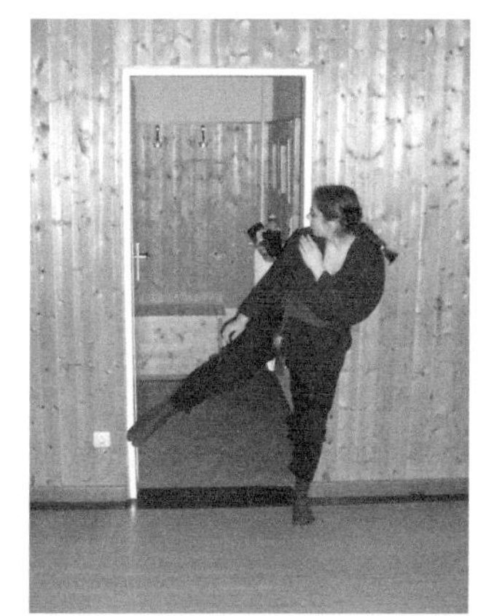

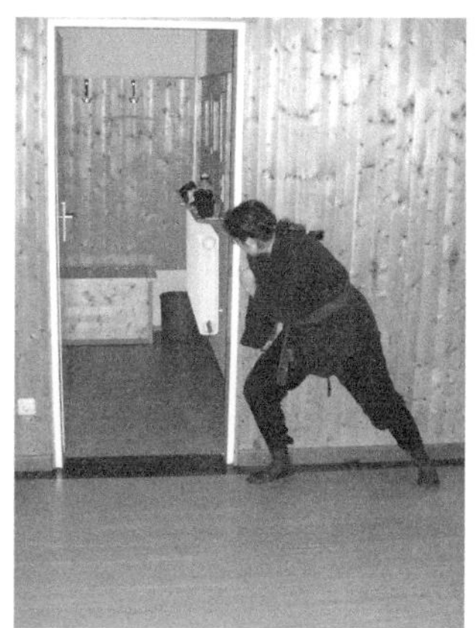

## Ergänzungen zu den neun Schritten

Sie haben nun die neun Grundschritte der Heimlichkeit unseres Systems studiert. Jeder der Schritte ist für eine spezielle Situation geeignet und jeder dieser Schritte hat Vorteile und Nachteile. Wie bereits erwähnt obliegt es der Erfahrung des Einzelnen zu wissen, welchen Schritt er wann und wie einsetzen soll oder muss.

Doch natürlich gibt es Fälle, in denen die neun Schritte nicht mehr ausreichen. Der Ninja muss improvisieren oder eine weiterführende Ausbildung genossen haben. Hier möchte ich Ihnen noch drei dieser Fälle und entsprechende Lösungen vorstellen.

*1. Sehr hohes Gras*

Der Ninja schleicht durch sehr hohes Gras (etwa fast Kniehoch). Ein Schleichmanöver wird hierbei sehr erschwert. Auch wenn hohes Gras auf den ersten Blick gute Deckung bietet, falls der Ninja sich entschließen sollte zu kriechen, so muss er doch wissen, dass er mit seinem Körper einen deutliche Spur in dem Gras hinterlassen wird, die einem höher einquartierten Posten (z.B. auf einem Baum sitzend) auffallen könnte. Dazu kommt, dass ein Manöver am Boden sehr geräuschintensiv sein wird, aufgrund der zahlreichen knickenden und raschelnden Grashalme.
Kommt jedoch ein gehender Schleichschritt in Frage, weil kein Feind direkten Blickkontakt hat, dann stellt sich die Frage, welcher dies sein könnte. Als erstes wäre Pa Pu zu nennen. Doch Pa Pu muss den Erfordernissen angepasst werden. Der Standart Pa Pu Schritt besitzt nämlich zwei Probleme in dieser Umgebung. Zunächst einmal steht der Fuß beim Auftritt fast waagrecht und berührt nur knapp nicht den Boden und zweitens wird der Fuß nur sehr wenig angehoben. Beides Tatsachen, die dazu beitragen in hohem Gras mehr Lärm zu verursachen und deutliche Spuren zu hinterlassen. Deswegen ändert der Ninja seinen Pa Pu Schritt so, dass er die Beine so hoch wie möglich anhebt, um sie dann möglichst senkrecht wieder abzustellen, und zwar nur auf den Ballen, mit den Fersen so weit wie möglich angehoben. Damit minimiert der Ninja Schleifgeräusche und er drückt wesentlich weniger Gras zusammen.

*2. Sehr lauter Untergrund*

Manchmal muss der Ninja über sehr lauten Untergrund schleichen. Das bedeutet, er würde Geräusche verursachen, selbst wenn er sich noch so anstrengt. Ein Beispiel hierzu ist loser Schotter.
Handelt es sich um kürzere Strecken und ist der Ninja entsprechend ausgerüstet, so kann er eine längere Stoffbahn mit sich führen, die er über den Schotter rollt, und dann darüber schleicht. Der Stoff wird das Geräusch dämpfen.

*3. Nachtigallenboden*

Viele Studierende des Ninjutsu werden den Begriff schon

einmal gehört haben. Im historischen Japan wurde dieser Boden verwendet, um vor Eindringlingen und damit natürlich auch vor Ninja zu warnen. Beim Betreten des Bodens wird durch die Verschiebung von Zapfen, mit denen die einzelnen Dielen des Fußbodens befestigt sind, ein zirpendes Geräusch verursacht. So einen Nachtigallenboden „austricksen" ist reichlich schwer oder sogar fast unmöglich, doch zum Glück findet er heute auch keine Verwendung mehr. Allerdings gibt es noch zahllose (vor allem alte) Häuser, die einen Boden aus Holzdielen besitzen und selbige geben zwar kein schönes „Nachtigallenlied" von sich, knarzen aber laut genug, um den ganzen Hausstand aufzuwecken. Das Überqueren eines solchen Fußbodens ist schwierig genug und kann nur mit viel Übung gelingen. Je nach Helligkeit kann man Pa Pu oder Hai Pu verwenden. In jedem Fall ist es hier besonders wichtig die Schritte und die Gewichtsverlagerung extrem langsam durchzuführen. Manche Dielen knarzen schon bei leichten Berührungen, manche erst wenn das volle Gewicht auf ihnen lastet. Die Durchquerung eines solchen Zimmers kann eine gefühlte und sehr anstrengende Ewigkeit andauern. Der Übende setzt langsam einen Fuß vor den anderen, verlagert das Gewicht in zeitlupenartiger Langsamkeit über die Zehen und Ballen auf den ganzen Fuß. Dabei versucht man (laut) knarrende Dielen auszulassen und wählt im Zweifel einen alternativen Weg. Dabei ist es sehr hilfreich viel Gefühl im Fuß zu haben. Zu diesem Zweck sollte man sehr dünne Schuhe (Tabi) oder keine Schuhe tragen.

# Band 3
# Heimlichkeitsübungen

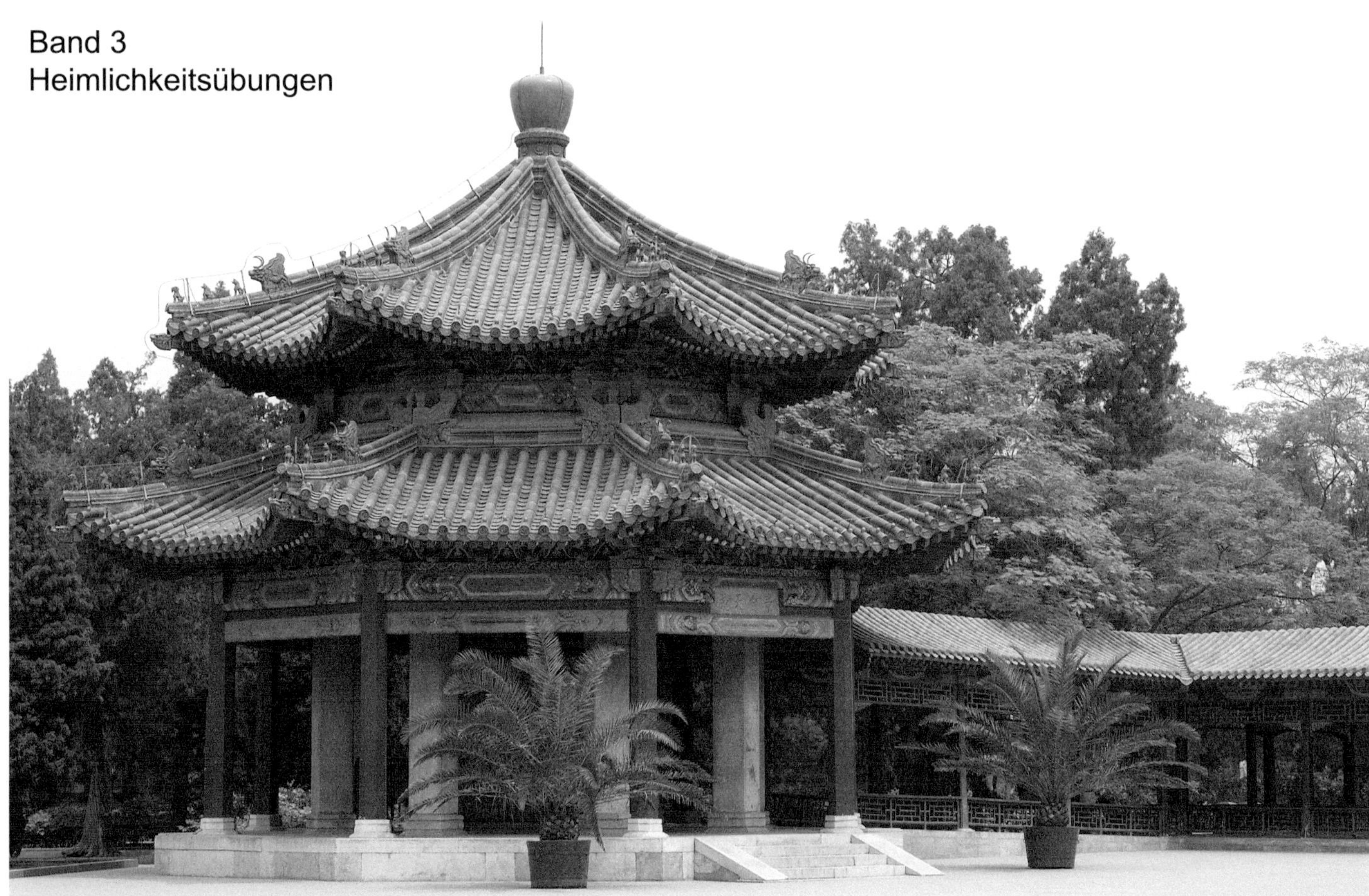

In diesem Kapitel möchten wir Ihnen nun einige Übungen vorstellen, die gemacht werden konnten, um unterschiedliche Fähigkeiten im Bereich der Heimlichkeit zu verbessern.

**ÜBUNG 1 "Sichtfelder und Mi Lu Pu":**
Der Ninja postiert sich hinter seinem Übungspartner, ähnlich der Übung 3 für Sichtfelder in einem der vorhergehenden Kapitel.
Der Vordermann dreht sich nun langsam in eine Richtung. Er kann auch beizeiten einmal die Richtung ändern und sich sozusagen ein wenig gelangweilt auf der Stelle hin und her drehen, bzw. gehen.

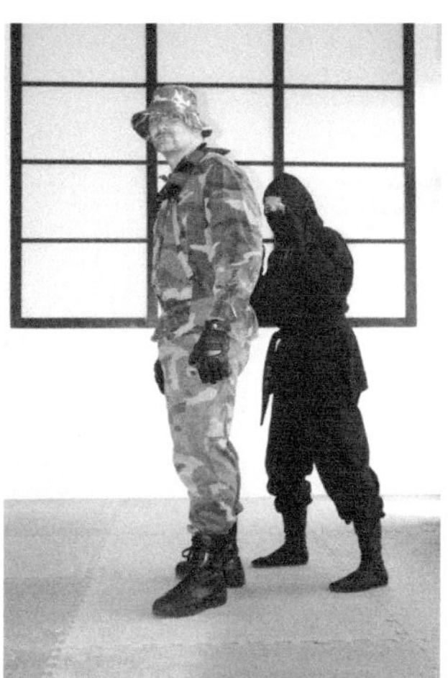

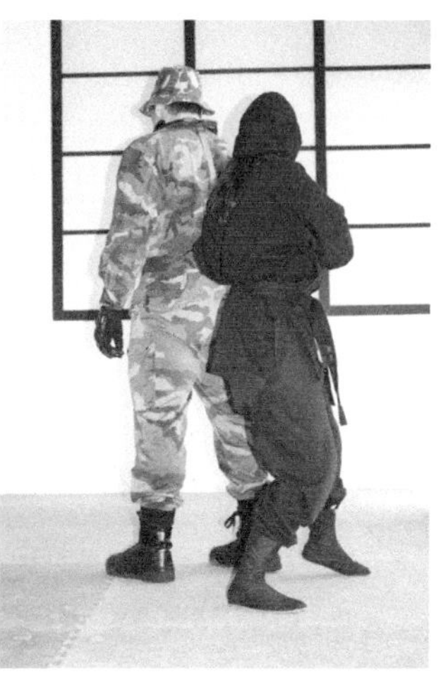

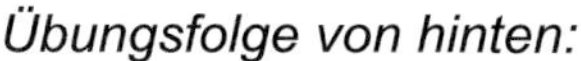

*Übungsfolge von hinten:*

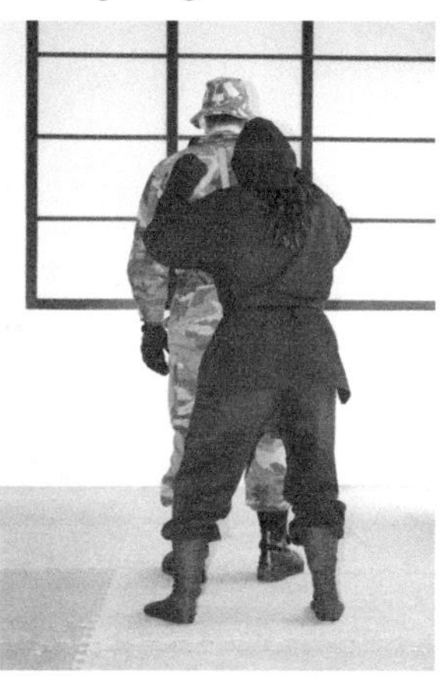

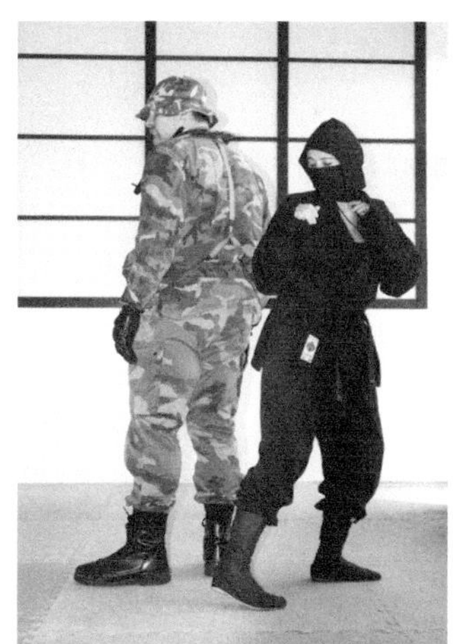

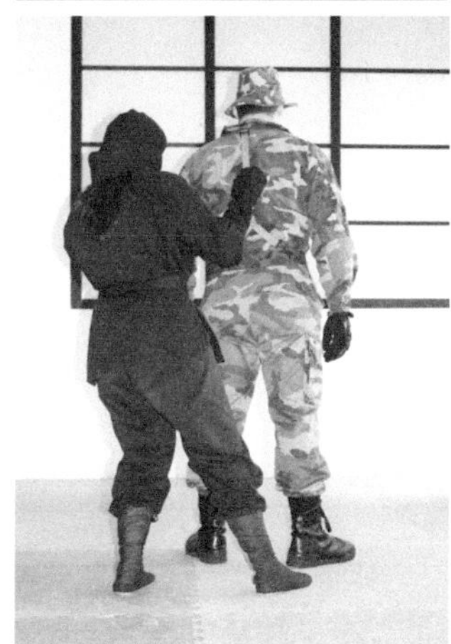

Der Partner hat sich in der hier gezeigten Übungsfolge zuerst nach links gedreht und anschließend nach rechts. In den folgenden Bildern sehen wir die selbe Übung noch einmal aus der vorderen Perspektive. Natürlich kann die Übung jederzeit verändert bzw. verlängert werden.

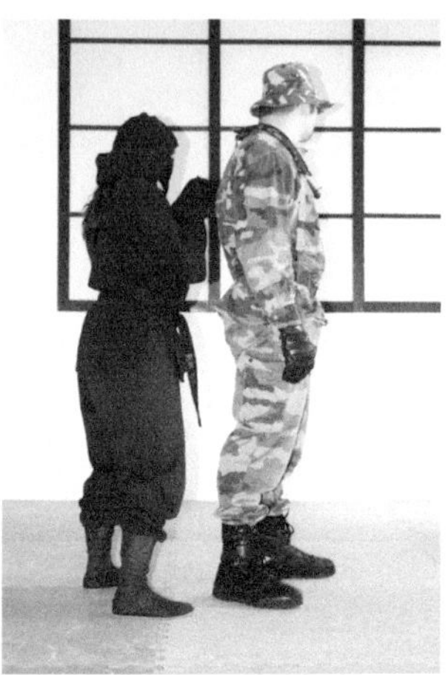

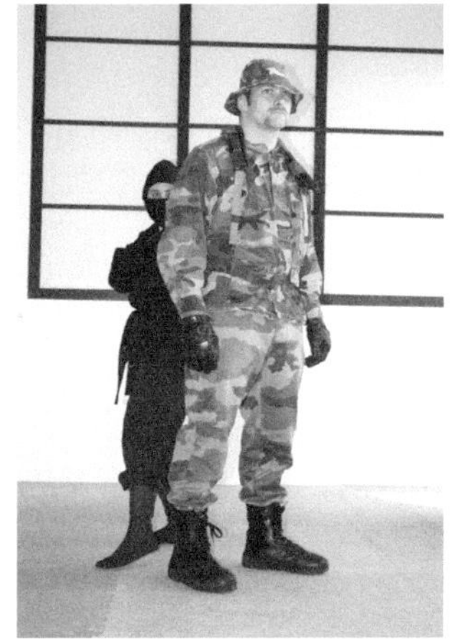

Der Ninja versucht mit geschickter Körperpositionierung und vor allem unter dem Einsatz des Mi Lu Schrittes außer der Sichtweite des Gegners zu bleiben.

Durch einen gekonnten Einsatz von Mi Lu Pu kann dies gelingen, da die Mi Lu Körperdrehung schnell gemacht werden kann und somit synchron mit der Drehung der Wache erfolgen kann.

*Übungsfolge von vorne:*

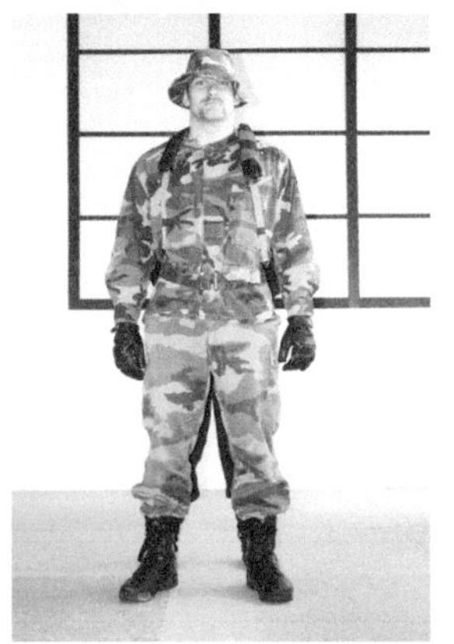

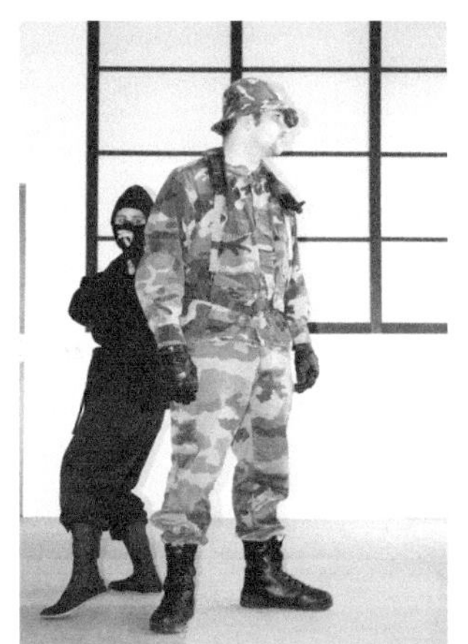

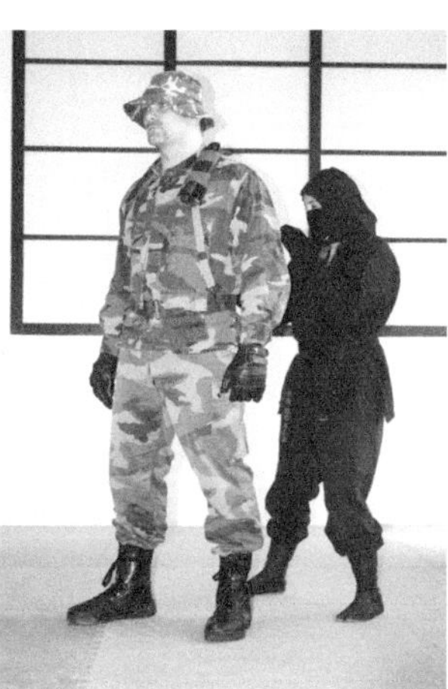

Dabei sind folgende Punkte zu beachten:

Ist der Ninja wesentlich größer als sein Übungspartner, hat er schlechte Voraussetzungen.

Die eigenen Füße müssen ebenfalls verborgen sein und dürfen nicht im Blickfeld des Übungspartners bleiben.

Man darf bei den Drehungen in keinem Fall den Partner berühren.

Man darf aber auch nicht zu weit von ihm weg sein, da man sonst leicht gesehen wird.

Man muss sich trotzdem leise bewegen.

Man darf den Gegner nicht „anatmen“.

Man darf keinen Geruch verströmen.

**ÜBUNG 2 „Mi Lu Pu im Lauf“:**
Der Übungspartner steht frei im Gelände und blickt in die entgegengesetzte Richtung der Deckung des Ninja. Der Ninja möchte unbemerkt von Deckung A zu Deckung B. Da er schnell handeln muss, die Wache zu nah steht, um sich durch kriechen etc. tarnen zu können, entschließt er sich zu einem schnellen Schritt (z.B. einen schnellen Pa Pu oder Tu Pu).

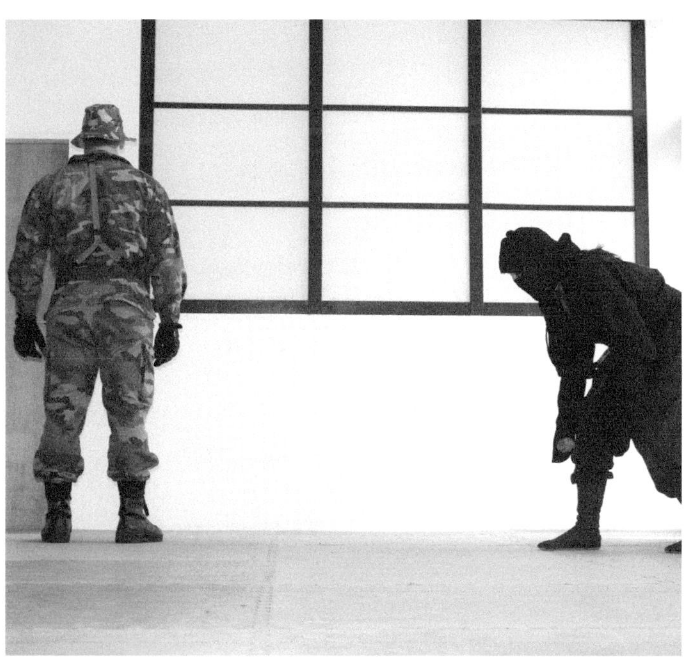

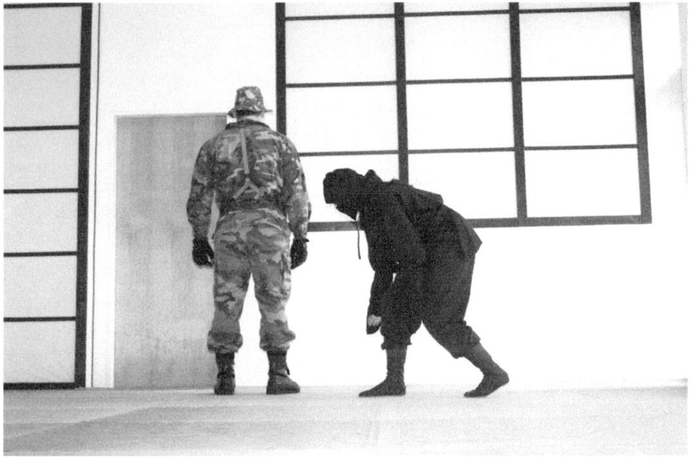

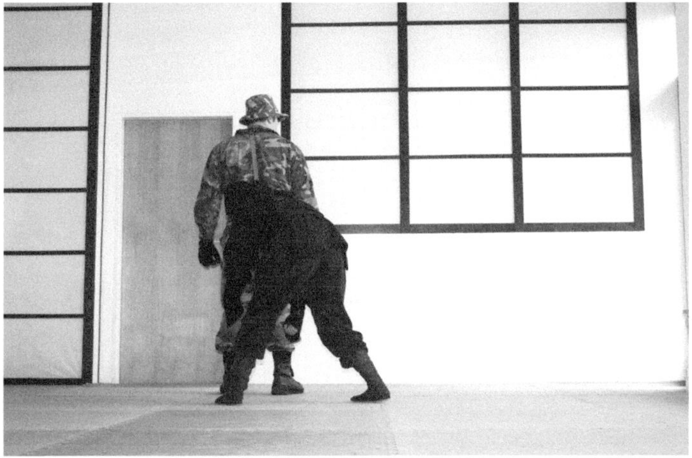

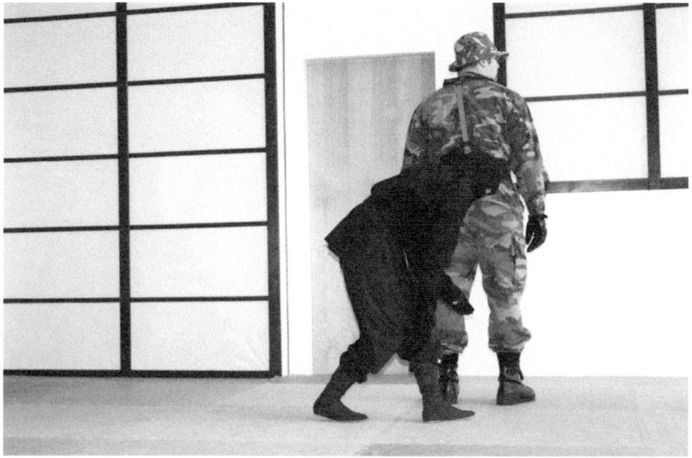

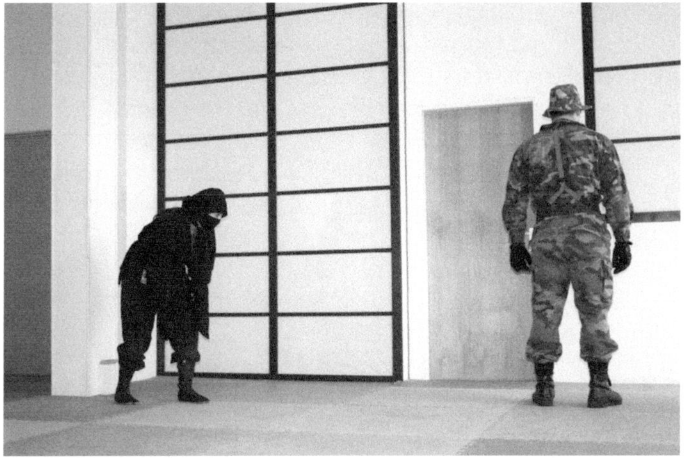

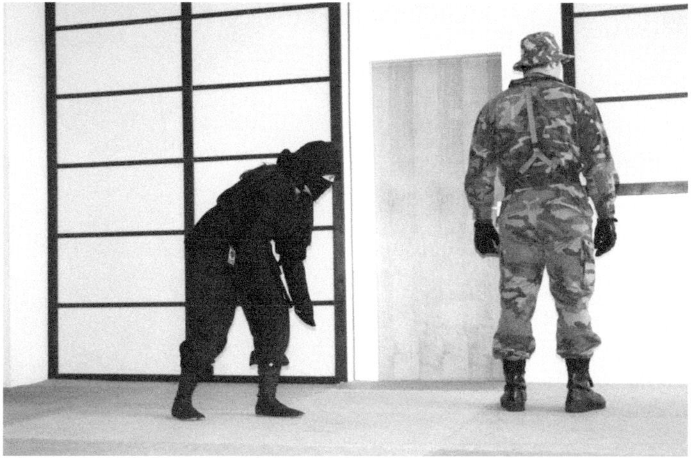

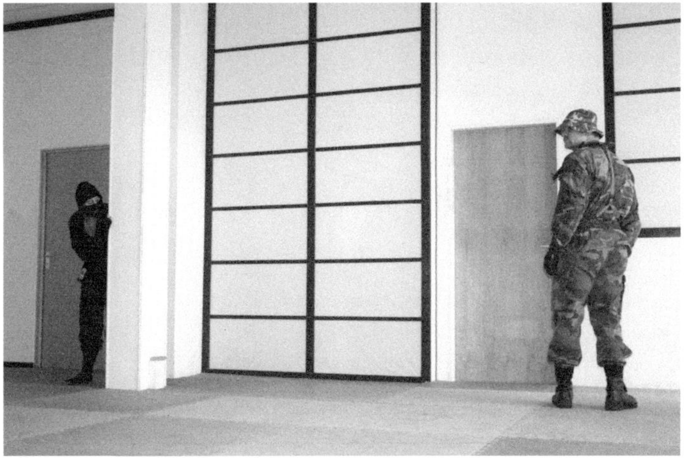

Das Problem für den Ninja ist, dass der Übungspartner in etwa auf halben Weg zwischen ihm und der neuen Deckung steht und er bei einem normalen „Vorbeilauf“ den Übungspartner aus dem Auge verlieren würde. Wäre der Übungspartner ein Feind und dieser würde den Ninja hören, als dieser ihm bereits den Rücken zuwendet, hätte dies logischerweise fatale Folgen. Deswegen entscheidet sich der Ninja dafür, einen Mi Lu Schritt genau im Rücken der Wache einzubauen. Damit hat er die Wache auch während des zweiten Teils des Weges immer im Blick.

*Probleme und Schwierigkeiten:*
Der Ninja muss sich drehen und dabei darf er sein Ziel nicht aus den Augen verlieren. Er muss also über ein gutes Orientierungs- und Gleichgewichtsgefühl verfügen, denn er muss den zweiten Teil rückwärts zurücklegen, ohne etwas anzustoßen oder vom Weg abzukommen. Der Ninja muss dabei trotzdem leise bleiben.

**ÜBUNG 3 „Pa Pu mit Übungspartner“:**

Der Ninja steht in etwa zehn Meter hinter dem Übungspartner. Nun beginnt er sich mit Pa Pu an den Übungspartner heranzuschleichen. Erreicht er den Übungspartner, dann legt er ihm seine Hand auf die Schulter. Hört der Übungspartner ihn, dann hebt dieser die Hand.

Bei dieser Übung kann nicht nur ein leiser Pa Pu geübt werden, sondern außerdem:

- lernt der Ninja den Wind mit einzuberechnen
- natürliche Geräusche zu nutzen
- die Vor- und Nachteile verschiedener Schuhe
- die Probleme verschiedener Kleidungsstücke
- die Schwierigkeiten mit knarrenden Gelenken
- das Problem mit eigenen Gerüchen
- den Vorteil entsprechender Kleidung
- die Kontrolle der eigenen Atmung
- die Konzentration auf ein Zielobjekt
- die richtige Einschätzung der nötigen Geschwindigkeit bei Schleichmanövern in unterschiedlichen Geräuschatmosphären und bei unterschiedlichen Untergründen

Das Problem ist, dass ein nervöser Übungspartner oftmals schneller die Hand hebt, weil er glaubt etwas gehört zu haben, was evtl. gar nicht vom Ninja verursacht wurde (z.B. Wind der durch die Blätter oder das Gras streicht). Deshalb verlangt die Übung von den Partnern eine gewisse Objektivität in der Beurteilung ihrer akustischen Wahrnehmung. Denn eine hochkonzentrierte Wache, die darauf wartet etwas zu hören, ist natürlich wachsamer als eine normale Wache, die sich nicht sicher ist, dass in den nächsten Sekunden jemand hinter ihr auftaucht.

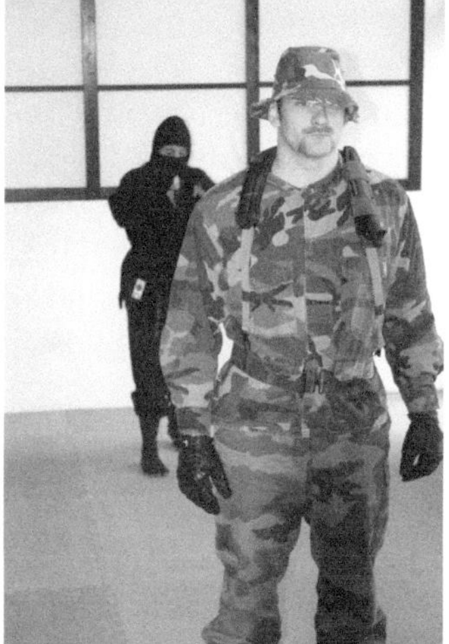

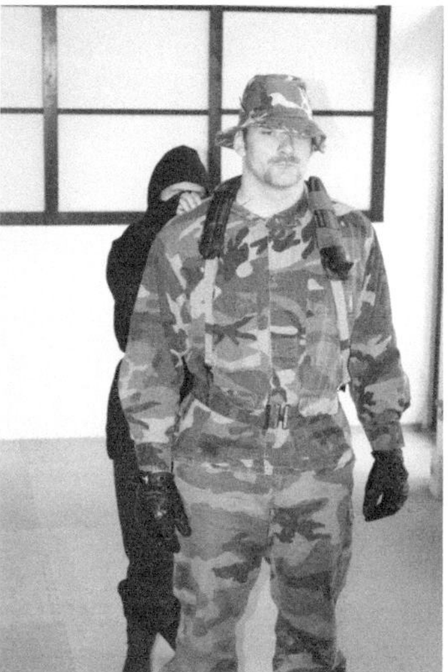

**ÜBUNG 4 „Heng Pu und die Wache“:**
Der Ninja oder die Ninjagruppe schleicht an einer Mauer entlang in Heng Pu. Ein Übungspartner beobachtet die Gruppe oder den Ninja aus einiger Entfernung und von Zeit zu Zeit ruft er „jetzt“ oder ein ähnliches Kommando. Der Ninja muss dann versuchen möglichst unsichtbar zu werden, indem er sich möglichst klein zusammen kauert und seine menschliche Gestalt verbirgt. In einer zweiten Phase kann sich der Beobachter mit dem Rücken zur Gruppe oder zum Ninja stellen und sich von Zeit zu Zeit einfach umdrehen. Die Gruppe muss dann nicht nur leise schleichen, sondern auch noch den Beobachter im Auge behalten, um sich sofort zusammen zu kauern, wenn er sich umdreht.

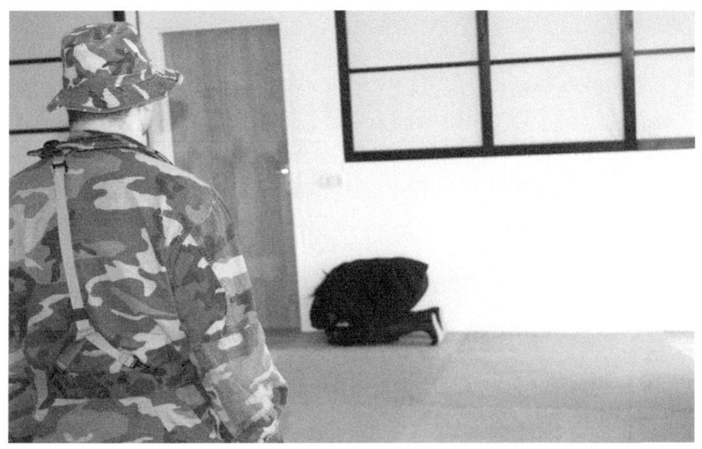

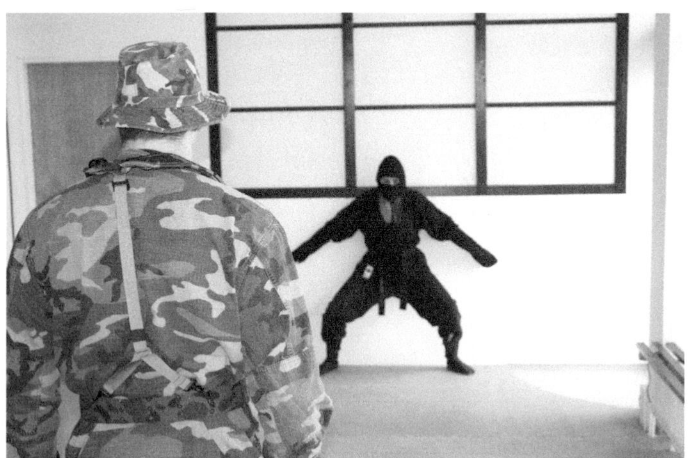

**ÜBUNG 5 „Heng Pu und die Wache 2“:**
Diese vorhergehende Übung kann auch so gemacht werden, dass der Ninja in Heng Pu die Mauer entlang schleicht und die Wache plötzlich hinter der Ecke der Mauer erscheint. Der Ninja muss sich dann augenblicklich fest an die Wand pressen, um seine Umrisse möglichst zu verbergen und mit der Mauer zu verschmelzen.

**ÜBUNG 6 „Verschmelzen mit dem Baum“:**
Der Ninja sucht sich einen großen Baum aus und versteckt sich hinter ihm, indem er sich gänzlich an den Baum drückt, um so gut wie möglich mit ihm zu verschmelzen.
Der Übungspartner steht auf der anderen Seite und beginnt nun langsam in einem großen Bogen um den Baum herumzugehen. Der Ninja korrigiert seine Position mit kleinen Schritten so, dass der Baum immer zwischen ihm selbst und dem Übungspartner bleibt.
Ein Schaben der Kleidung am Baum ist dabei unbedingt zu vermeiden, andererseits muss der Ninja so nah wie möglich am Baum bleiben, damit sich seine Silhouette nicht abhebt.

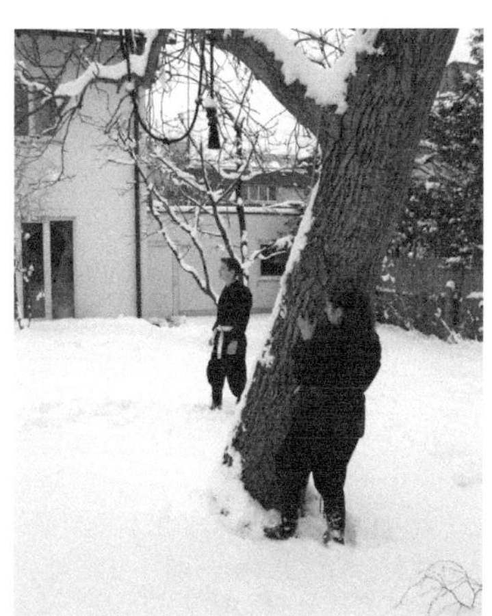

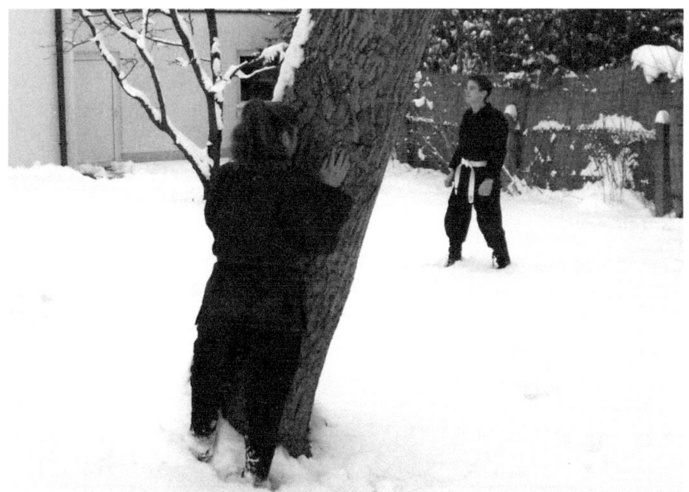

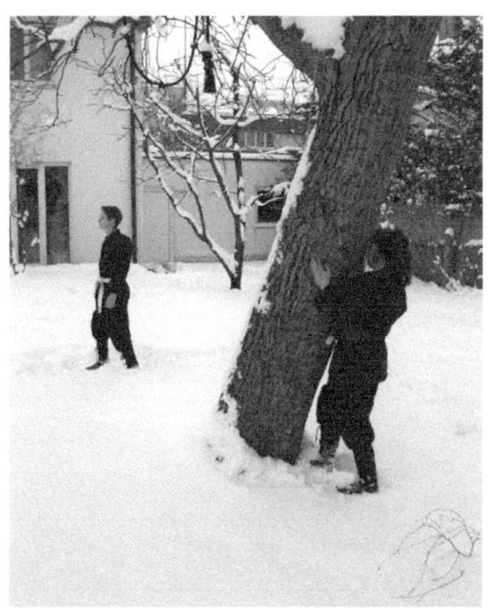

## Übung 7 „Hai-Pu in der Gruppe“

Ein möglichst weitläufiger Raum wird mit zahlreichen „Fallen“ präpariert. Dabei handelt es sich natürlich nicht um echte Fallen, sondern um Gegenstände die Geräusche verursachen wenn man sie berührt. Man kann z.B. Plastikflaschen auf den Boden stellen, einen Stock an die Wand lehnen oder vielleicht den Boden mit zusammengeknüllten Papierzetteln bedecken. Am besten man gibt den Spielern nun ein Ziel, sozusagen einen Schatz den es zu finden gilt. Nehmen wir an der Schatz ist ganz einfach ein Plastikbecher. Sie sagen den Spielern, dass sie ihn z.B. in der Nähe der Seitentüre positionieren. Jedem Spieler werden außerhalb des Spielfelds (er darf es nicht sehen ehe es präpariert worden ist) die Augen verbunden. Anschließend wird jeder einzeln herein geführt und an einem Ort irgendwo im Spielfeld abgestellt. Sind alle Spieler auf dem Feld beginnt die Suche. Wer den Gegenstand zuerst findet und dabei keine verräterischen Geräusche gemacht hat, ist der Gewinner. Wer ein lautes Geräusch verursacht, z.B. einen Stock umwirft, ist raus. Das Spiel kann noch spannender gemacht werden, indem herum stehende Wachen postiert werden. Berührt man eine von diesen ist man auch „raus.“

Das Ganze hört sich natürlich ein bisschen nach „Kindergarten“ an, aber wenn man mal genau darüber nachdenkt, ist es ein Spiel welches ganz extreme Leistungen von den Spielern verlangt. Leistungen, die keineswegs selbstverständlich sind und jeder der dieses Spiel als „lächerlich“ abtut sollte es erst einmal versuchen und sehen wir er sich schlägt. Denn man trainiert hier:

- seine eigenen Schleichfertigkeiten
- seine Geduld (ein schneller Schritt kann zur Entdeckung führen wenn man etwas umwirft)
- seine Orientierung (wo war nochmal das Ziel und wo bin ich?)
- das Gefühl für Haptik (langsames erfühlen von Hindernissen, erfühlen von Luftströmungen in der Nähe von Fenstern oder Türen)
- das Gefühl für Gehör (das Ticken einer Uhr von der Wand welches uns hilft unsere eigene Position zu ermitteln oder etwa das leise Atmen einer herumstehenden Wache)
- das Gefühl für Geruch (Seifengeruch aus der nahen Badtür, das Deo einer Wache und vieles mehr kann uns Aufschluss über unsere Position und die der anderen geben)

All diese Fähigkeiten sind bei den meisten Menschen verkümmert weil sie sich prinzipiell auf ihr Augenlicht verlassen. Hier aber haben wir eine gute Möglichkeit sie zu üben.

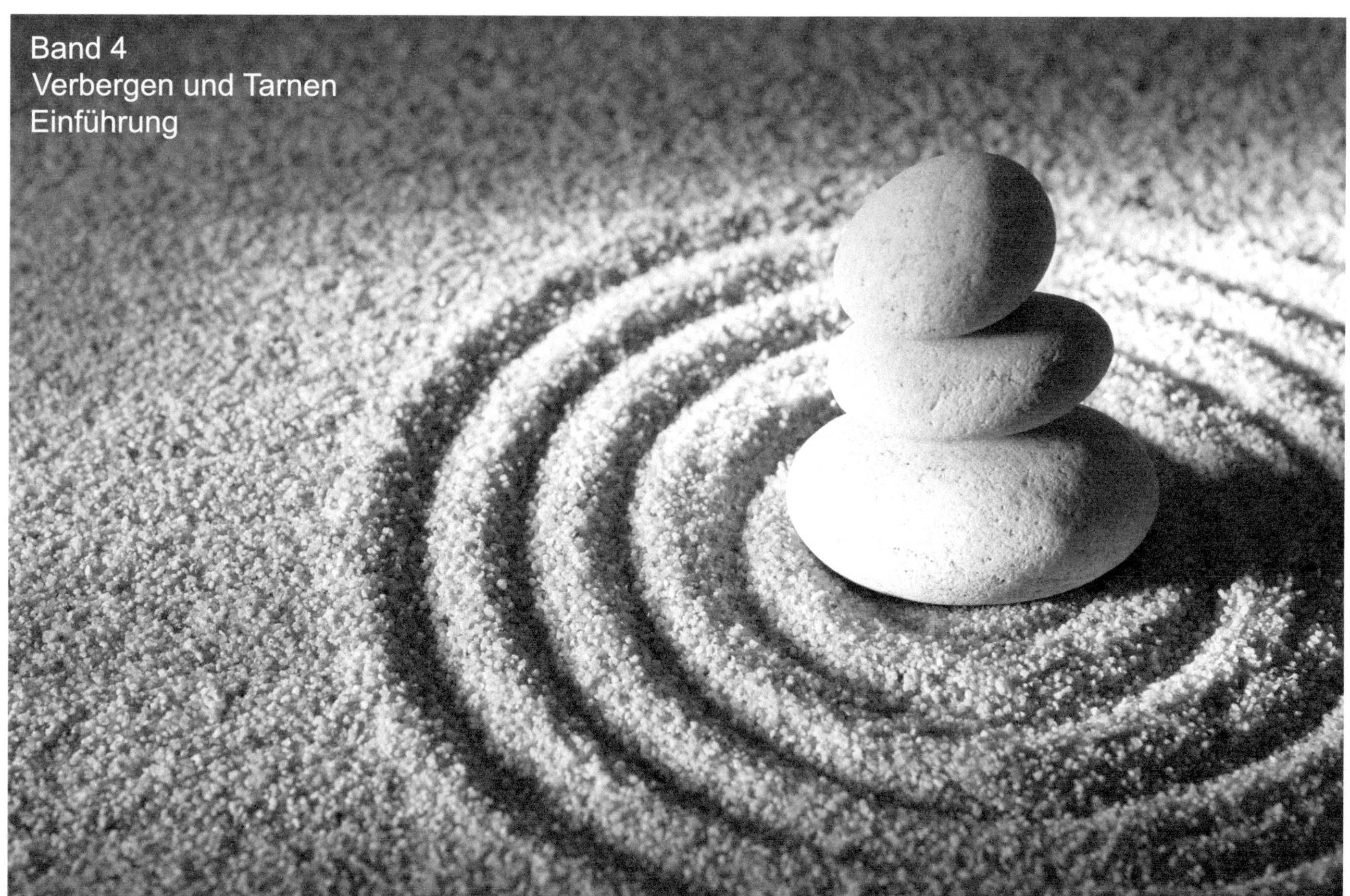
Band 4
Verbergen und Tarnen
Einführung

Der erste Teil unseres Buches hat sich ja im Besonderen mit den 9 Schleichschritten des Ninja und einigen Übungsspielen zu diesem Thema befasst. Es wird nun aber Zeit weiter zu denken und auch die anderen Facetten der Heimlichkeit zu beleuchten. Wir zeigen nicht nur Techniken für einzelne Situationen (mögliche Verstecke etc.), sondern erklären auch, wie man Feinde umgehen und verwirren kann. Dabei beleuchten wir die menschliche Psyche und natürlich die Prinzipien der Heimlichkeit, wie z.B. Licht und Schatten etc. Auch werden Sie eine komplette Kata finden, die sich nur mit dem Thema Heimlichkeit befasst. Sozusagen ein Tanz der Unsichtbarkeit um einen bewaffneten Gegner herum.

Lassen Sie mich Ihnen noch an dieser Stelle sagen, dass die hier gezeigten Techniken natürlich alle nicht einfach zu erlernen sind. Sie bedürfen ebenso der vielen Übung wie jede Kampftechnik. Sich leise und schnell zu bewegen, einen evtl. anwesenden Feind einschätzen zu können und im Bruchteil einer Sekunde die richtige Entscheidung zu fällen ist nichts für Amateure. Dennoch kann das Üben in der Gruppe, im Dojo oder im Freundeskreis durchaus Freude bereiten. Ehe man sich aber an die teilweise sehr schwierigen Techniken dieses Teils heranwagt, sollte man die Grundtechniken aus dem ersten Teil ebenso gemeistert haben wie vor allem für die schwierigen Kletter- und Sprungtechniken eine gewisse Fitness und Fallschule entwickelt haben.

Beachten Sie bitte auch, dass viele der hier gezeigten Techniken einige der Schritte aus dem ersten Teil voraussetzen.

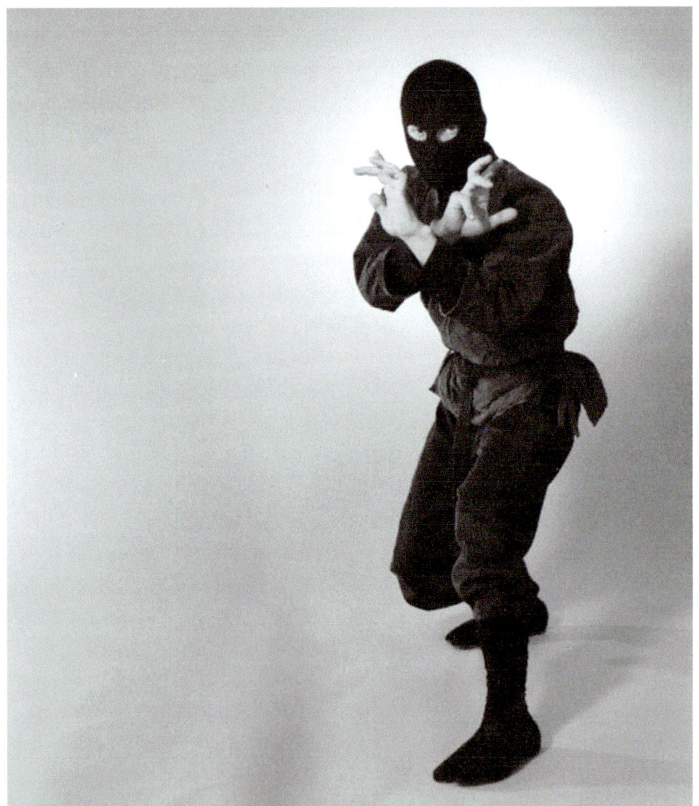

## Ashida Kim über die Ninja und ihre Vorgehensweise

Die Ninjakrieger des alten Japan waren die vermutlich besten Spione der Weltgeschichte. Ihre Waffen waren weit weniger materieller, als psychischer Natur. Sie streuten Angst oder Unsicherheit, beherrschten den perfekten Überraschungsmoment und konnten hoch effizient und punktgenau zuschlagen. Die Ninja hatten lange Zeit gehabt diese Perfektion zu erreichen.
Als die Periode des Friedens in Japan anbrach, also nachdem Tokugawa Ieyasu das Land geeint hatte, konnten die Ninja schon auf viele Jahrhunderte der Entwicklung ihrer Kunst zurückblicken.
Sie waren dabei praktisch und logisch denkende Individuen in einer brutalen Zeit gewesen. Denn die Historie Japans ist durchtränkt vom Blut der Menschen, die in ihr lebten. Aufgrund einer schlichtweg anderen Einstellung zu Leben und Tod wie wir sie heute kennen, war ein Leben nichts wert, der Tod eine Selbstverständlichkeit, die man im besten Fall sogar freudig willkommen hieß.

Die Samurai, die heute oft als noble Helden der japanischen Geschichte dargestellt werden, hatten dabei einen großen Anteil an den grausamen Zeiten der japanischen Geschichte. Der Ninja hingegen wird oft als ruchloser Meuchelmörder dargestellt. Doch hatte er gelernt nach einem einfachen Prinzip zu verfahren.

*„Schlägt man der Schlange den Kopf ab, dann stirbt der Körper."*

Das bedeutet, er musste nicht unbedingt hunderttausend Mann in eine Schlacht führen, um den Krieg zu gewinnen. Der Ninja konnte den Sieg unter Umständen mit einem einzigen kühnen Handstreich erringen. Dies lässt den Ninja in einem anderen und auch positiveren Licht erscheinen. Der Ninja als Mann des Friedens und der Harmonie. In Wahrheit wird es also vermutlich beide Seiten gegeben haben. Den Ninja, der versucht, die Verluste so gering wie möglich zu halten und Schlimmeres zu verhindern, und wohl leider auch den professionellen Spion und Mörder. Berufe dienen schließlich nur selten zur Klassifizierung in Gut und Böse, es sind immer die Menschen, die dahinter stehen, die entscheiden, auf welcher Seite sie arbeiten und leben.

Für welche Seite der Ninja sich nun auch immer entschied, es war in jedem Fall nötig für den Ninja, die komplexe Kunst der Heimlichkeit mit all ihren Facetten zu erlernen und sie vielleicht auch auf die damals höchste Stufe der Vollendung zu bringen.

## Das Spektrum der Heimlichkeit

Die Kunst der Heimlichkeit besteht im Wesentlichen darin, nicht erkannt bzw. entdeckt zu werden. Im ersten Teil haben wir hier schon alle grundlegenden Problematiken wie z.B.

*- die Sichtfelder des Menschen,*
*- das Bauchgefühl,*
*- raschelnde Kleidung,*
*- mangelhaft befestigte Ausrüstung,*
*- die Psyche der anderen,*
*- Geräuschpegel,*
*- usw.*

genauer unter die Lupe genommen. Wir wollen deswegen fortschreiten und zunächst einmal ein weiteres Kapitel der Heimlichkeit genauer untersuchen, welches wir im ersten Band nur am Rande streiften: Das Thema „Verbergen." Denn sich zu verbergen ist nicht unbedingt gleichzusetzen mit der Tätigkeit des „Schleichens", mit der wir uns ja hauptsächlich in Teil 1 beschäftigt haben, und auf die wir hier auch später wieder zu sprechen kommen werden.

Dennoch besteht Heimlichkeit aus vielen Faktoren. Manch einer bleibt unsichtbar, weil er sich unhörbar anschleicht, ein anderer bleibt unbemerkt, weil er starr im Schatten eines Baumes verharrt, und ein Dritter wird übersehen, weil er getarnt unter den Feinden lebt. Dies alles sind Facetten der Heimlichkeit, die ein guter Ninja beherrschen musste. Er musste nicht nur schleichen und kämpfen können, er war ein Meister der Verkleidung, konnte oft tanzen und schauspielern, singen oder ein Instrument spielen. Aber bleiben wir beim ersten Punkt und sprechen wir über das „Verbergen oder Verstecken."

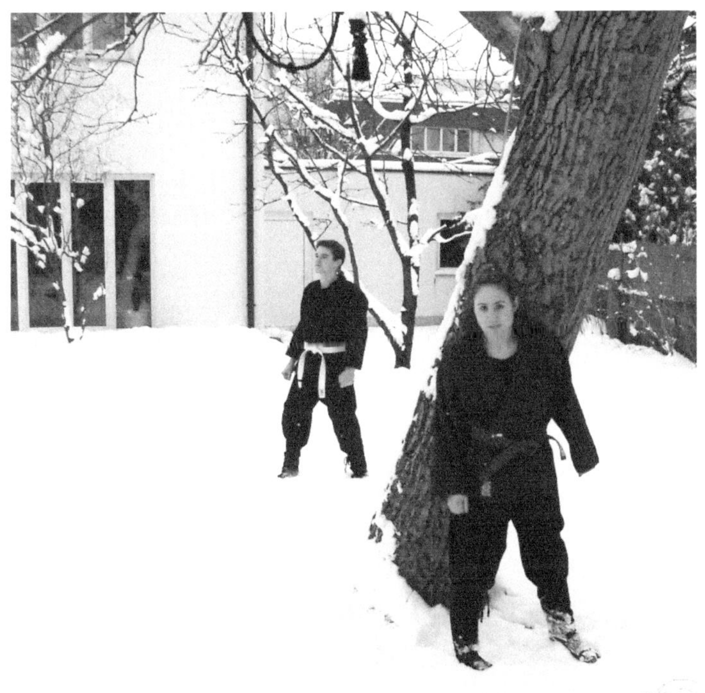

## Die Kunst des Verbergens

Natürlich war es selbstverständlich, dass sich ein Ninja leise bewegen konnte, doch war dies nicht immer möglich und manchmal auch nicht nötig. Der Ninja konnte schließlich nicht nur auf die Taktik des „Anschleichens und Überraschens" vertrauen. Er musste sich noch andere Möglichkeiten schaffen.

Wenn wir nun über die Kunst des Verbergens sprechen, dann müssen wir diese deutlich in zwei Untergruppen unterteilen.

*1. Der Ninja konnte sich verbergen, indem er sich unauffällig unter die Gegner mischte.*

*2. Er konnte sich verbergen, indem er schlicht und ergreifend unsichtbar wurde bzw. so gut versteckt war, dass man ihn mit bloßem Auge nicht erkennen konnte.*

Dabei handelt es sich um zwei gänzlich unterschiedliche Künste, die getrennt voneinander erlernt werden mussten, die jede für sich perfektioniert werden konnte.

Für uns ist der zweite Punkt wichtiger, da wir wohl kaum als Spion getarnt unter Feinden leben müssen. Dennoch möchten wir Ihnen auch den ersten Punkt kurz vorstellen und deshalb werden wir auch mit ihm beginnen.

### Das offene Versteck

Wenden wir uns also zunächst dem ersten Punkt zu, da er im Rahmen dieses Buches weniger Zeit in Anspruch nehmen soll. Um sich unauffällig unter die Gegner zu mischen, bedurfte es evtl. einer gewissen Vorbereitung und der Ninja musste dabei einige Dinge bedenken:

*1. Wollte er als unauffälliger Bürger ins Land des Feindes eindringen, dann war die Vorbereitungsarbeit unter Umständen weniger umfangreich.*

*2. Wollte er jedoch z.B. als Soldat vom Feind angeworben werden, dann musste er schon ein wenig mehr Mühe investieren.*

*3. War sein Ziel ein Posten im direkten Umfeld des feindlichen Anführers, dann half wohl nur ein sehr ausgeklügelter Plan in Kombination mit einer sehr sorgfältigen Vorbereitung.*

Lassen Sie uns diesbezüglich sogleich einige Beispiele aus heutiger Zeit machen, damit das Thema etwas klarer wird.

*1. Stellen Sie sich vor, dass Sie sich als Student der Betriebswirtschaft getarnt in die Universität Ihrer Stadt begeben wollen, um dort Informationen über das Leben an der Universität zu sammeln.*

Wenn Sie nun das ungefähre Alter eines Studenten haben, sich mit den nötigen Stundenplänen auseinander setzen, Ihre Kleidung bzw. Ihr Äußeres ein wenig anpassen, dann können Sie diese Mission leicht erfüllen. Sie können sich in offene Vorlesungen setzen, mit anderen Studenten sprechen, das Gebäude in Augenschein nehmen, Unterlagen sammeln usw.

*2. Stellen Sie sich nun aber vor, Sie müssen in einer Firma Informationen über einen Mitarbeiter beschaffen. Hier wären schon mehrere Dinge zu bedenken. Gibt es etwa Ausweiskontrollen am Tor, wie können Sie sich in der Firma bewegen und die Leute befragen ohne aufzufallen, wäre es sinnvoll sich gleich dort um eine Stelle zu bewerben, wie groß sind Ihre Chancen für eine erfolgreiche Bewerbung, wie können Sie diese erhöhen?*

*3. Stellen Sie sich vor, Sie sind Detektiv und müssen den Geschäftsführer eines riesigen Konzerns im Auge behalten. Wie können Sie sich nun in sein Umfeld einschleusen? Gibt es Möglichkeiten für eine berufliche Tätigkeit in seiner direkten Umgebung oder haben Sie vielleicht eine Chance, über das private Umfeld der Zielperson in deren Leben zu treten?*

Sie sehen schon, der Aufwand für eine einzelne Aktion kann hier sogleich ganz erheblich werden. Im Rahmen dieses Buches geht es uns in diesem Kapitel nur um zwei Dinge, da Sie vermutlich nicht als Privatdetektiv arbeiten und eine der oberen Missionen erfüllen müssen.

*1. Sie sollen die unglaubliche Effektivität des offenen Verstecks kennen und verstehen lernen.*

*2. Sie sollen einige Anregungen für einfache Übungen erhalten, damit Sie im Notfall einmal schnell in eine andere Rolle schlüpfen können.*

**Die Effektivität des offenen Verstecks**

Lassen Sie mich eine Geschichte erzählen. Wenn ich mit meinen Schülern Übungen zum Themenkomplex der Heimlichkeit mache, dann gibt es auch immer einige Übungen, bei denen sich mehrere Mitglieder der Gruppe irgendwo in einem abgesteckten Platz verstecken müssen, während der Rest der Gruppe dort einfach nur trainiert.

Anschließend bestimme ich einen Schüler, der die versteckten Personen finden soll. Da das Areal meist sehr klein ist (etwa ein Sportplatz), findet der Suchende die versteckten Mitschüler in den allermeisten Fällen früher oder später – völlig egal, wie gut sie getarnt sind. Ist bekannt, dass sich verborgene Personen auf einem begrenzten Areal aufhalten, dann werden sie irgendwann auch entdeckt, da der Suchende vorher einfach nicht aufgibt. Doch einer wurde noch nie gefunden!

Ich stelle oft eine der Personen, die gesucht werden sollen, einfach zur Gruppe der Trainierenden dazu. Er trainiert ganz normal mit und im Kopf des Suchenden gehört er nun zur Gruppe. Das bedeutet, er sieht ihn zwar, aber er übersieht ihn eben, weil er die Gruppe gar nicht richtig anschaut. Er hat seinen Gedanken anderweitig ausgerichtet. Er stellt sich die kompliziertesten Verstecke vor, schaut in die höchsten Baumwipfel, in die dreckigsten Erdlöcher und in die schattigsten Ecken, denn dort vermutet er den anderen. Aber die einzelnen Teile der Gruppe übersieht er einfach. Unterschätzen Sie niemals die Psyche des Menschen und ihre Fehlbarkeit. Die meisten Menschen denken in einfachen Bahnen und haben Schwierigkeiten damit, alternative Möglichkeiten, die von der Norm abweichen, zu beachten. Aus diesem Grunde gibt es ja auch viele Rätselspiele, die man oft in einschlägigen Zeitschriften findet, an denen sich zahlreiche Leser trotz der vermeintlichen Einfachheit schnell die Zähne ausbeißen. Eine einfache Frage etwa ruft bei vielen eine einfache und schnelle Antwort hervor. Machen wir ein Beispiel:

*Sie sitzen in einem Auto. Hinter Ihnen rast ein Jet auf Bodenhöhe. Vor Ihnen springt ein gelbes Pferd vor Ihren Weg. Wie reagieren Sie, um das Schlimmste zu verhindern?*

Fast alle Menschen werden nun grübeln, wie sie ausweichen können, um sich selbst zu retten. Manche werden noch überlegen, wie sie das Pferd nicht nur vor sich selbst, sondern auch vor dem Jet retten können, aber die allermeisten werden übersehen, dass die ganze Frage schwachsinnig ist, denn Pferde sind nicht gelb und Jets rasen nicht auf Bodenhöhe hinter Autos her. Das Ganze ist eine Scherzfrage. Die Antwort wäre – Verlassen Sie das Kinderkarussell.

Auch wenn dieses Spiel albern erscheint, so macht es doch das eingleisige Denken der meisten Menschen klar. Wir erhalten eine Aufgabe und interpretieren sie auf unsere Weise. Dass unsere Interpretation dabei nicht die einzig richtige ist, das übersehen wir oft. Erhält der Schüler also die Aufgabe, nach Mitschülern zu suchen, dann bereitet er sich darauf vor, nach Verstecken zu suchen. Mit diesem Gedanken im Kopf wird er blind für das Offensichtliche.
Ein Ninja aber konnte sich solche Fehler nicht leisten, da sein Leben von seiner Tarnung und von seiner Beobachtungsgabe abhing. Im Gegenteil, er lernte selbst mit den Annahmen und Interpretationen seiner Feinde umzugehen und daraus einen Vorteil zu erlangen.

## Rollenspiele

Natürlich arbeiten wir heute nicht mehr als Ninja, wir sind auch keine Geheimagenten oder Spione, nur Interessenten an einer alten Kultur. Inwieweit wir deshalb diesen Teil der Heimlichkeitsausbildung betreiben wollen, liegt wohl ganz beim Einzelnen. Einige jedoch werden vielleicht Spaß daran finden, sich näher mit dieser Kunst zu befassen, und für diese habe ich hier noch einige kleine Tipps und Spiele für diesen Teil des Buches.

In andere Rollen zu schlüpfen ist durchaus nicht ganz einfach. Man braucht schauspielerisches Talent, Kreativität, Spontaneität und natürlich auch die entsprechende Vorbereitung. Hier nun einige mögliche Übungsspiele zu diesem Thema:

1.
Treffen Sie sich mit einigen Ihrer Trainingspartner oder Freunde. Geben Sie sich spontan völlig anders als Sie eigentlich sind. Machen Sie andere Dinge, ändern Sie radikal Ihre Ansichten und Ihr Verhalten. Versuchen Sie, das so lange und überzeugend wie möglich durchzuhalten, ehe Sie es auflösen.

2.
Verabreden Sie sich mit einigen Freunden in einigen Tagen und machen Sie aus dem Treffen ein Rollenspiel. Die Aufgabe ist, dass sich jeder eine alternative Persönlichkeit überlegen sollte. Diese Persönlichkeit soll er dann das ganze Treffen durchhalten. Um das zu schaffen, muss man sich natürlich sehr genaue Gedanken über die fiktive Person machen. Was arbeitet sie, welche Erfahrungen hatte sie in der Vergangenheit, wie ist ihre Schulbildung, was sind ihre Hobbys, wie ist ihre Persönlichkeit? Natürlich sollte die fiktive Person nicht zu nah an Ihrer realen Person sein, da es sonst zu einfach wird.

## Verbergen & Verstecken

Im ersten Band haben wir uns ja bereits sehr ausführlich mit den Grundlagen des Themenkreises „Verstecken und Verbergen“ auseinander gesetzt. Entsprechende Tarnbekleidung, die Vorteile von Tarnmustern gegenüber dem reinen Schwarz besprochen, über die Befestigung von Ausrüstungsgegenständen geredet und schließlich auch die Tarnung der freien Körperstellen besprochen. Abschließend gab es auch noch einige Beispiele für die Kunst des „Verschmelzens.“ Im Rahmen dieses Werkes möchten wir dies nun ein wenig vertiefen.

Wenn wir uns Gedanken über ein gutes Versteck machen, dann müssen wir zunächst einmal folgende Punkte bedenken:

- *Welche Mittel habe ich (Tarnkleidung etc.)?*
- *Wie schnell brauche ich das Versteck?*
- *Welche Möglichkeiten bietet mir die Umgebung?*

**Tarnkleidung vs. normale Kleidung**

Der Ninja konnte sich natürlich entsprechend seiner Aufgabenstellung vorbereiten und sich entsprechend ausrüsten und kleiden, wenn er auf eine Mission ging. Wir hingegen sind vielleicht nur auf dem Heimweg vom Kino und werden in einem kleinen Waldstück von mehreren Angreifern aufgelauert. Ein Kampf scheint sinnlos, wir flüchten, sind nicht schnell genug und brauchen nun ein gutes Versteck. Es ist kaum anzunehmen, dass wir hier in perfekter Tarnung, wie im ersten Teil genau erläutert, unterwegs sind. Wohl eher haben wir ein T-Shirt, eine Jeans und Turnschuhe an. Der erste Gedanke, den ich mir jetzt machen muss, ist: ich muss mich mit einer normalen Kleidung so gut wie möglich meiner Umgebung anpassen, wenn es kein Versteck gibt, das mich von allen Seiten komplett abschirmt, und dies wäre auch eher selten der Fall. Was also tun?

Bleiben wir bei dem angesprochenen Beispielfall: Ich laufe also durch ein Waldstück, kann aber die Verfolger nicht abhängen. Ich muss mich irgendwo im Gelände verbergen. Es ist Nacht, die vorherrschende Farbe ist also abgedunkeltes Braun und Grün. Dummerweise trage ich blaue Jeans, schwarze Turnschuhe mit weißen Streifen, einen weißen Pulli und eine leuchtend rote Jacke. Alles in allem keine gute Voraussetzung für eine anspruchsvolle Tarnung. Dennoch muss ich mir schnell einige Fragen stellen, mit denen ich meine Situation verbessern kann. Ich muss meine Gestalt abdunkeln, um ohne weitere Verzögerung mit der Umgebung in einem Versteck verschmelzen zu können. Ich gehe sekundenschnell folgende Möglichkeiten durch:

*1. Kann ich meine Jacke wenden? Ist das Innenfutter vielleicht dunkler als die Außenfarbe? Ist dies der Fall, drehe ich sie um und habe bereits den kompletten Oberkörper weitgehend getarnt.*

*2. Ist es nicht der Fall, bleibt die Frage, ob ich mich von Jacke und Pulli trennen sollte. Vielleicht trage ich ja ein schwarzes T-Shirt unter dem Pulli und habe damit schon einmal einen abgedunkelten Oberkörper, wenn auch natürlich das Problem der hellen Arme bleibt.*

*3. Die blaue Jeans ist gar nicht so schlecht. Ist das Blau nicht zu hell, dann verschmilzt das dunkle Blau sogar besser mit der Umgebung als ein reiner Schwarzton, da dieser ja, wie wir schon in Teil 1 gelernt haben, ohnehin nur einen „schwarzen Fleck" in der Dunkelheit ergibt.*

*4. Die hellen Streifen der Turnschuhe schmiere ich ebenso wie meine Hände, evtl. Arme und das Gesicht mit Dreck vom Boden ein. In so einer Situation ist es nicht ratsam, auf Sauberkeit und Ordnung zu achten. Damit man im Realfall nicht vor so einer Tat zurückschreckt, lassen wir unsere Schüler dies von Fall zu Fall schon einmal machen. Ein Hechtsprung in ein Matschloch sollte z.B. ohne Zögern unternommen werden, wenn er das Leben retten kann.*

*5. Wir sollten nun noch den Details ein wenig Beachtung schenken. Eine glitzernde Gürtelschnalle kann uns z.B. ebenso verraten wie weiße Schuhbänder.*

Haben wir also die wenigen Möglichkeiten unserer persönlichen Tarnung genutzt, dann gilt es, die verbleibenden Mängel in unserer Tarnung durch die Umwelt auszugleichen. Helle Schuhe etwa können unter etwas Laub verborgen werden, Hände in Hosentaschen gesteckt oder Arme verschränkt werden.

Haben wir all dies beachtet, dann sind unsere Chancen für ein erfolgreiches Versteck doch schon rapide angestiegen. Nun ist die Frage, wo wir uns verstecken können.

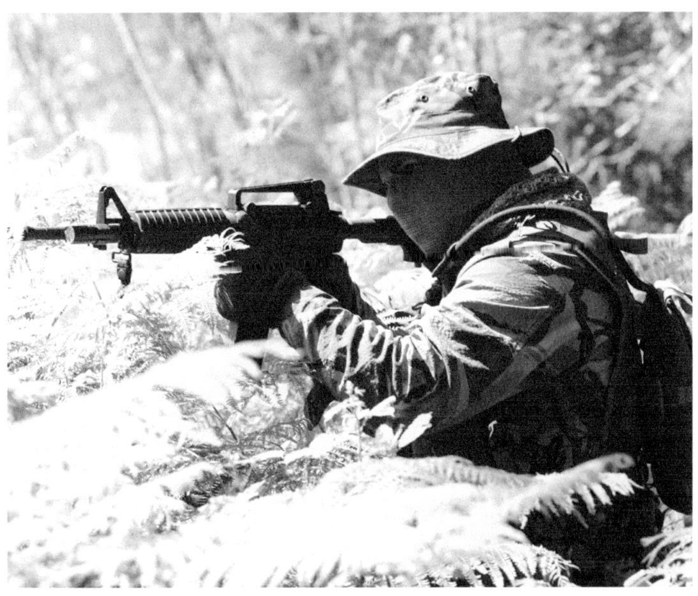

*Perfekte Tarnkleidung in der Natur*

## Verstecke außer Haus

Draußen gibt es eine unglaubliche Anzahl von möglichen Verstecken. Dies wird zunächst einmal von der genauen Umgebung bestimmt. Hier einmal die gängigsten Umgebungen und einige typische Verstecke.

### Straße in der Stadt

Die direkte Umgebung in einer Stadt bietet zahlreiche Verstecke, auch wenn diese natürlich je nach anwesender Bevölkerungszahl gewählt werden müssen. Ich kann mich nur schlecht vor den Augen von hunderten Passanten in einer Mülltonne verstecken, kann aber auch nicht in der Menge verschwinden, wenn nur fünf Leute auf der Straße sind. Mein Versteck unterliegt also zahlreichen Faktoren, die ich selbst nicht beeinflussen kann. Einige typische Verstecke wären z.B.:

- *im Schatten von Hauseingängen*
- *hinter parkenden Fahrzeugen*
- *hinter Mülltonnen*
- *in Mülltonnen*
- *hinter Plakatwänden*
- *hinter Hausecken*
- *unter vorspringenden Erdgeschossbalkonen*
- *in der Masse der Menschen*

Ich denke, wir können davon ausgehen, dass wir uns in einer Menschenmenge nicht in entsprechender Tarnkleidung bewegen. Das wäre tagsüber auch nicht sinnvoll, da wir dann ja gerade „herausstechen“ würden. Andererseits gelten bei einem Versteck in der Nacht in einer einsamen Gasse dieselben Regeln wie beim Versteck im Wald: Helle Kleidung kann uns leicht verraten und muss deshalb abgedeckt werden. Beim nächtlichen Versteck in der Stadt ist außerdem mit festen Lichtquellen (z.B. Straßenlaternen, die leicht vorherzusehen sind) und mit beweglichen Lichtquellen (z.B. startendes oder vorbeifahrendes Auto, die nicht leicht vorherzusehen sind) zu rechnen. Beide können unser Versteck verraten.

Tagsüber bietet die Stadt natürlich den Vorteil, dass wir leicht nach Hilfe rufen können, wenn wir verfolgt werden, oder dass wir in der Masse der Menschen verschwinden können. Eine Möglichkeit, die sich uns in der Wildnis natürlich niemals bietet.

Das Verstecken in der Stadt ist mühsam zu üben, da einen Passanten schnell sehr seltsam ansehen, wenn man vor ihren Augen von Mauervorsprung zu Mauervorsprung hetzt. Aus diesem Grund empfehle ich hier eine Übung mehr auf theoretischer Ebene. Nehmen Sie einmal bewusst Notiz von allen möglichen Verstecken, wenn Sie die nächsten Mal nach draußen gehen. Überlegen Sie sich immer, was Sie jetzt tun würden, wenn Sie verfolgt werden würden. Sie bekommen so ein besseres Auge für mögliche Verstecke und werden so im Ernstfall auch eher eines finden.

## Der Wald

Der Wald ist natürlich das klassische Szenario für das Thema Verstecken. Auf sich alleine gestellt, ohne die Möglichkeit, in der Masse der Menschen zu verschwinden, ohne Hilfe in Rufweite, muss man hier nur auf seine Tarnfähigkeiten bauen. Dabei spielt die Farbe der Kleidung eine wesentliche Rolle, ebenso die Lichtverhältnisse.

Einige typische Verstecke im Wald wären:

- hinter einem Baum/Busch
- im Schatten einer Bodenvertiefung, am besten in Verbindung mit
- einer natürlichen Deckung (Busch etc.)
- auf einem Baum, über den Blicken der Suchenden
- unter einem umgestürzten Baum, indem man sich ihm möglichst anpasst und sich an ihn schmiegt
- unter einem Laubhaufen.

Die Natur ist sehr vielfältig und bietet einem meist zahlreiche Möglichkeiten für ein gutes Versteck. Mit entsprechender Tarnkleidung kann man sich oftmals sogar einfach einige Meter abseits des Weges im Schatten von Bäumen oder Gebüschen auf den Boden legen und wird übersehen. Die Nacht bietet sogar noch mehr Vorteile. Da es im Wald meist wirklich sehr dunkel ist (kommt auf den Stand des Mondes an), kann man sich mit dunkler Kleidung auf einem finsteren Weg manchmal einfach an den Wegesrand knien und wird übersehen. Bei persönlichen Versuchen stellt man hier erstaunliche Möglichkeiten fest. Natürlich ändert sich die Sachlage, wenn die Verfolger Lichtquellen (Taschenlampen/Nachtsichtgeräte) zur Verfügung haben. Abschließend noch einige Worte zu einem Versuch, den wir vor etwa einem Jahr gemacht haben. Wir haben ein Gruppenmitglied unter einem Laubhaufen im Wald versteckt. Er wurde von der suchenden Gruppe nicht entdeckt, obwohl sie nur ein etwa 100x100 Meter großes Gebiet hatten, das sie absuchen mussten und sie wussten, dass dort jemand versteckt sein würde. Allerdings haben wir den Mann in eine Bodenvertiefung gelegt, damit der Laubhaufen nicht zu hoch wurde, und haben dann das Laub aufgeschichtet. Dabei ist es extrem wichtig, keine Spuren zu hinterlassen, wie bei vielen „künstlichen“ Verstecken. Das bedeutet, man muss noch genug Laub in der Umgebung lassen, damit es nicht „weggekehrt“ wirkt, und es sollte auch noch andere Laubanhäufungen geben.

## Auf Wiese und Feld

Ein Versteck auf einer Wiese oder auf einem Feld zu finden ist meist eher schwer. Wenn es natürliche Deckungen gibt (z.B. einen Baum), so wird dieser vom Suchenden meist schnell als mögliches Versteck ausgemacht. Wir brauchen also hier entsprechende Tarnkleidung und natürlich hilft es unglaublich, wenn das Feld / die Wiese sehr hoch bewachsen ist. In diesem Fall kann man einfach in ihr verschwinden, muss allerdings aufpassen, dass man keine Spur von niedergedrückten Halmen hinterlässt. Im hinteren Teil des ersten Teils finden Sie hierzu einen Schleichschritt, wie man die Beine hoch abhebt und vor-

sichtig senkrecht nach unten abstellt, um so eine Spur zu vermeiden. In der Nacht sieht das alles natürlich schon ganz anders aus. Mit entsprechender Tarnkleidung kann man einfach eine Senke in der Wiese wählen und sich in deren natürlichen Schatten legen.
Ich selbst kniete mich einmal einfach vor ein Feld. Das Feld kaschierte meine Silhouette und ein Verfolger ging etwa einen Meter an mir vorbei ohne mich zu sehen.

**Sonderfall - Im Schnee**

Schnee bietet zwar auf den ersten Blick gute Möglichkeiten für ein Versteck, leider hinterlässt man im Schnee stets Spuren und eine Verfolgung wird daher eher leicht. Je nach Gelände, in dem man sich aufhält, muss man also ein Versteck wählen, das man ohne Spuren zu hinterlassen aufsuchen kann. Im Wald ist z.B. oftmals unter Bäumen nur wenig oder kein Schnee. Wenn die Zweige eines Nadelbaums dann tief hängen, kann man evtl. leicht darunter verschwinden. Ist der Schnee harschig und hart, kann ein leichter Mensch mit ein wenig Übung einige Schritte darüber laufen ohne einzubrechen. Dazu ist nur eine gleichmäßige Gewichtsverteilung auf dem ganzen Fuß nötig. Man könnte also den Weg verlassen ohne Spuren zu hinterlassen. Das kann jeder leicht im Winter üben und mit ein bisschen Mühe erste Erfolge erzielen.

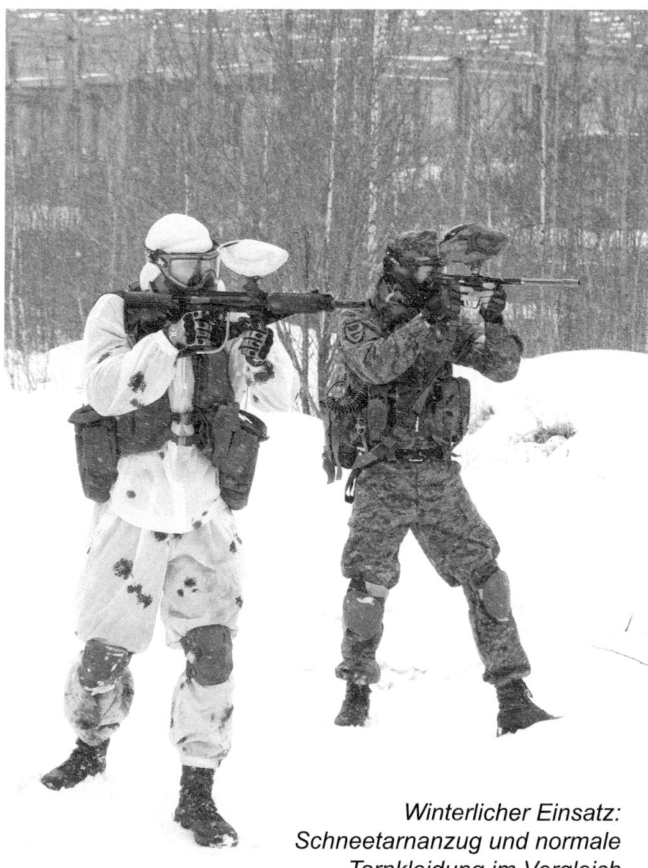

*Winterlicher Einsatz: Schneetarnanzug und normale Tarnkleidung im Vergleich*

## VERSTECKE IM HAUS

Es ist schwer, grundlegende Verstecke in einem Haus aufzuzählen, da sich die Möglichkeiten natürlich je nach individueller Umgebung stark unterscheiden können. Grundsätzlich müssen wir uns zunächst einmal überlegen, welche Gefahr uns droht bzw. wie genau wir uns verstecken sollten. Folgende Situationen wären denkbar:

*Wir müssen uns schnell vor jemandem verstecken, der nicht explizit nach uns sucht und vielleicht nur vorübergeht. Das Versteck muss also in kurzer Zeit erreicht werden können und vermutlich muss man sich leise in das Versteck begeben können, da der nahende Feind einen sonst hören könnte. Hier hilft oft schon ein Schritt um eine Ecke herum, das Hineinrutschen in einen Zwischenraum, das Wegducken hinter einem Sofa oder einem anderen Einrichtungsgegenstand. Bedenkt man das Sichtfeld des Feindes und dessen Marschrichtung, so sollte es nicht allzu schwer sein, ein entsprechendes Versteck zu finden.*

*Wir müssen uns längere Zeit versteckt halten, etwa so lange, bis eine ganze Gruppe von Leuten das Haus, in dem wir uns befinden, wieder verlässt. Hier wird es schon schwieriger. Das Versteck muss natürlich erreichbar sein, es muss aber auch Sichtschutz von möglichst vielen (allen) Seiten bieten und man sollte auch eigene Fluchtmöglichkeiten bedenken. So ist es z.B. unter Umständen gut, sich in einem Schrank zu verstecken, weil man von keiner Seite gesehen werden kann. Was aber, wenn jemand den Schrank öffnet? Dann sitzt man unwiderruflich in der Falle.*

*Verstecke vor Verfolgern, die gezielt nach einem suchen. Dies ist wohl die schwierigste aller Varianten und man muss schon viel Einfallsreichtum aufbieten oder sehr viel Glück haben, um nicht entdeckt zu werden. Die alten Ninja waren hier jedoch wahre Meister. So gibt es z.B. die Geschichte des Ninja, der sich in der Senkgrube eines Plumpsklos versteckt hielt, um den Feind beim Besuch desselben von unten zu erstechen. Ein Versteck, das wir vermutlich alle nicht gewählt hätten. Bei den folgenden Beispielen bietet sich hier z.B. auch das Versteck hoch oben im Dachstuhl an, welches oft übersehen wird.*

Sie sehen, es ist durchaus nicht einfach, gute Verstecke aufzuzählen. Denn die Kunst des „Versteckens" ist eine spontane Kunst. Es gilt, aus den Gegebenheiten das Beste zu machen. Dabei gibt es einiges zu beachten:

- Man muss leise ins Versteck verschwinden.
- Man darf keine Spuren hinterlassen (Einrichtung verrücken, Teppichkanten umknicken, Türen unordentlich schließen etc.)
- Man muss sich der Situation entsprechend verhalten und sich evtl.Fluchtwege offen halten.
- Schafft man es, dass sich die Verfolger nicht sicher sind, ob man tatsächlich da ist oder nicht, bietet man ihnen also andere Alternativen, dann werden sie meist

nicht so gründlich suchen. (Beispiel: Man öffnet ein Fenster, versteckt sich aber im Raum. Die Verfolger glauben dann im ersten Moment, dass man auch aus dem Fenster gesprungen sein könnte.)

- Die Lichtverhältnisse sind auch einer der zentralen Faktoren. Ist es im Haus absolut dunkel (z.B. Sicherungen entfernt), dann kann man sich oft verstecken, indem man sich einfach still in eine Ecke setzt. Trägt man entsprechende Kleidung, kann man hier förmlich unsichtbar werden, man hat alle Bewegungsmöglichkeiten und man kann den „offenen Raum“ im Restlicht beobachten bzw.hören, was sich abspielt.

Einer der hier aufgezählten Punkte kann sehr leicht geübt werden und deswegen möchte ich ihn gerne herausgreifen. Es handelt sich dabei um Punkt 2 – Man darf keine Spuren hinterlassen. Sicher leben Sie auch mit jemandem zusammen. Egal ob es sich um Familie, Eltern, Bruder, Schwester, Freundin, Freund, Frau oder Ehemann handelt. Versuchen Sie einfach einmal keine Spuren zu hinterlassen und verfolgen Sie im Gegenzug den Tagesablauf Ihres Mitbewohners. Je schlampiger dieser ist, desto einfacher ist es, ihn zu verfolgen und je exakter und ordentlicher Sie sind, umso schwerer wird es, Ihre Gewohnheiten zu ermitteln. Einige Beispiele:

- Schließt Ihr Mitbewohner die Fenster immer korrekt ab oder dreht er den Sicherungsriegel nur halb zu?
- Was hat Ihr Mitbewohner wohl heute gegessen? Reinigen Sie die Küche. Betreten Sie diese abermals nach einigen Stunden und betrachten Sie sie genau. Krümel auf der Theke oder am Boden, Geschirr in Spülmaschine oder in der Spüle, Ab- oder Zugänge im Kühlschrank?
- Sind Ihre exakt angeordneten Stühle verrückt?
- Sind die Vorhänge vor den Fenstern oder der Balkontüre verändert worden?
- Hat sich die Konstellation der Sofakissen verändert?
- Hat er etwa kleine Steine oder Erde mit seinen Schuhen in die Wohnung getragen?
- Hat er einen Wasserhahn nicht ganz zugedreht?

Dies waren nur einige der häufig anzutreffenden Verfehlungen. Dieses Spiel kann man bis ins Detail weitertreiben. Etwa zu der genauen Ausrichtung von Zahnpastatuben oder Kaffeetassen. So oder so werden Sie ein völlig neues Bewusstsein erlangen, wenn Sie sich diese Dinge einmal genau anschauen, und Sie werden bemerken, wie leicht es ist, Sie durch Ihre eigenen Gewohnheiten zu entdecken. Gewohnheiten sind schwer abzulegen und nur wer sich ganz bewusst mit diesen Themen befasst, wird im Notfall alles richtig machen. Im Folgenden finden wir nun einige Beispiele für die Verstecke im Haus. Wie schon erwähnt: Es handelt sich nur um Beispiele. Jedes Haus ist anders, jedes Zimmer hat eine andere Charakteristik und jede Situation erfordert andere Maßnahmen. Dennoch denke ich, haben wir unsere Beispiele gut und charakteristisch gewählt.

## Das Treppenhaus

Bevor wir uns jedoch den Verstecken zuwenden, möchte ich mich noch einem speziellen Problemfall widmen: dem Treppenhaus. Das Treppenhaus ist für den Ninja ein eher unangenehmer Ort, denn es bietet keinerlei Verstecke und ist nach mindestens zwei Seiten offen, die nicht gleichzeitig eingesehen werden können. Man sitzt also praktisch auf dem „Preäentierteller", wenn man sich im Treppenhaus befindet.

Wir haben für unser Beispiel ein Treppenhaus gewählt, das sehr kompliziert zu überwinden ist. Die Treppe führt aus dem Erdgeschoss in die erste Etage und knickt dabei bei einem Mittelstück um 180 Grad ab. Dazu führt aus dem Erdgeschoss auch noch eine weitere Treppe in den Keller. Feinde könnten also sowohl von oben links/rechts als auch von unten links/rechts oder aus dem Keller nahen. Der Ninja hat nun fast keine Möglichkeit sich hier entsprechend zu tarnen bzw. zu verstecken. Wenn es irgendwie machbar ist, sollte er eine solche Treppe also schnell überwinden. Doch wie macht man das?

In unserem Beispiel wählen wir den Heng Pu (Kreuzschritt), wie er in Teil 1 erläutert wird (Bild 1 - 3). Heng Pu ermöglicht es uns, mit dem Rücken an der Wand entlang zügig zu gehen. Wir sind also zumindest von einer Seite (hinten) unangreifbar, können uns weitgehend leise und schnell bewegen und dabei mit wechselnden Kopfbewegungen die Treppe vor und hinter uns im Auge behalten. Da wir selbst relativ leise sind, können wir außerdem auf Geräusche von sich nähernden Feinden achten. Wir beachten dabei, dass wir auf keinen Fall mit dem Rücken an der Wand entlang schleifen oder dass wir mit anderen Körperteilen oder Gewandfalten die Wand berühren. Allerdings bleiben wir so nah wie möglich an der Wand, um einem unten oder oben vorbeigehenden Feind eine möglichst kleine Silhouette zu bieten.

Als wir oben ankommen, erreichen wir eine Tür. Diese durchqueren wir mit dem Ju-men-Pu Schritt aus Teil 1 (Bild 4-6). Dabei ist es wichtig, dass wir zunächst einmal einen kurzen Blick in den Raum erhaschen, in den wir nun gehen werden, um das Treppenhaus hinter uns zu lassen. Dieser Blick sollte nicht auf Augenhöhe eines evtl. im Raum befindlichen Gegners sein.

Wenn wir uns überzeugt haben, dass niemand da ist, gehen wir wie gezeigt um die Ecke und wenn wir den Raum betreten haben, können wir noch einen kurzen Blick zurückwerfen, um sicherzugehen, dass wir nicht verfolgt wurden.

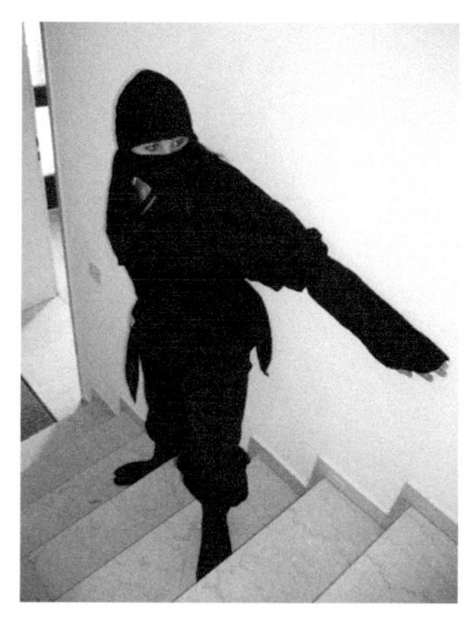
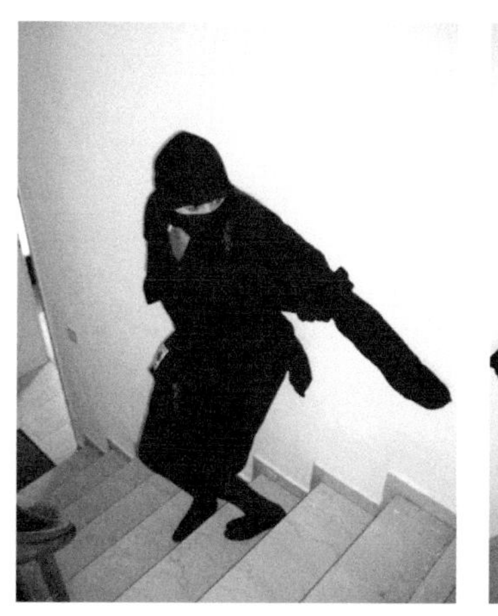
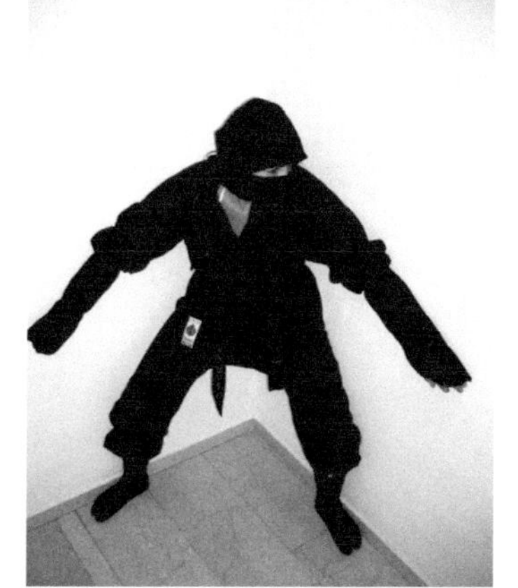
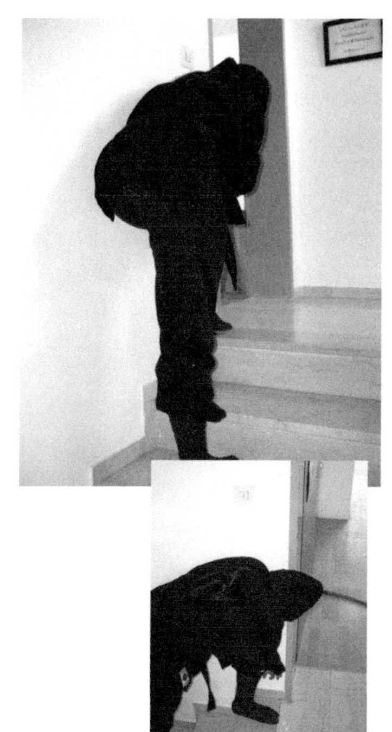
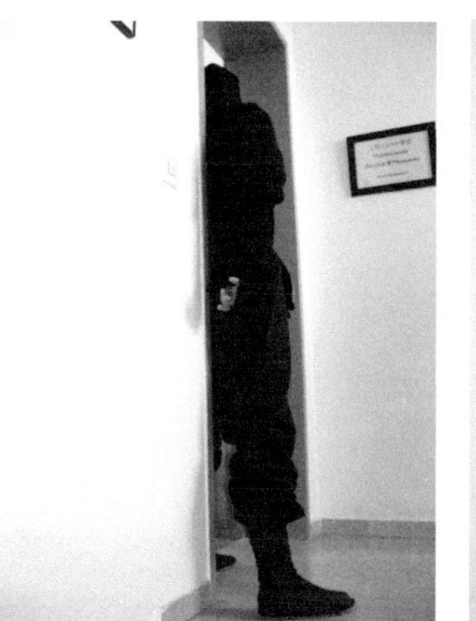
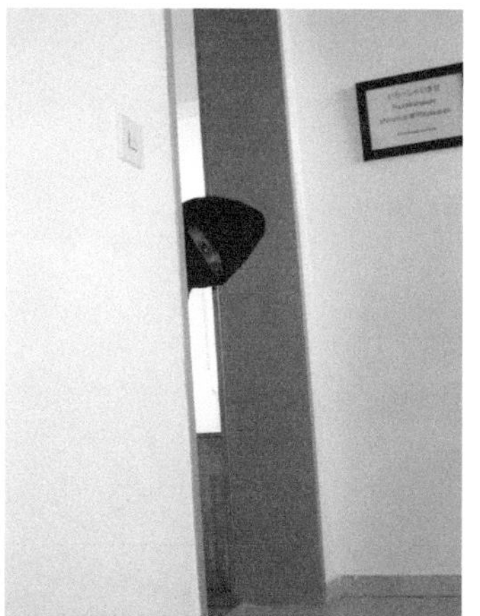

## Der Schrank

Ich hatte den Schrank als klassisches Versteck ja schon angesprochen. Sein Vorteil ist wie gesagt, dass man hier von allen Seiten gegen Blicke geschützt ist. Der Nachteil ist, dass es kein Entkommen gibt, wenn die Türe geöffnet wird. Sollte man sich dennoch für einen Schrank als Versteck entscheiden, gilt es Folgendes zu beachten:

- Man sollte keine Geräusche verursachen. (Schränke haben die Tendenz zu knarren.)
- Man sollte genau wissen, welche Tür zuerst geöffnet wird. (Bei den meisten Schränken gibt es eine Logik, wie dies geschieht, weil eine Tür die andere abdeckt.)
- Man muss wissen, dass die meisten Menschen einen Schrank nicht betreten, sondern nur in ihn hineinblicken. Selbst Verfolger werden den Schrank oftmals nicht betreten, sondern nur rein schauen, indem sie ihren Kopf hineinstecken.

Mit diesem Wissen ausgestattet versteckt sich der Ninja in unserem Beispiel im Schatten der Schrankseite, die man nicht als erstes öffnen kann (Bild 1). Der Verfolger öffnet also die eine Türe und blickt in den Schrank (Bild 2). Der Ninja, versteckt im Schatten, greift nun beherzt zu, sichert die Waffe und bekämpft den Verfolger (Bild 3 & 4).

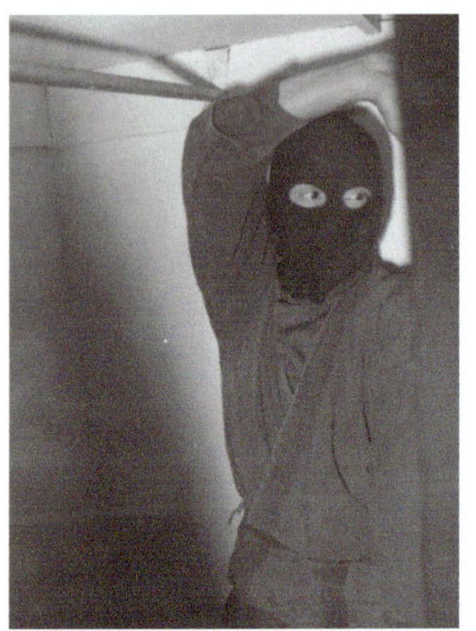

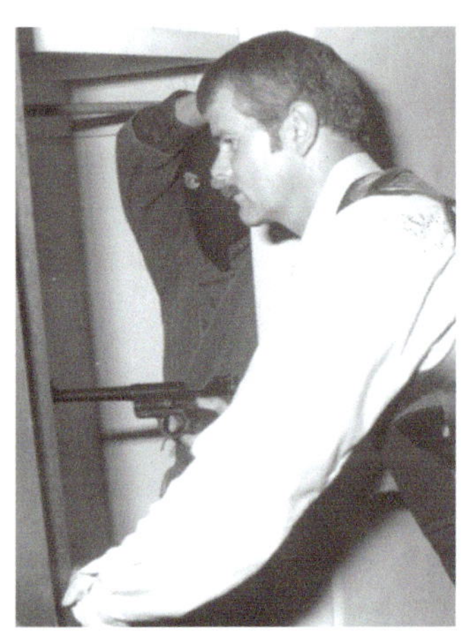

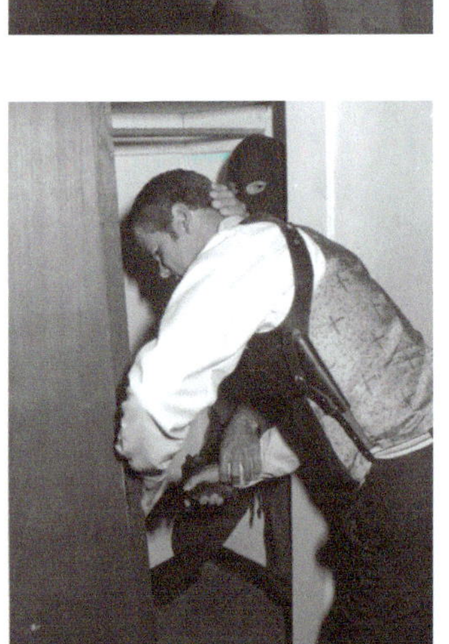

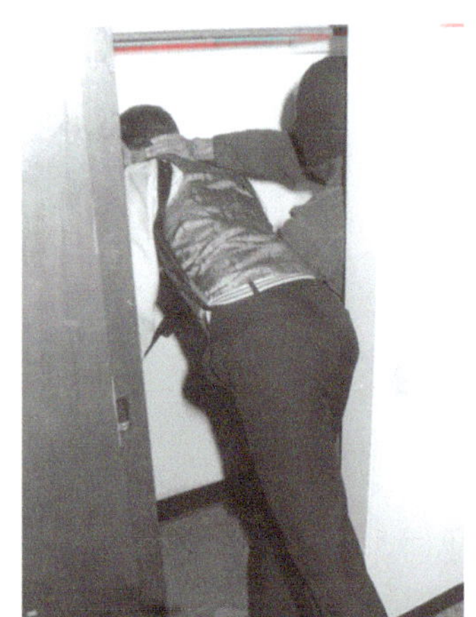

## Das Wäschefach

Gehört man eher zu den kleinen und leichteren Menschen, bieten sich noch ganz andere Verstecke an. Wissend, dass die meisten Menschen nicht wirklich nach oben, über ihre natürliche Blicklinie schauen, kann man sich ein entsprechendes Versteck suchen.
Etwa an einer erhöhten Wäschestange hängend zwischen den Kleidern, an einer stabilen Vorhangstange hinter schweren Vorhängen oder wie hier gezeigt in einem erhöhten Wäschefach. Der Ninja in unserem Beispiel versteckt sich in einem Wäschefach über einem Schrank (Bild 1). Der Verfolger öffnet den Schrank und sein erster Blick fällt natürlich in den Schrank selbst, wo er den Feind vermutet, und nicht in das erhöhte Wäschefach (Bild 2). Diesen Moment nutzt der Ninja für einen Seitwärtstritt, um den Verfolger auszuschalten (Bild 3 & 4).

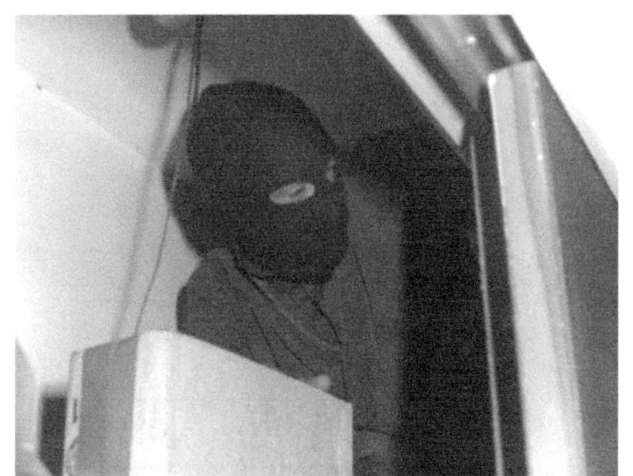

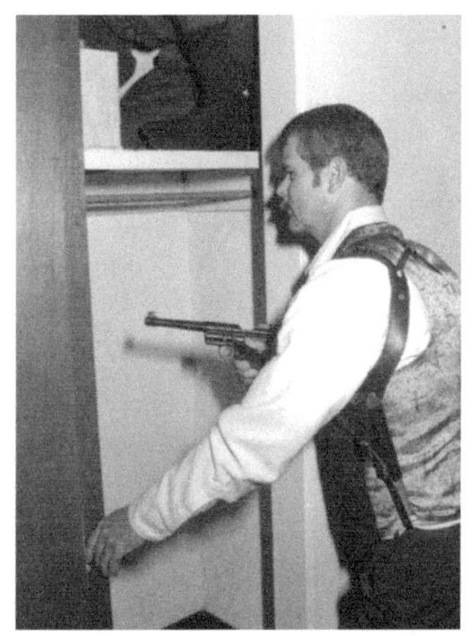

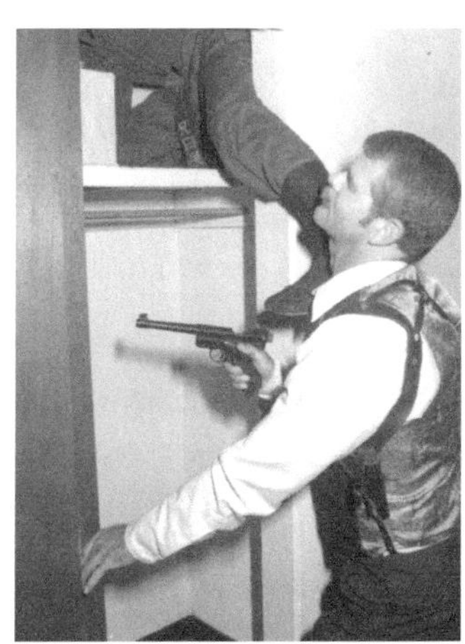

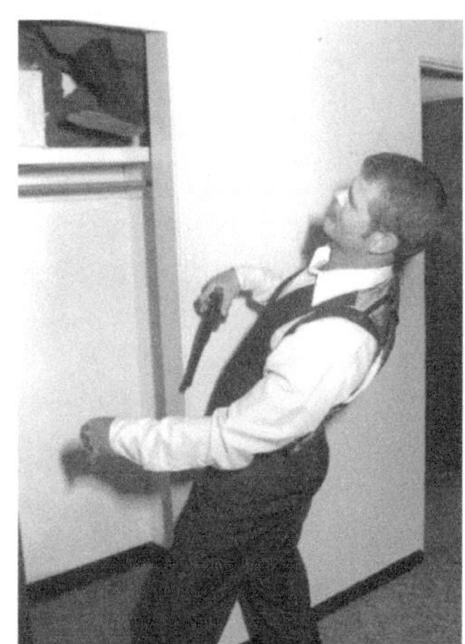

## Der Speicher

Auch diese Möglichkeit hatte ich vorher schon angesprochen. Auch heute noch haben viele Ein- und Zweifamilienhäuser Luken (ähnlich der hier gezeigten), die in den Speicher führen. Natürlich muss der Ninja hier schon eine gewisse körperliche Grundfertigkeit in Akrobatik mitbringen, aber das ist es eben, was einen Ninja von einem normalen Menschen unterscheidet. Der Ninja springt in die Höhe und zieht sich mit den Fingern nach oben (Bild 1).
Dabei klappt er seinen Körper geschickt nach oben und zieht sich durch die Öffnung in den Speicher des Hauses (Bild 2). Dort kann er, falls er eine Verfolgung fürchtet, weiter nach oben flüchten, um sich wie hier zwischen den Dachbalken zu verstecken (Bild 3 & 4). Wird er nicht verfolgt, kann er sich wieder bereit machen, sein Versteck zu verlassen. Er lauscht, um einen unten vorbeigehenden Verfolger genau zu hören, und kann sich nun hinter ihm wieder hinab in den Flur gleiten lassen (Bild 5 - 7), um den Angreifer entweder von hinten zu attackieren oder zu fliehen.
Bei einer hohen Decke eines Flurs oder eines Raums, der nicht gut beleuchtet ist, kann sich ein geschickter Ninja vielleicht auch nur an die Decke des Raumes hängen und warten, bis der Verfolger unter ihm vorbeigeht. Natürlich muss es dann etwas zum Festhalten wie diese Luke geben oder aber der Ninja spreizt Arme und Beine zwischen die Wände eines engen Gangs.

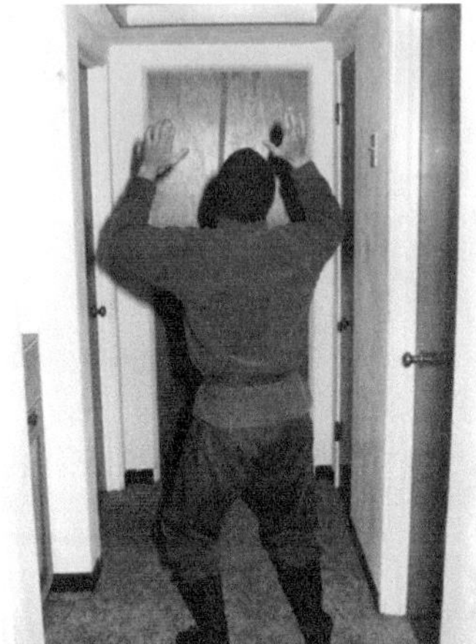

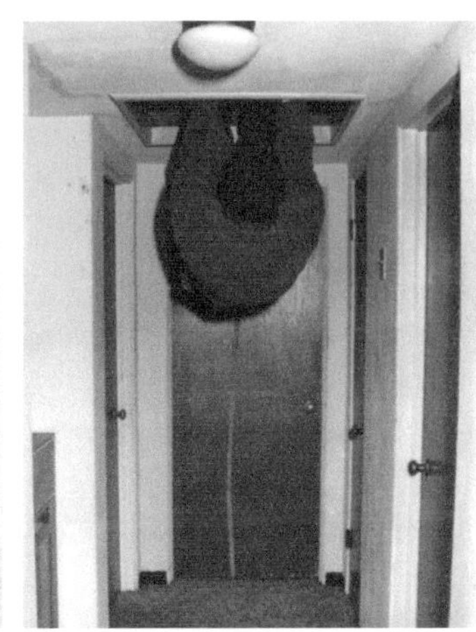

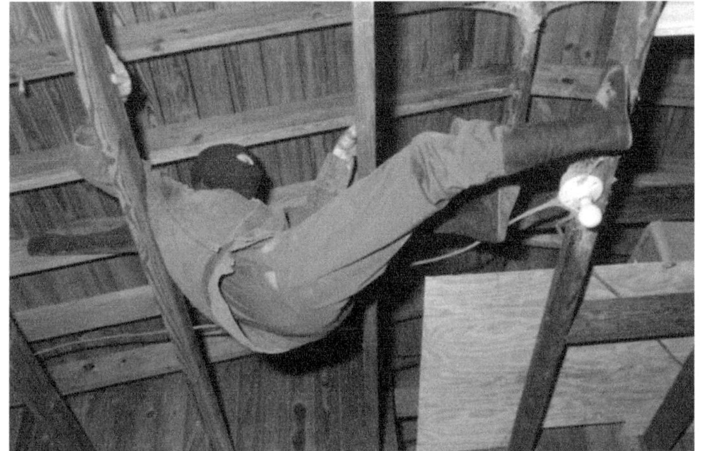

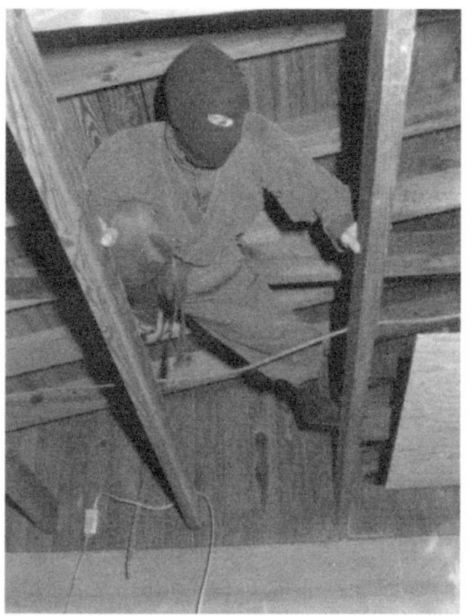

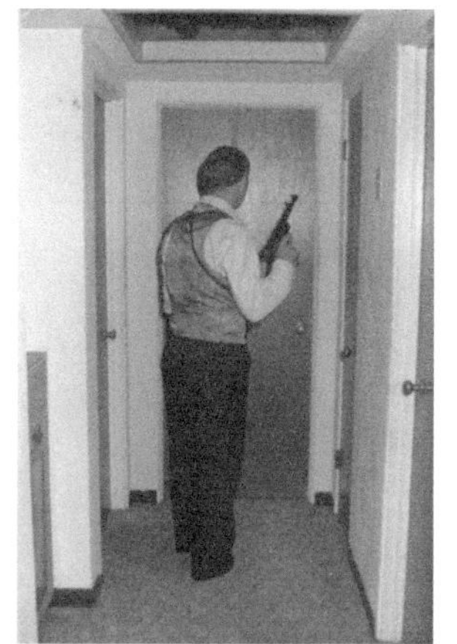

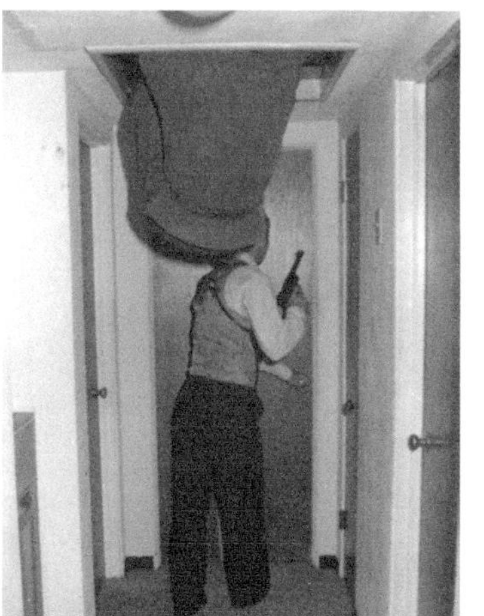

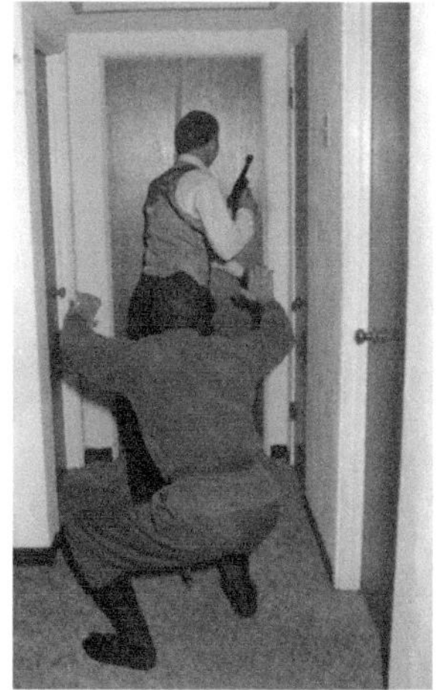

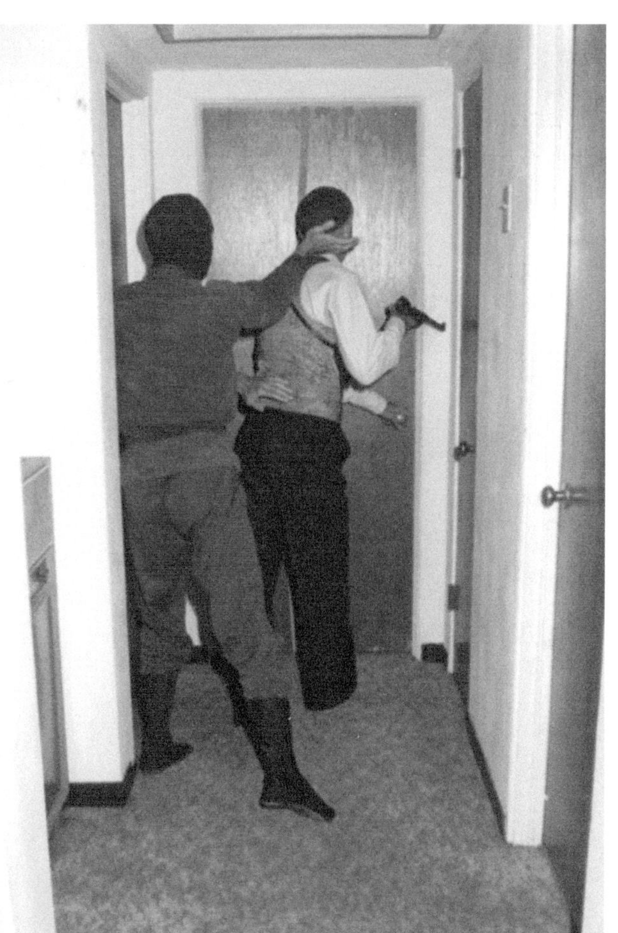

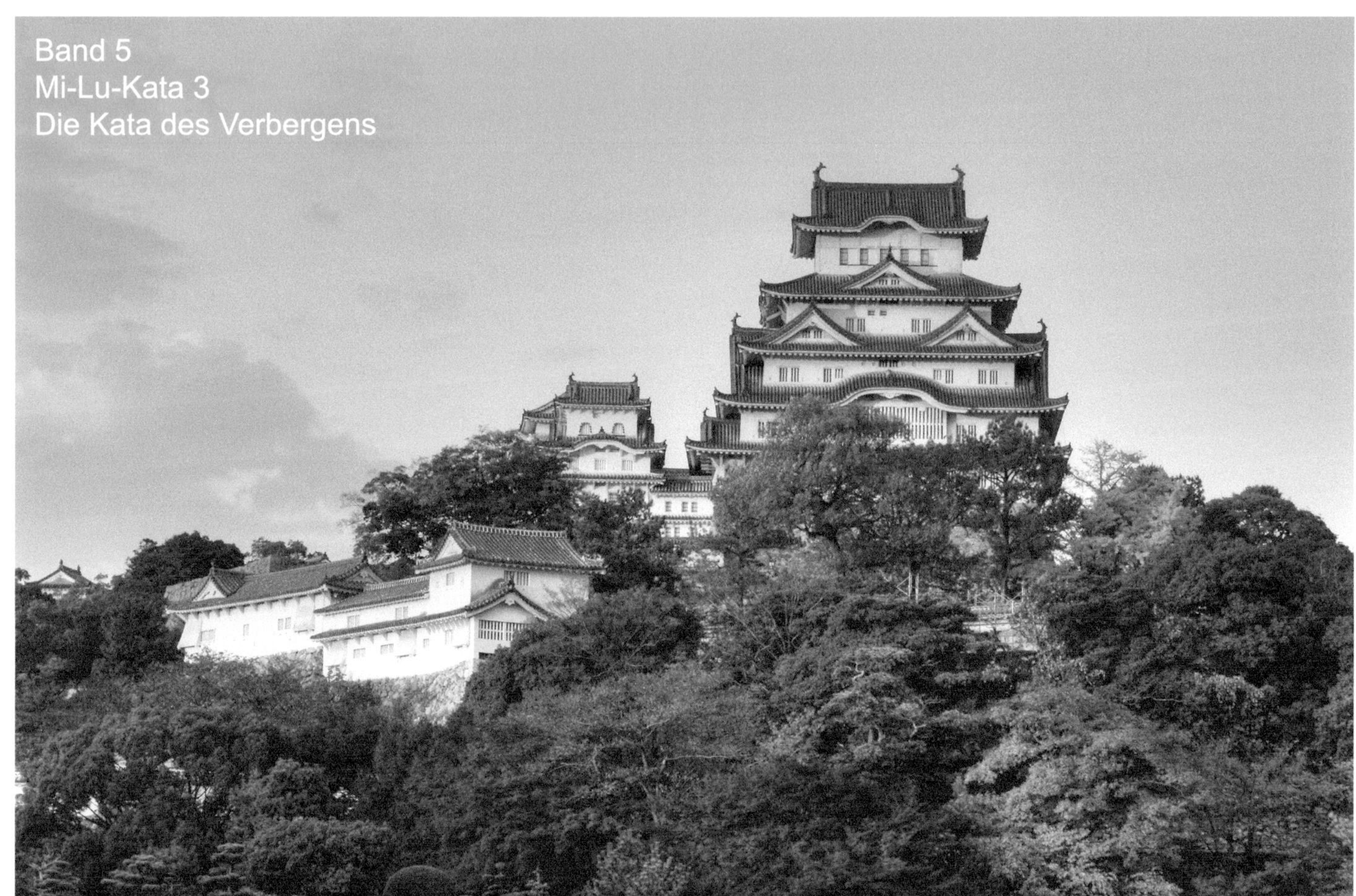
Band 5
Mi-Lu-Kata 3
Die Kata des Verbergens

Unsichtbarkeit liegt wie schon oft erwähnt im Auge des Betrachters. Da sich auch der beste Ninja nicht wirklich unsichtbar machen kann, muss er sich einfach so verhalten, dass er schlicht und ergreifend nicht gesehen wird. Im Normalfall bedeutet dies, er muss Manöver des Schleichens und des Verbergens so kombinieren, dass er unsichtbar bleibt. Manche Unsichtbarkeitstechniken haben damit zu tun, dass man sich leise bewegt, andere haben damit zu tun, dass man sich gut versteckt, einige benutzen eine Schrecksekunde, um den Gegner dazu zu verleiten, die Augen kurz zu schließen, oder aber sie nutzen den toten Winkel im Blickfeld des Gegenübers.

In jedem Fall ist Heimlichkeit eine sehr komplexe Angelegenheit. Dazu haben wir Ihnen hier die dritte Mi Lu Kata dargestellt.

Es handelt sich hierbei um eine reine Form „des Verbergens.“ Natürlich, mag jetzt manch ein Leser berechtigt einwenden, dass man ja niemals genau die hier gezeigten Raumverhältnisse vorfinden wird, die Kata also unmöglich eins zu eins nachzumachen sein wird. Da haben Sie auch genau Recht.

Die hier gezeigte Mi Lu Kata 3 ist auch nicht dafür gedacht, sie auswendig zu lernen und sie dann bei einer Prüfung zu zeigen. Sie zeigt vielmehr sehr viele einzelne Möglichkeiten des Schleichens und Verbergens und jede für sich kann in der entsprechenden Situation eine sinnvolle Anwendung finden. Die Form muss also nicht als Ganzes geübt werden, wohl aber macht es Sinn, die Einzeltechniken auszuprobieren und zu studieren.

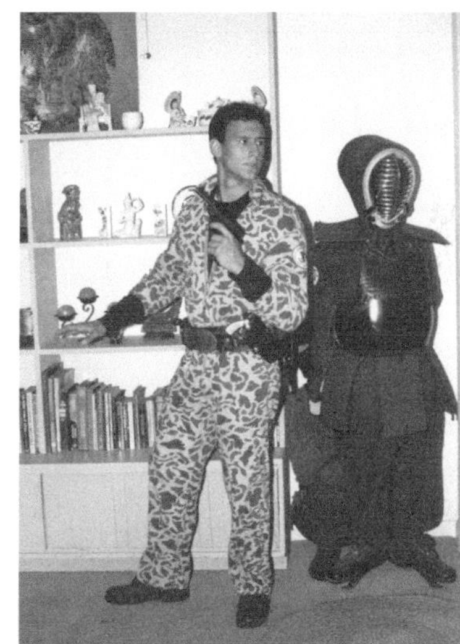

**Bild 1:**
Der Ninja versteckt sich hinter einer Rüstung. Der Ninja nutzt hier zwei Begebenheiten: Erstens versteckt er sich im Schatten der Rüstung, zweitens weiß er, dass die menschliche Silhouette leicht zu erkennen ist. Da er sich aber hinter einer entsprechenden Figur versteckt, fällt seine eigene nicht mehr weiter auf. Wenn Sie das Bild genau betrachten, entdecken Sie den Ninja links unten, neben der Rüstung in deren Schatten.

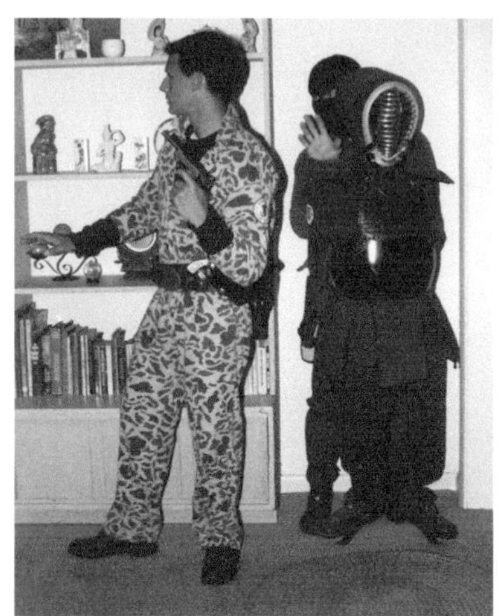

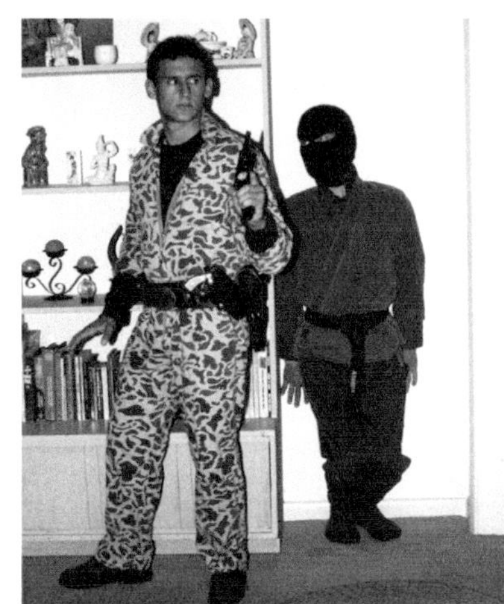

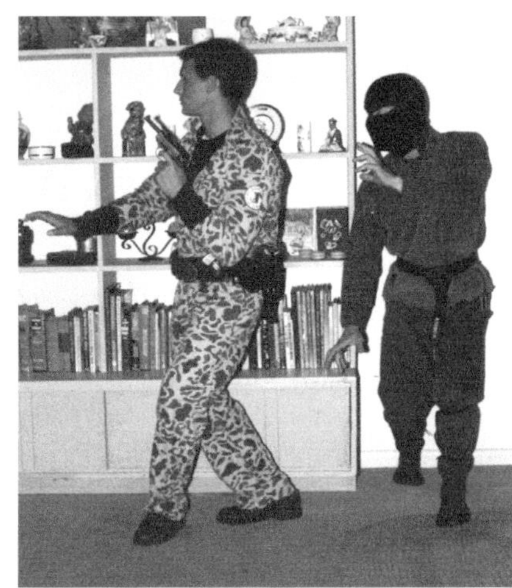

**Bild 2:** Der Verfolger glaubt nun, dass der Weg hinter ihm sicher sei, da er niemanden gesehen hat. Er geht also wahrscheinlich einfach weiter. Diese Art der geistigen Manipulation ist essenziell wichtig für den Erfolg solcher Aktionen. Man macht dem Feind etwas glauben, was so nicht richtig ist. Damit manipuliert man seinen Geist und sieht seinen nächsten Schritt voraus. Der Ninja muss nun handeln, obwohl es vermutlich der natürliche Instinkt von vielen von uns wäre, einfach im Versteck zu bleiben. Dazu atmet er unhörbar leise und tief. Er muss nunmehr ganz ruhig sein, um seine nächsten Schritte sicher und präzise auszuführen.

**Bild 3:** Wäre die Rüstung nicht hier gewesen, so hätte der Ninja trotzdem eine Chance gehabt sich zu verstecken, wenn die Lichtverhältnisse entsprechend schlecht gewesen wären. Er hätte sich genau in die kleine Vertiefung zwischen den beiden Regalen gedrückt und sich ein wenig kleiner gemacht, um seine Silhouette zu verbergen.

Wäre der Verfolger nicht direkt auf ihn zu, sondern wie auf dem Bild vorbeigegangen, hätte der Ninja immer noch eine Chance gehabt nicht gesehen zu werden.

**Bild 4:** Der Ninja tritt nun mit dem linken Fuß nach vorne aus der Vertiefung heraus, um dann den rechten Fuß hinter dem Verfolger abzusetzen. Der Blick bleibt dabei am Hinterkopf des Verfolgers, um sofort zu erkennen, falls er sich umdreht. Die vordere Hand ist völlig locker, um schnell reagieren zu können.

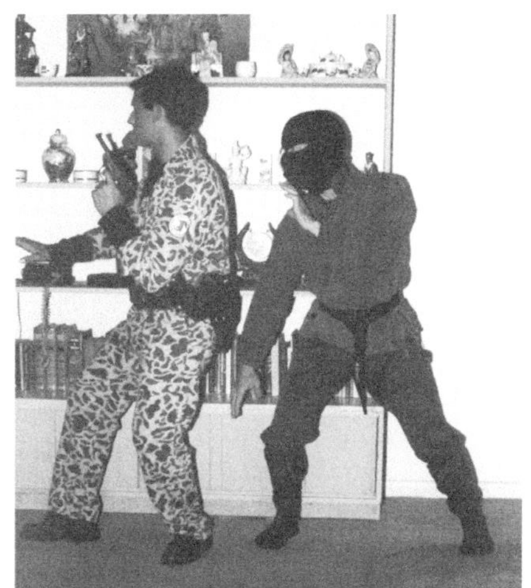

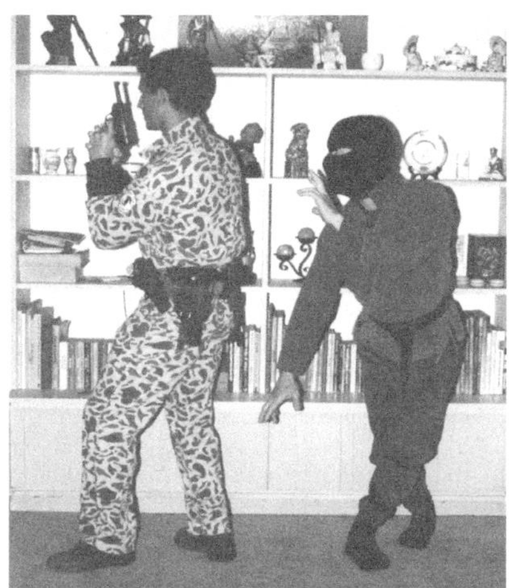

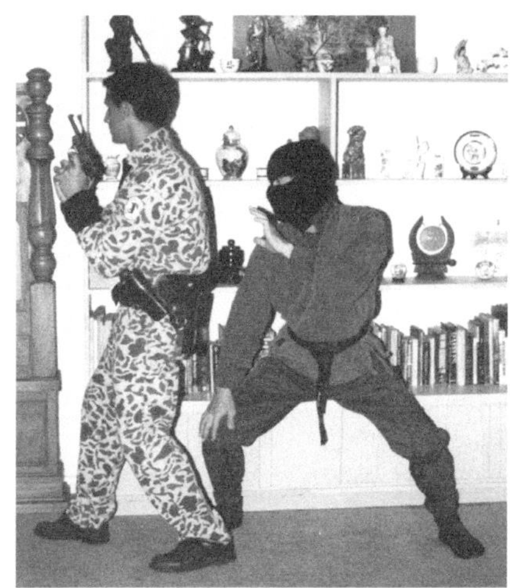

**Bild 5:** Hier vollendet der Ninja die gerade beschriebenen Bewegungen. Er hat nun 60% des Körpergewichts auf dem führenden Fuß und ist dem Verfolger sehr nahe. Er könnte ihn nun angreifen, wenn er wollte. Beachten Sie, dass Sie die Schritte sehr leise machen müssen. Ein Abrollen des Fußes über die Seitenkante, wie bei den Schleichschritten im ersten Band, ist unbedingt zu empfehlen.

**Bild 6:** Der Ninja folgt nun dem Verfolger mit Hilfe des Heng-Pu Kreuzschrittes. Um eigene Geräusche (die natürlich minimal sein sollten) möglichst zu dämpfen, ist es nötig, die eigenen Schritte mit denen des Feindes zu synchronisieren. Timing ist hier ein absolut wichtiger Faktor. Denn der Ninja darf nicht bemerkt werden, er darf aber auch nicht den Anschluss an den Feind verlieren, da er sonst, wenn dieser sich mit der Schusswaffe umdreht, verloren wäre.

**Bild 7:** Der Ninja öffnet seinen Heng-Pu wieder und hat nun eine gute Gewichtsverteilung (etwa 50/50), um eine schnelle und spontane Folgeaktion ausführen zu können.

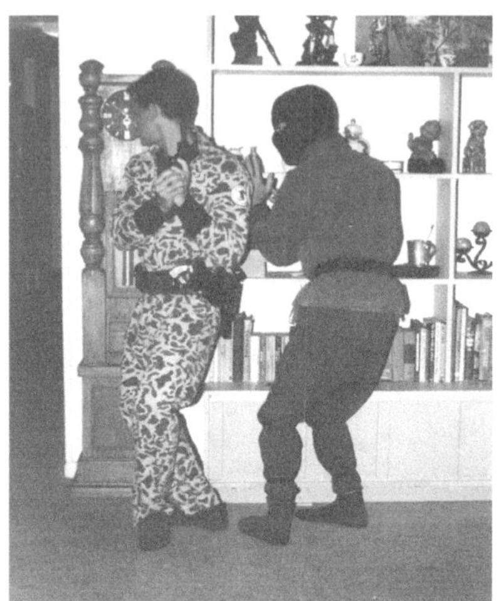
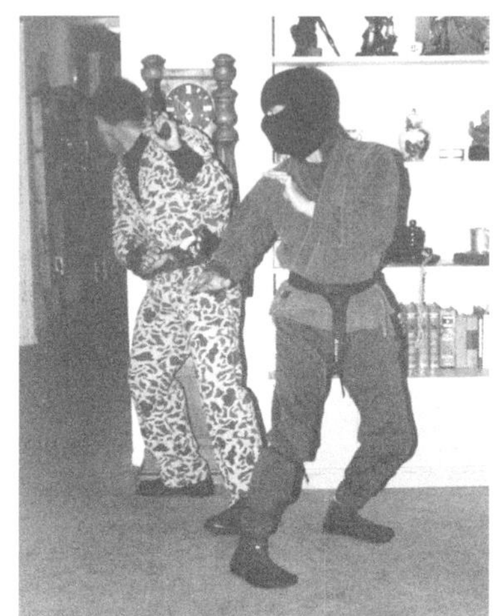
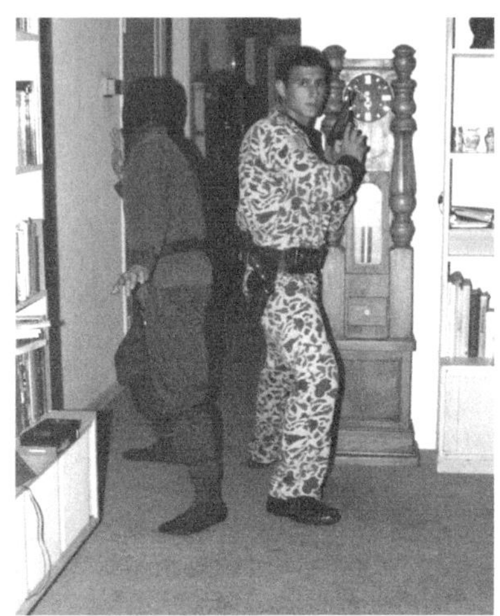

**Bild 8:** Der Feind bereitet sich nun vor um die Ecke zu gehen und späht zunächst vorsichtig nach rechts. Der Ninja bereitet sich vor anzugreifen oder mit einer schnellen Drehbewegung hinter dem Gegner zu verschwinden. Dazu bringt er den linken Fuß nach vorne, die Zehen innen, die Knie schauen ein wenig zueinander. Die Hände sind defensiv aber kampfbereit erhoben. Der Ninja befindet sich nun direkt hinter dem Feind. Selbst ein unvorsichtiges Ausatmen kann ihn nun verraten.

**Bild 9 & 10:** Nun folgt ein Mi-Lu-Schritt (siehe auch Band 2). Der Feind geht nach rechts in den Gang und dreht sich dann nach rechts um. Der Ninja entgeht einem Blickkontakt, indem er

*1. sein rechtes Bein nach außen stellt (Bild 9).*

*2. sein linkes Bein weit in den Gang hinein stellt.*

*3. sein rechtes Bein nach hinten in den Gang abstellt (Bild 10).*

*Was sich kompliziert anhört, ist lediglich ein 270 Grad Mi-Lu-Schr*itt, wie er im ersten Teil des Buches beschrieben ist. Der Ninja dreht sich sozusagen im Rücken des Feindes.

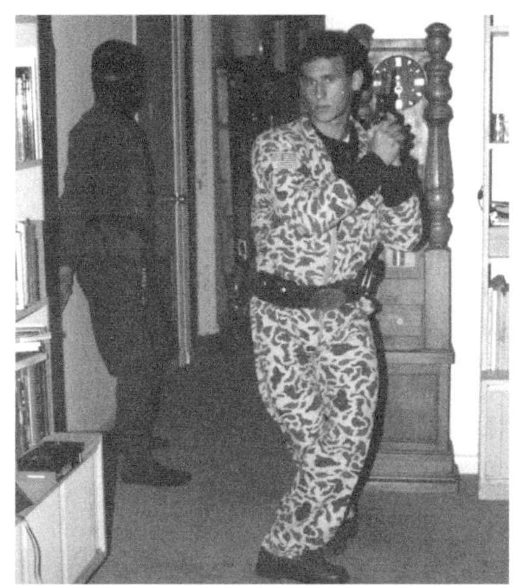
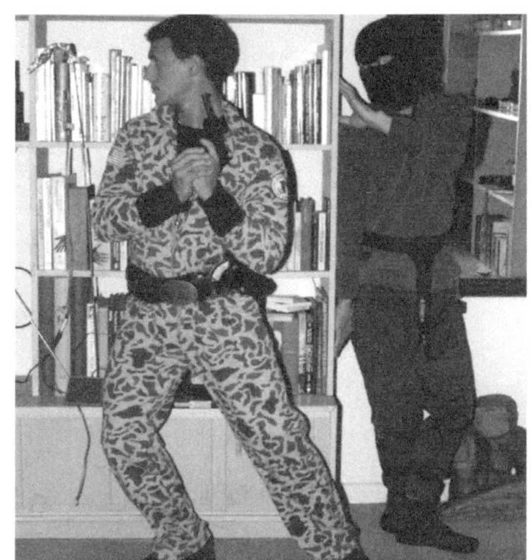
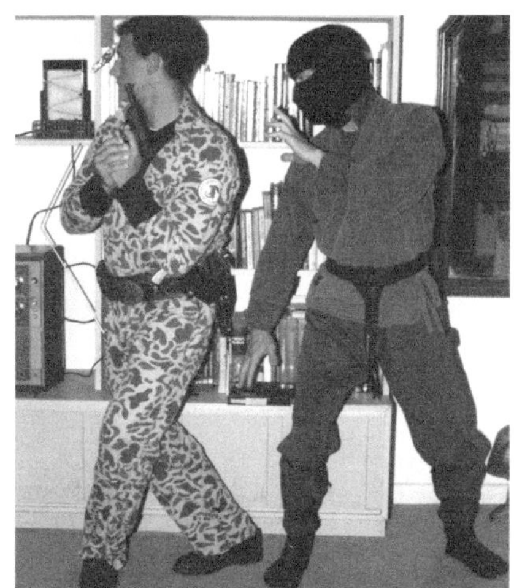

**Bild 11:** Der Feind entscheidet sich dafür, in den Raum zurückzugehen. Der Ninja verharrt an die Wand gepresst, um möglichst nicht im Augenwinkel des Feindes als menschliche Silhouette aufzutauchen.

**Bild 12:** Der Wächter bewegt sich weiter in den Raum hinein. Der Ninja nutzt die Deckung des Regals und verfolgt ihn im Schatten dessen.

**Bild 13:** Der Ninja verlässt jetzt die Deckung des Regals, indem er den so genannten „kreisförmigen Schritt" anwendet. In einer gleitenden Bewegung setzt er den hinteren Fuß in einem Halbkreis nach vorne. Den vorderen Fuß schiebt er entsprechend nach. Der Ninja hält hierbei nur minimalen Bodenkontakt, um keine Schleifgeräusche zu verursachen. Berührpunkt ist der Ballen. Auch hier ist es wieder wichtig, sich im Einklang mit dem Feind zu bewegen. Kleine Geräusche können damit überdeckt werden. Der Ninja manövriert sich auf diese Weise wieder direkt hinter seinen Feind. Die Knie sind leicht gebeugt, die Hände in defensiver Haltung, um eine schnelle Reaktion zu ermöglichen.

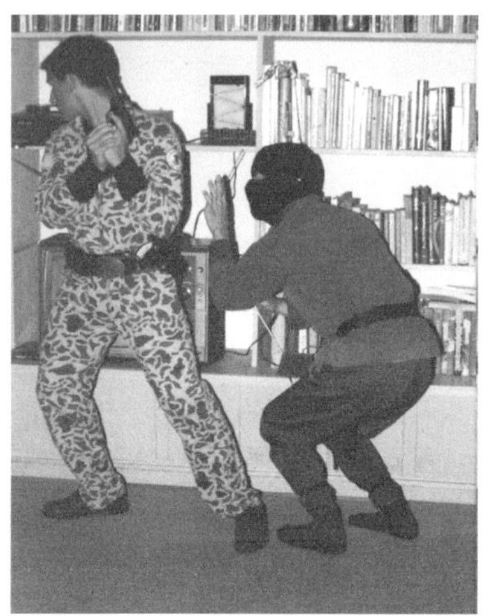

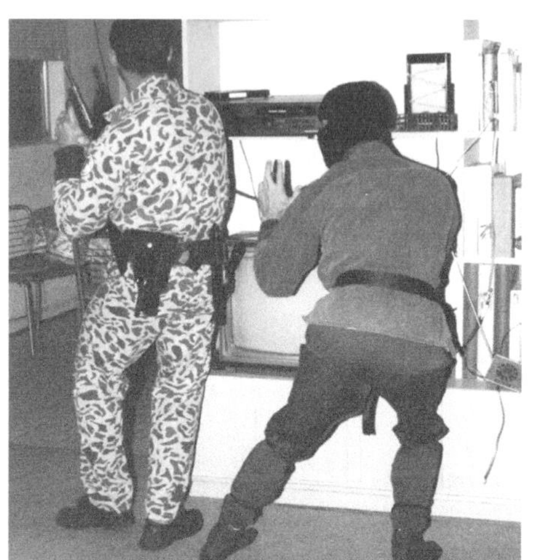

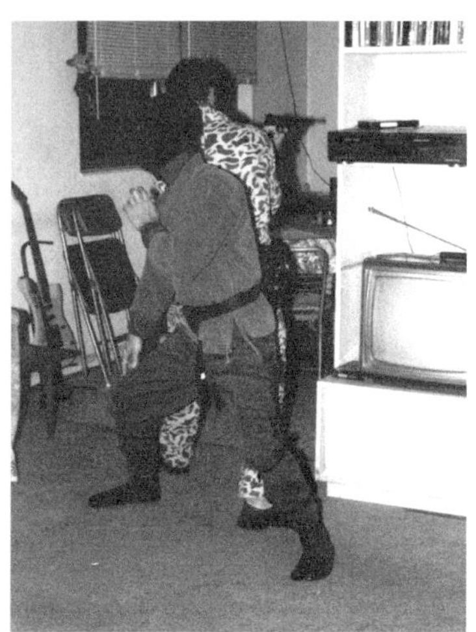

**Bild 14:** Der Feind zögert einen Moment, ehe er in den nächsten Gang blickt. Er ist nun selbst sehr aufmerksam und es besteht eine erhöhte Chance, dass er zurückblickt, ehe er sich für eine nächste Aktion entscheidet. Der Ninja geht deshalb in die Knie und macht sich so klein wie möglich. Dreht sich der Feind nun schnell um, so benötigt er deshalb einen Bruchteil einer Sekunde mehr, um den Ninja zu erkennen. Dies gibt dem Ninja Zeit für eine Aktion, um sich zu retten.
**Bild 15:** Der Feind entscheidet sich aber nicht zurückzublicken, sondern geht in den nächsten Gang. Der Ninja steht nun vor dem Problem, dass er abermals nicht weiß, welchen Weg der Feind nehmen wird. Wird er in den Gang gehen? Wird er sich umdrehen oder wird er seinen Weg zurück nehmen? Der Ninja bleibt aus diesem Grund nahe am Gegner mit dem Blick auf seinen Hinterkopf gerichtet. Dazu streckt er sein linkes Bein aus.
**Bild 16:** Der Feind sichert zunächst den neuen Raum mit seiner Waffe. Der Ninja nutzt die Technik „des schnellen Drehens auf der Ferse“ (In der 5. Elementform kann man diese Art der Bewegung als Toe in/Toe out erlernen). Das bedeutet, er dreht sich auf einem möglichst kleinen Stück seines linken Fußes (Ferse), um die Geräusch zu minimieren. Dabei dreht er sich um 180 Grad und steht nun Rücken an Rücken zum Gegner. Diese Position ist, wie immer bei einem Mi-Lu-Schritt, nicht ganz einfach, da man nur eingeschränkte Kampfmöglichkeiten besitzt. Der Ninja muss den Feind aus dem Augenwinkel in Beobachtung halten und sich mit ihm bewegen.

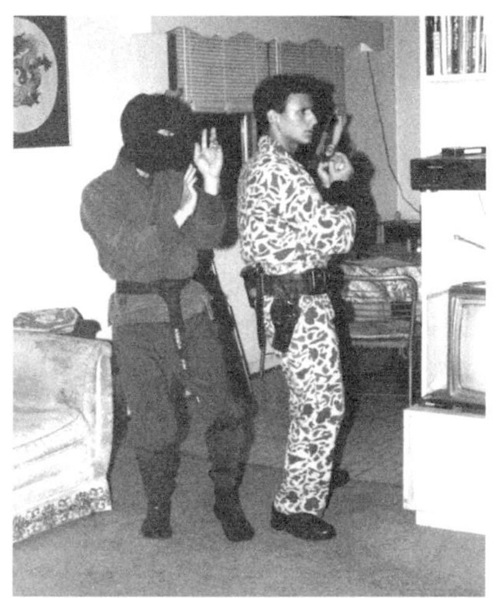

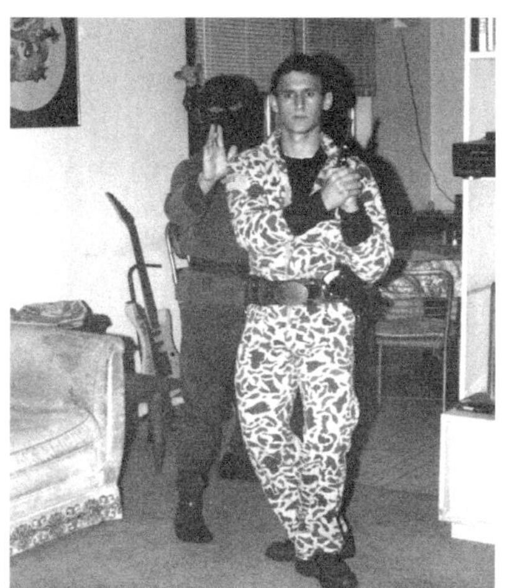

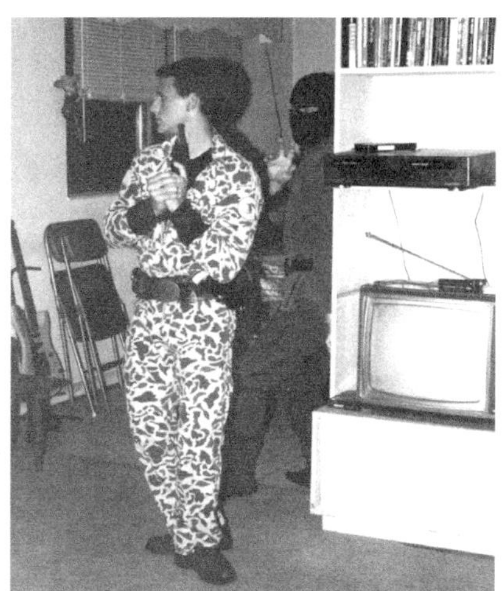

**Bild 17:** Der Feind ist sich nun sicher, dass sich im nächsten Raum niemand befindet und dreht sich zurück. Der Ninja folgt seiner Bewegung mit einer erneuten Fersendrehung, dieses Mal auf der rechten Ferse. Dabei zieht er das linke Bein heran und verschwindet so abermals hinter dem Feind. Natürlich ist es bei so einem komplexen und schnellen Manöver nicht unwahrscheinlich, entdeckt zu werden. Aus diesem Grund hält der Ninja seine Arme kampfbereit und muss sich auch geistig auf einen schnellen Zugriff einrichten.

**Bild 18:** Der Feind dreht sich nun vollends zurück in den Raum. Um weiterhin unsichtbar zu bleiben, bringt der Ninja sein linkes Bein nach hinten. In der Realität können die Bilder 15-18 in einer schnellen und flüssigen Folge absolviert werden, da sich der Feind vermutlich auch dementsprechend schnell bewegt.

**Bild 19:** Der Feind wirft einen Blick über die rechte Schulter zurück. Der Ninja zieht sein rechtes Bein nach links und bemüht sich, so nahe wie möglich an die Wand bei der linken Schulter des Feindes zu kommen. Damit verschmelzen nicht nur seine Umrisse mit der Wand, er tritt auch aus dem Blickfeld des Feindes.

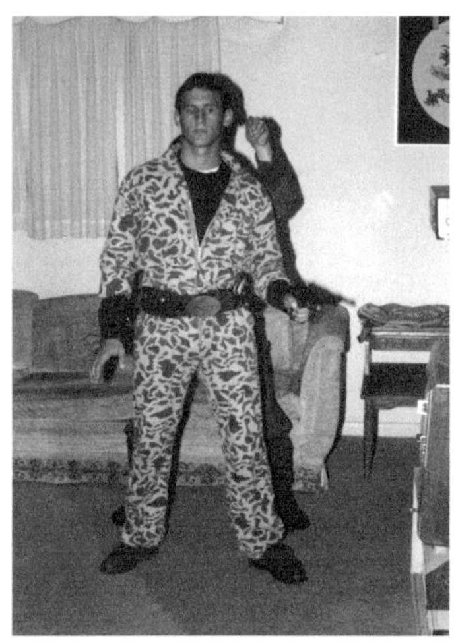
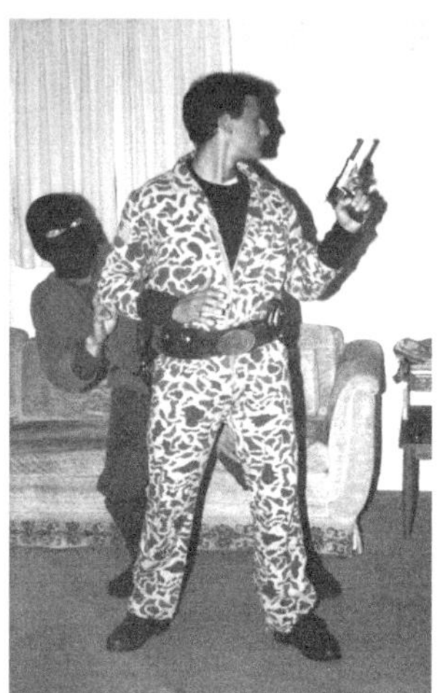
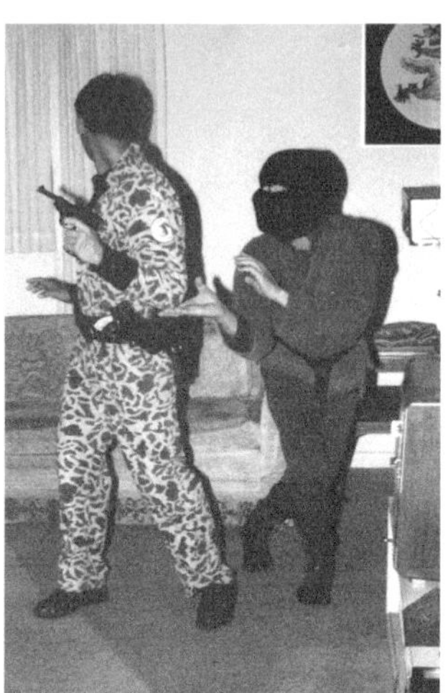
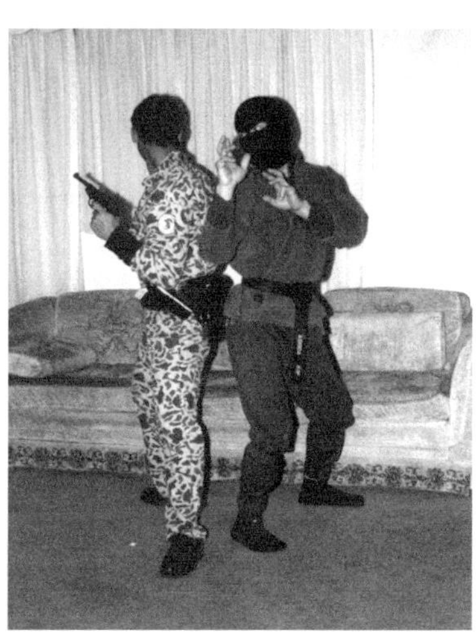

**Bild 20:** Der Feind hat abermals den Raum betreten. Der Ninja folgt ihm und bleibt so einfach hinter ihm, als er sich abermals dreht. Der Ninja hat nun natürlich wieder zahlreiche Möglichkeiten den Gegner zu entwaffnen oder auszuschalten. Wir aber üben weiter die Heimlichkeitstechniken. Der Ninja tippt den Feind deswegen ganz leicht auf die linke Schulter. Die Berührung muss so leicht sein, dass sich der Feind nicht sicher ist, ob er wirklich etwas gespürt hat oder nicht.

**Bild 21:** Als der Feind über die linke Schulter blickt, verlagert der Ninja das Gewicht nach rechts und duckt sich nach unten weg. Dabei sollte man auf sein rechtes Bein achten und dieses ein wenig nachziehen, da es sonst oft vom Vordermann gesehen wird.

**Bild 22 a und b:** Der Ninja kann sich nun nicht sicher sein, ob sich die Wache weiter nach links dreht oder ob sie sich, was eine natürliche Folge wäre, nach rechts dreht. Der Ninja muss entsprechend reagieren und sich weiterhin wegducken oder einen Mi-Lu-Schritt einsetzen. In unserem Fall dreht sich die Wache nun ganz nach rechts. Der Ninja bleibt hinter ihm, indem er sein rechtes Bein um 90 Grad nach vorne stellt und damit einen Mi-Lu-Schritt beginnt. Beide stehen am Ende der Bewegung Rücken an Rücken.

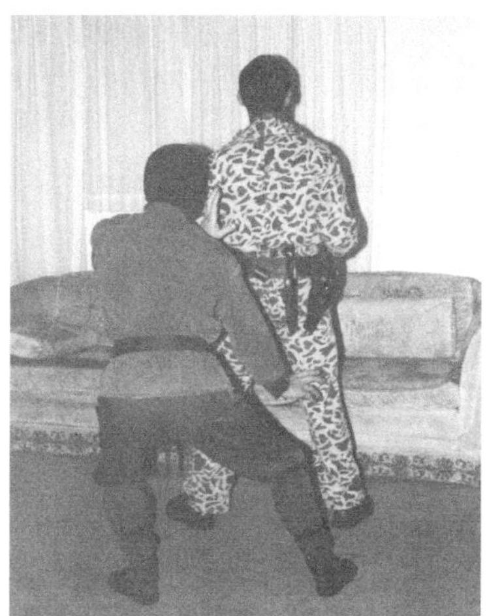
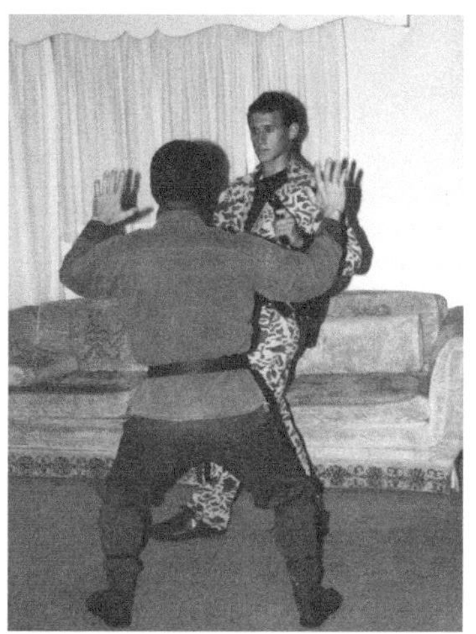
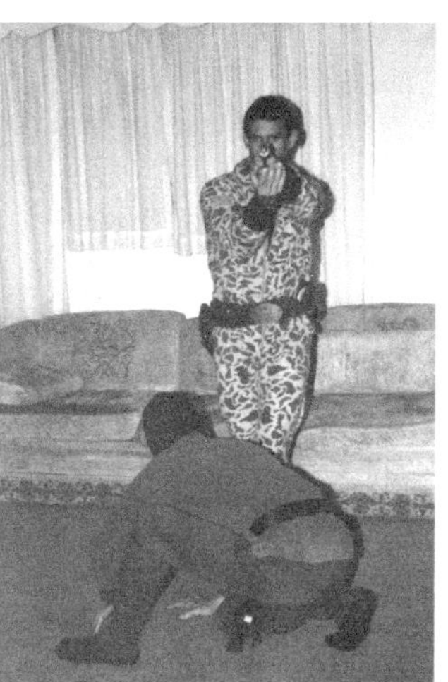
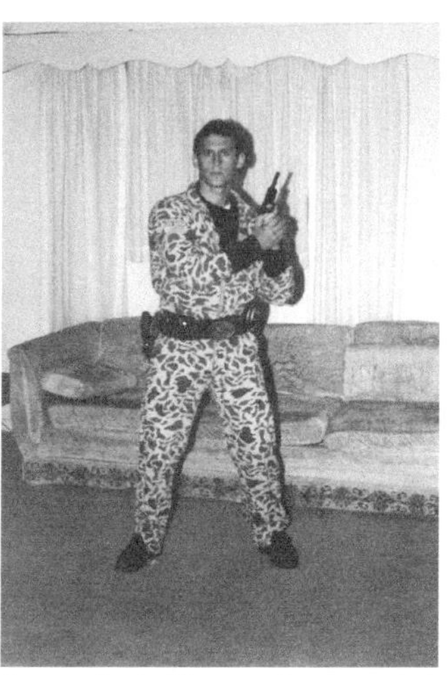

**Bild 23 a und b:** Dreht sich die Wache weiter nach rechts, bewegt der Ninja sein linkes Bein und stellt es wie gezeigt hinter dem Gegner ab. Dabei dreht sich der Ninja abermals um 90 Grad und steht wieder exakt hinter dem Gegner. Dieser hat allerdings dieses Mal etwas bemerkt und dreht sich blitzschnell um. Der Ninja hat nun nicht mehr sehr viele Möglichkeiten und nutzt seine letzte verbliebene Chance. Im Moment des Auftauchens steht er in voller Größe (ähnlich einer Wind Stellung) vor dem Feind. Die Hände schnappen nach oben und am besten in Richtung des Angreifers. Damit erschrickt man ihn nicht nur, sondern verleitet ihn auch zu zwinkern. Durch den Schreck und das Zwinkern hat der Ninja wieder den Bruchteil einer Sekunde Vorsprung und wird somit für den Augenblick eines Lidschlages abermals unsichtbar, obwohl er direkt vor dem Feind steht.
**Bild 24:** Der Feind wird nun die Waffe nach vorne reißen und schießen. Der Ninja lässt sich im Augenblick des Schrecks nach unten fallen, die Füße zusammen und die Arme auf der Körperseite. Da er keine Zeit zu verlieren hat, gleitet er so schnell wie möglich zu Boden. Abermals ist er außerhalb die Sichtlinie des Gegners gelangt.
**Bild 25:**Der Ninja könnte nun unter der Waffe nach oben springen und den Gegner entwaffnen (realistisch) oder im Moment des Schusses in eine geeignete neue Deckung rollen (riskant). Damit wäre er jedoch wieder “verschwunden” und letztelich geht es ja genau um dieses Thema bei der Kata.

Hiermit endet die dritte Mi Lu Kata. Noch einmal: Dies ist keine Kata, die man vermutlich in seinen eigenen Räumen nachstellen kann. Aber man kann die einzelnen Sequenzen genau ausprobieren. Man könnte sich z.B. die Bilder 15-18 wählen und dies leicht üben. Oder etwa 20-22 ergeben auch eine gute Möglichkeit. Mit einer Wasserpistole bewaffnet kann man sogar gefahrlos das Ende ausprobieren.
Abschließend noch einige Tipps, die ich aus meiner Erfahrung hier nahtlos anfügen kann:

*Schnelle Schritte sind oft sehr laut und gerade bei Mi-Lu-Schritten verursacht man oftmals Geräusche. Synchronisiert man seine eigenen Schritte mit denen des Gegners, kann dies sehr hilfreich sein.*

*Ehe man sich an einen solchen Schritt heranwagt, sollte man die Beschaffenheit des Bodens kennen.*

*Die eigene Atmung hat schon viele Schleichende verraten, wenn sie nah am Gegner sind. Sie muss deshalb völlig geräuscharm sein und der Gegner darf auch nicht den leisesten Hauch spüren.*

*Gerade bei schnellen Drehbewegungen neigt man dazu, den Gegner zu berühren. Dies darf natürlich nicht passieren. Man muss hier immer so nah wie möglich am Gegner bleiben, aber eben ohne Berührung.*

*Man weiß nicht, wie der andere reagieren wird. Die Beobachtung von dessen Hinterkopf (ohne zu starren) ist deshalb wichtig.*

*Der durch Lichtquellen verursachte Schattenwurf oder eine Spiegelung können einen leicht verraten und müssen in Betracht gezogen werden.*

*Absolviert man eine Übung wie diese Form, dann muss man beherzt sein und auch schnelle Schritte wagen. Für ein Zögern ist oftmals keine Zeit!*

*Kleinere Menschen haben hier einen unglaublich großen Vorteil. Versteckt sich eine etwa 160 cm große Schülerin hinter mir (197 cm) und versucht mit dem Mi-Lu-Schritt unsichtbar hinter mir zu bleiben, während ich mich durch den Raum bewege, hat sie oftmals Erfolg, wenn sie einfach nur leise ist. Umgekehrt habe ich keine Chance, dasselbe bei ihr zu tun.*

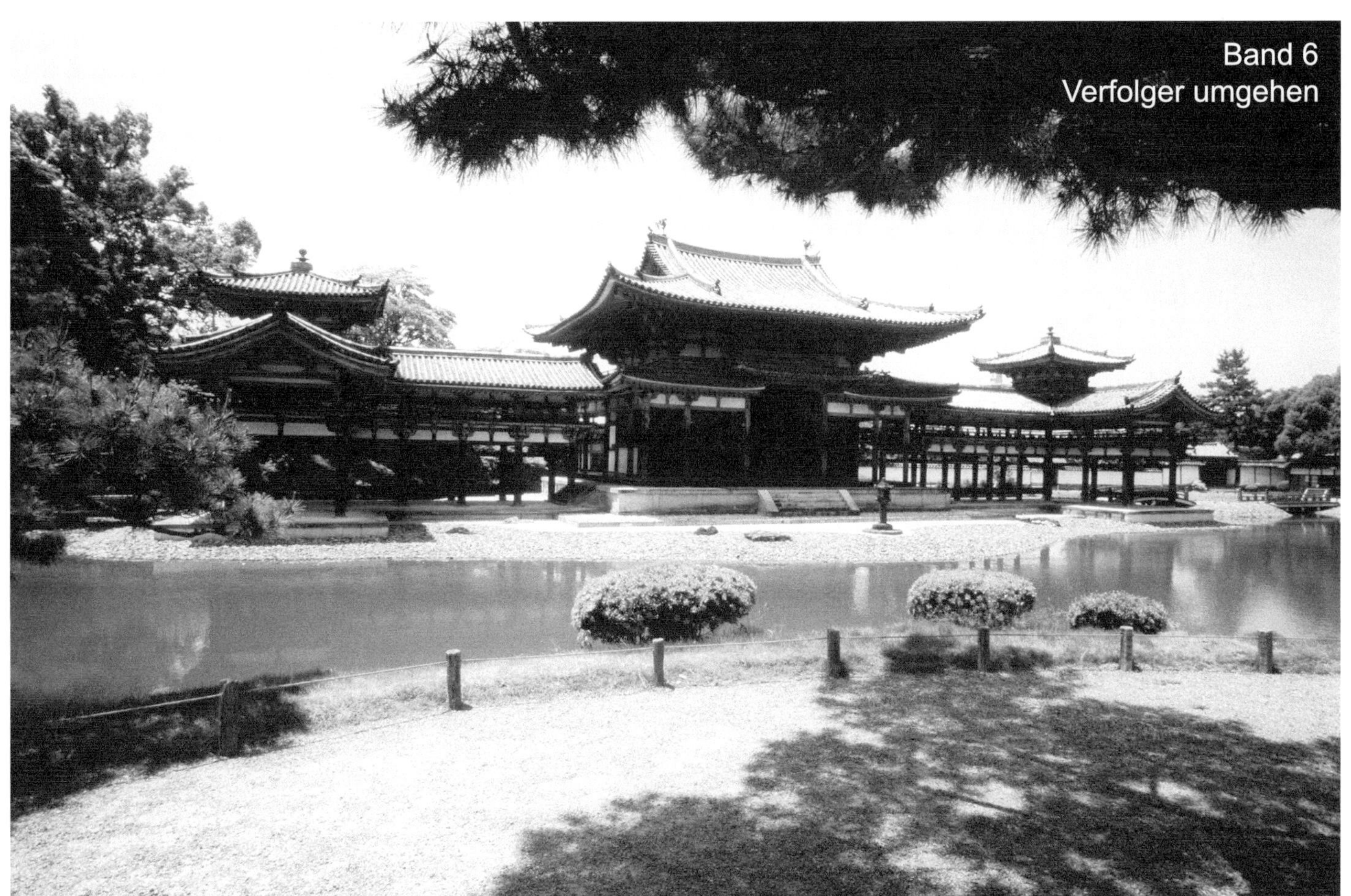
Band 6
Verfolger umgehen

In diesem Kapitel wenden wir uns dem Umgehen von Verfolgern oder auch Feinden im Allgemeinen zu. Nehmen wir an, unser Ninja wurde gefangen gehalten und flüchtet nun aus der Gefangenschaft. Dabei muss er eine Vielzahl von verschiedenen Situationen meistern, um die Feinde zu umgehen ohne entdeckt zu werden. Denn eines ist klar, jeder Feindkontakt birgt nicht nur die Möglichkeit, getötet oder abermals gefangen genommen zu werden. Der jeweilige Gegner kann, selbst wenn er besiegt wird, noch laut schreien und damit alle anderen Gegner alarmieren. Eine Flucht wäre dann schwierig bis unmöglich. Der Ninja sollte also versuchen möglichst unentdeckt zu bleiben. Allerdings werden wir uns auch einigen Situationen zuwenden, bei denen der Ninja Kontakt zu einem Gegner hat.

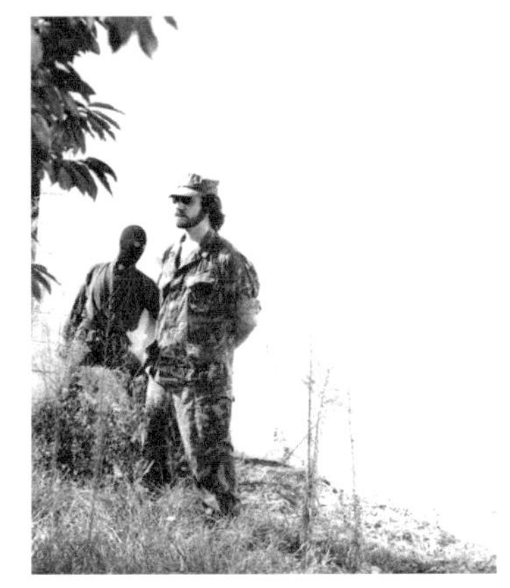

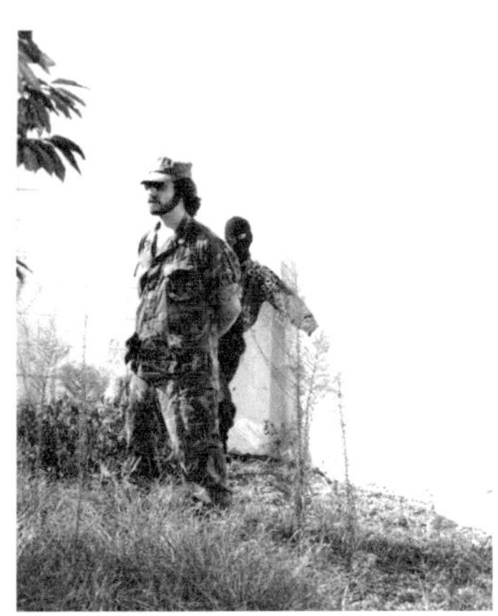

**Situation 1:**
Eine ähnliche Situation hatten wir schon in Teil 1 beschrieben. Der Ninja flüchtet eine Wand entlang. Einige Meter vor der Wand befindet sich eine Wache. Der Ninja versucht sie zu passieren ohne entdeckt zu werden. Er fixiert seinen Blick auf dem Hinterkopf der Wache, um eine Reaktion dieser vorhersehen zu können. Nun ist es natürlich absolut nötig, leise und so „unsichtbar“ wie möglich hinter der Wache vorbei zu schleichen.

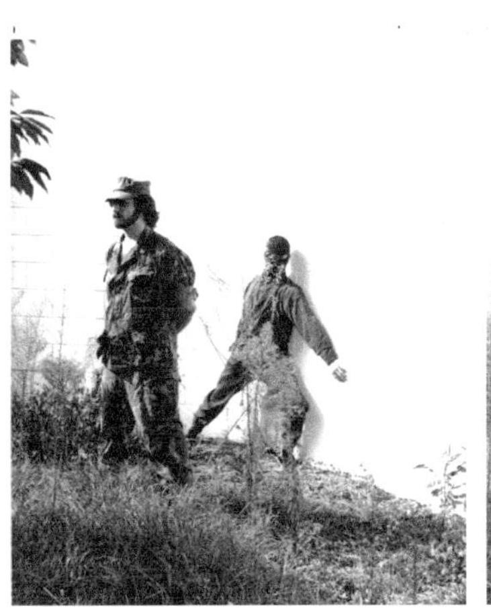

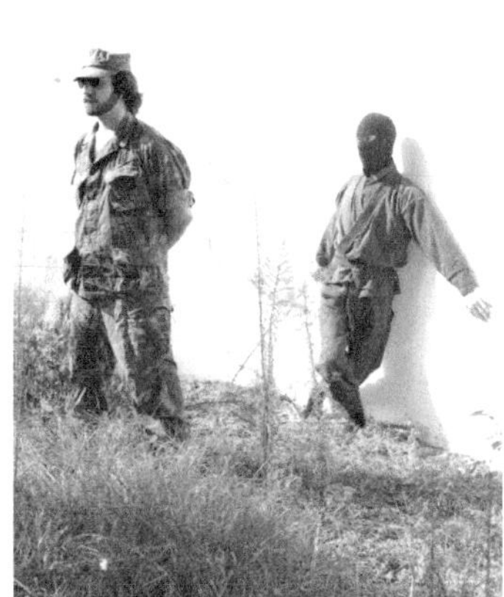

*Geräusche:*
Der Ninja verwendet den Heng-Pu Kreuzschritt, um möglichst leise an der Wand entlang zu schleichen. Dabei muss er den Weg vor sich genau inspizieren und eventuel-

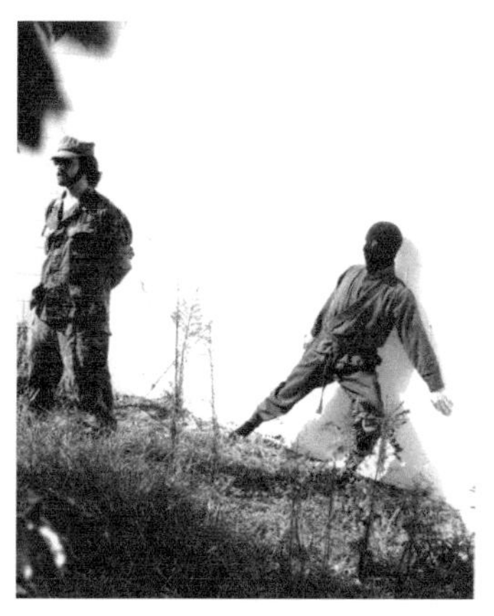

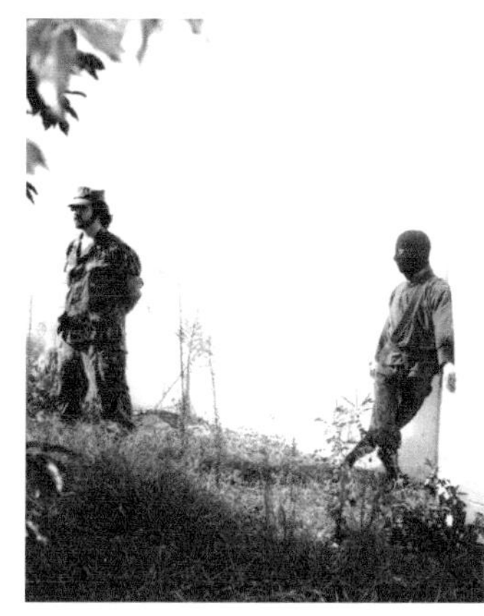

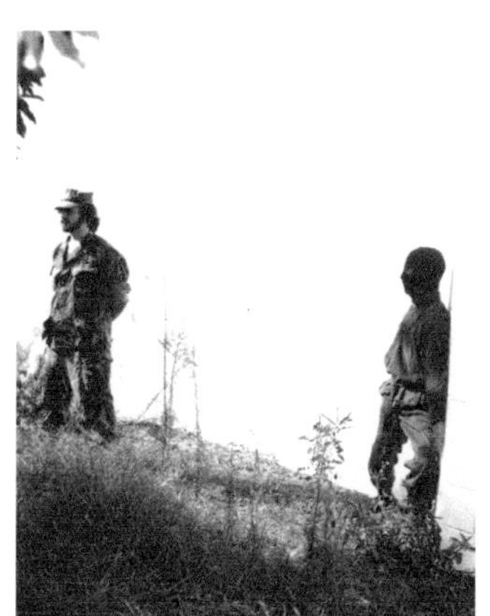

le Hindernisse umgehen bzw. leise mit dem führenden Fuß beseitigen. Da er die meiste Zeit damit beschäftigt ist, die Wache im Auge zu behalten, sollte er sich die Hindernisse des Weges gut einprägen. Der Ninja benutzt im günstigsten Fall Umgebungsgeräusche (Wind, eine Maschine, ein fahrendes Auto), um seine eigenen Geräusche, sofern er denn welche verursacht, zu überdecken.

*Sicht:*

Wenn wir uns an die Beschreibung der verschiedenen Sichtfelder aus dem ersten Band erinnern, dann versucht der Ninja natürlich so weit wie möglich hinter der Wache vorbei zu schleichen, um möglichst nicht im Augenwinkel des normalen Sichtfeldes aufzutauchen. Er geht direkt an der Wand entlang (um die Silhouette zu verkleinern), bleibt locker in den Knien, um sich kleiner zu machen und weiß aufgrund seiner Erfahrung mit den Übungen aus Band 1, wie weit das Sichtfeld der Wache zur Seite geht, wenn diese nicht den Kopf dreht. Natürlich darf der Ninja ihr keinen Grund geben, den Kopf zu drehen!

*Besonderes:*

Ein schwieriger Boden (z.B. Kies) und eine sehr ruhige Umgebung (Windstille) können dieses Manöver nahezu unmöglich machen. Laute Umgebungsgeräusche können es dagegen geradezu zu einem Kinderspiel werden lassen. Es obliegt also dem Einzelnen, seine Chancen vor Beginn eines solchen Manövers genau einzuschätzen. Ein guter Ninja berechnet außerdem die Windrichtung mit ein, die Geräusche und Gerüche im günstigen Fall von der Wache wegträgt und im ungünstigsten Fall selbige zu ihr hinträgt.

**Situation 2:**
Dies ist die klassische Filmsituation. Der Ninja muss an einer Wache direkt vorbei und diese zu diesem Zweck von ihrer Position entfernen. Er könnte dies natürlich gewaltsam tun, riskiert dann aber sehr viel. Oder aber er lockt sie weg, indem er die Aufmerksamkeit der Wache auf ein Geräusch lenkt, das aus einer anderen Richtung kommt.
Was wie ein alter Filmtrick wirkt, kann in der Realität durchaus funktionieren. Der Mensch ist neugierig und hört er etwas Ungewöhnliches, dann wird er aller Wahrscheinlichkeit nach auch die Ursache dafür herausfinden wollen. Der menschliche Geist jedoch neigt dazu, den einfachsten Erklärungen zu glauben.

Der Ninja wirft also einen Gegenstand über den Kopf der Wache (Bild 1). Sie darf diesen natürlich auf keinen Fall sehen, muss aber das Auftreffen hören. Das Geräusch sollte möglichst aus einer für die Wache schlecht einsehbaren Gegend kommen, damit sie sich auch tatsächlich bewegen muss, um nachzusehen. Reagiert die Wache und verlässt ihre Position, dann ist für den Ninja die Zeit gekommen, sich zu bewegen (Bild 2). Es ist nun für den Ninja sehr wichtig, sich unauffällig und leise zu bewegen. Er sollte daher versuchen seine Silhouette mit der Mauer möglichst zu verschmelzen. Wir sehen, wie er sich also

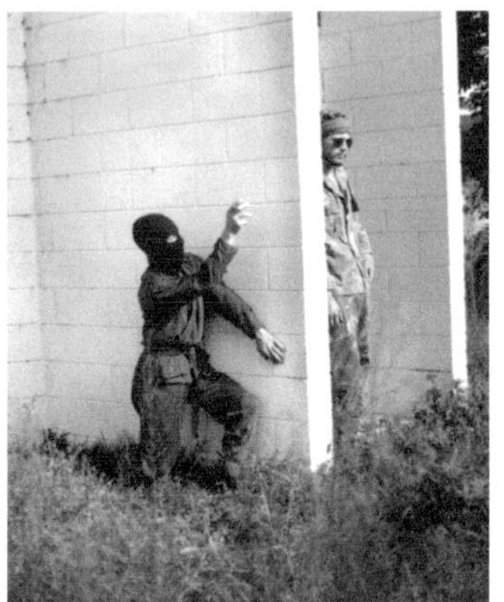

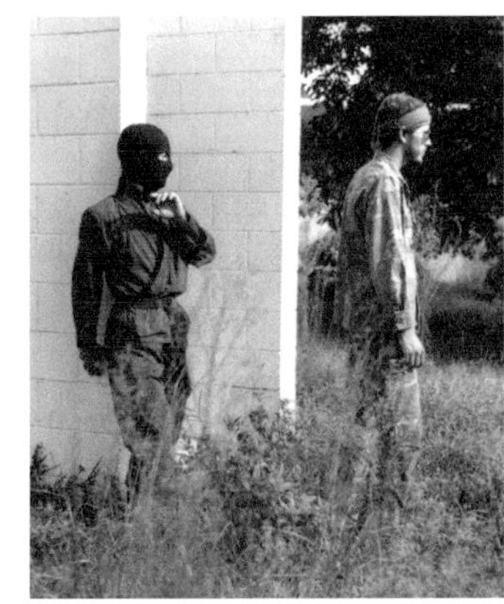

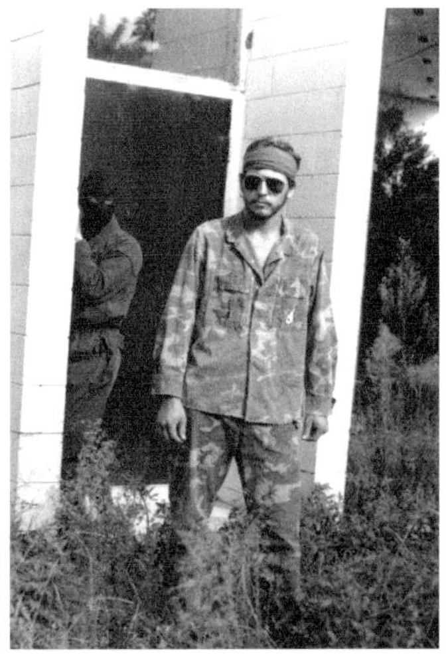

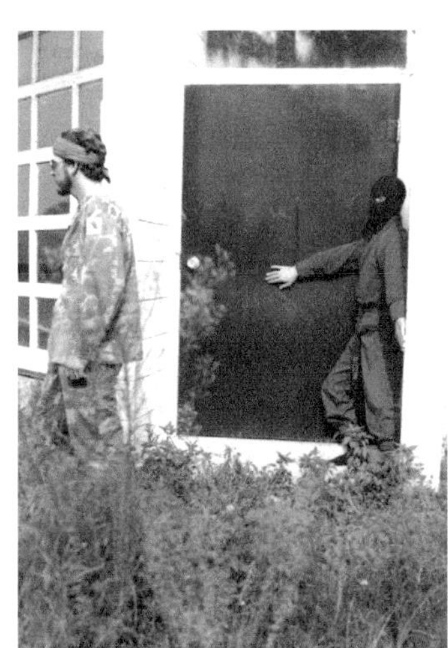

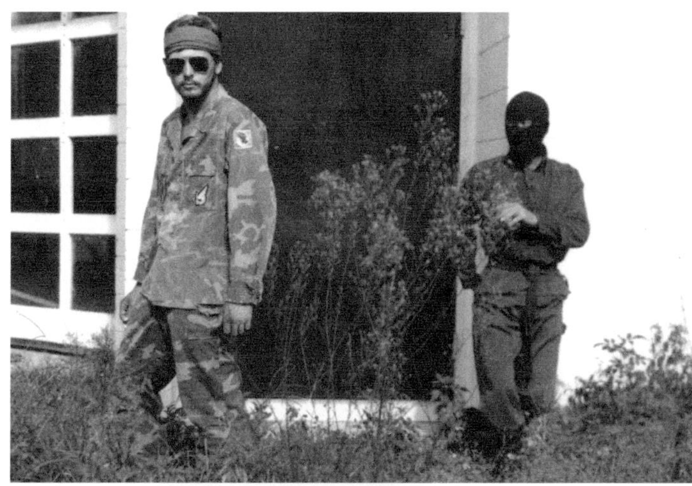

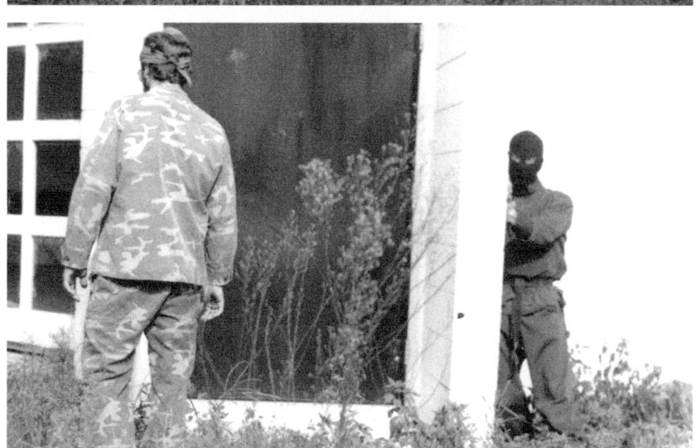

sozusagen um die Ecke herumdrückt und sofort an der gegenüberliegenden Wandseite verschwindet. Sollte die Wache nicht in die gewünschte Richtung weggehen, dann wird vermutlich das passieren, was man auf unserer Bilderserie sieht. Die Wache wird unsicher noch zur anderen Seite blicken (Bild 3). Für den Ninja ist dann die Zeit gekommen, an der Wand entlang aus dem Blickfeld der Wache zu schleichen (Bild 4 - 6). Hält der Ninja die ganze Zeit den Blick auf den Hinterkopf des Gegners, um dessen Bewegungen vorauszuahnen, und bewegt er sich leise, dann hat er zumindest eine Chance, dass die ganze Aktion gelingt.

Das Problem hier ist, dass sich solche Manöver schlecht üben lassen, da man im Prinzip einen Partner bräuchte, der nichts ahnt, um die natürliche Reaktion zu testen. Hat der Übungspartner (also die Wache) auch nur die leiseste Ahnung, dann wird er sich nicht natürlich verhalten und das ganze Manöver kann nicht unter realistischen Bedingungen geprobt werden. Allerdings kann man zumindest lernen sich leise und unauffällig außerhalb des Sichtfeldes des Partners zu bewegen.

**Situation 3:**
Hier erweitern wir die Mi-Lu-Schritt Technik aus der gerade erlernten Kata. Der Ninja manipuliert dabei den Geist des Wächters mit Geräuschen (meist die bessere Wahl) oder leichten Berührungen (meist die schlechtere Wahl), damit dieser seine Blickrichtung verändert.
Der Ninja schleicht sich von hinten an den Wächter an. Durch eine leichte Berührung oder ein Geräusch verleitet der Ninja den Wächter dazu, nach links zu schauen (Bild 2). Diese Aktion muss die Aufmerksamkeit des Wächters auf sich ziehen, es darf ihm aber nicht die Gewissheit geben, dass jemand anwesend ist. Der Grat zwischen „Aufmerksamkeit erregen“ und „sich selbst verraten“ ist also sehr dünn. Der Ninja verlagert sein Gewicht nach rechts, um dem Blick des Wächters zu entgehen (Bild 3). Dieser dreht sich nun verwundert nach rechts. Der Ninja entgeht dem Blick durch einen beherzten Überkreuzschritt mit dem rechten Bein (Bild 4). Der Wächter dreht sich weiter nach rechts und der Ninja dreht sein linkes Bein nach, um nun komplett hinter ihm zu stehen (Bild 5). Doch der Wächter dreht sich nicht wie vermutet weiter nach rechts, sondern schwenkt zurück nach links.
Der geschickte Ninja macht einen schnellen Schritt nach rechts und verlagert sein Gewicht aus der Sichtlinie des Gegners (Bild 6). Der Wächter könnte nun nervös werden, da er instinktiv bemerkt, dass etwas nicht stimmt. Seine Bewegungen werden also schneller. Einfaches Ausweichen wird dem Ninja nicht mehr helfen. Er wendet den Mi-Lu-Schritt an. Das bedeutet, er setzt den linken Fuß weit hinter den Wächter und steht nun genau in dessen Rücken (Bild 7). Aus dieser Position ist es für den Ninja egal, in welche Richtung sich der Wächter dreht. Er kann zu beiden Seiten gehen. Der Ninja öffnet nun seine Stellung, indem er das rechte Bein ein wenig nach hinten stellt (Bild 8), und folgt dem Gegner zurück in dessen Ausgangsstellung (Bild 9). Von dort kann er sich leicht entfernen.
Warum das Ganze, mag sich so manch ein Leser nun fragen? Weshalb ist der Ninja nicht einfach wie in Situation 1 hinter dem Wächter entlang vorbeigeschlichen? Nun, Gründe gäbe es viele. Nehmen wir an, der Wächter hält den Blick nicht geradeaus, sondern seitlich versetzt, was ein Passieren für den Ninja unmöglich machen würde, oder nehmen wir an, der Ninja ist nicht alleine und andere Gefangene wollen ebenfalls fliehen. Der Ninja kann dann mit dieser Methode den Blick des Gegners manipulieren, um den Weg für diese frei zu machen.

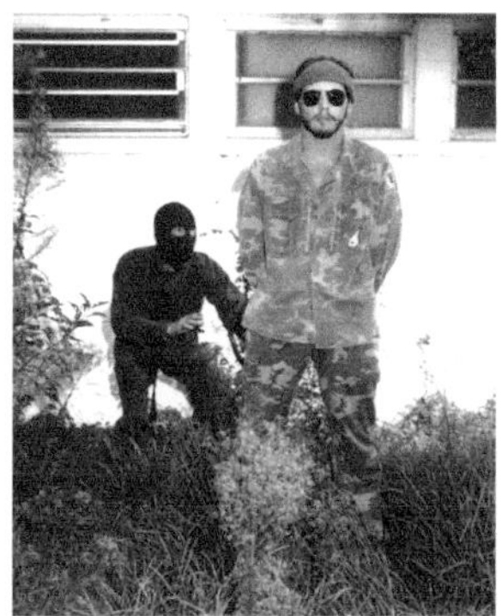

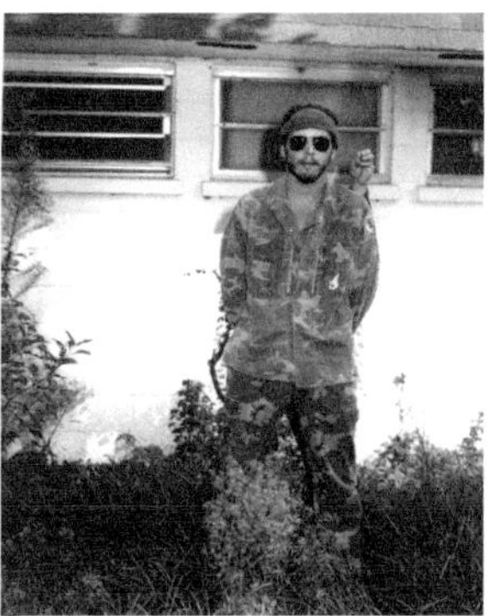

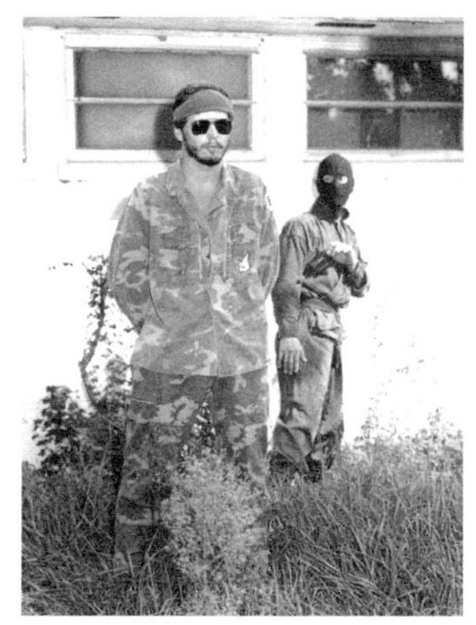
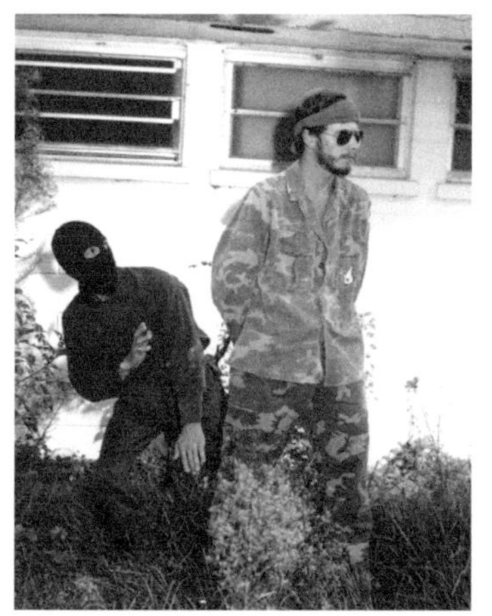
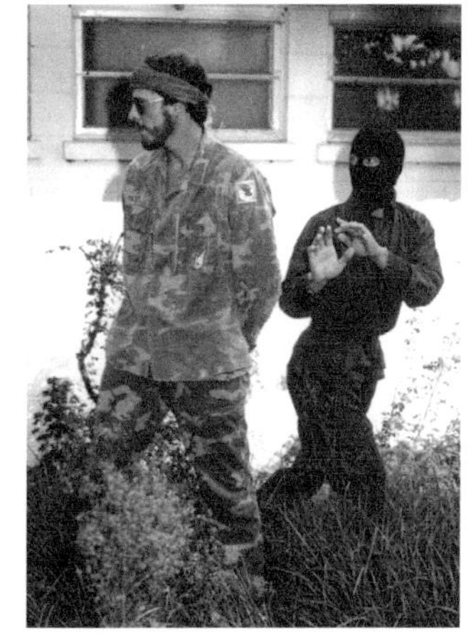
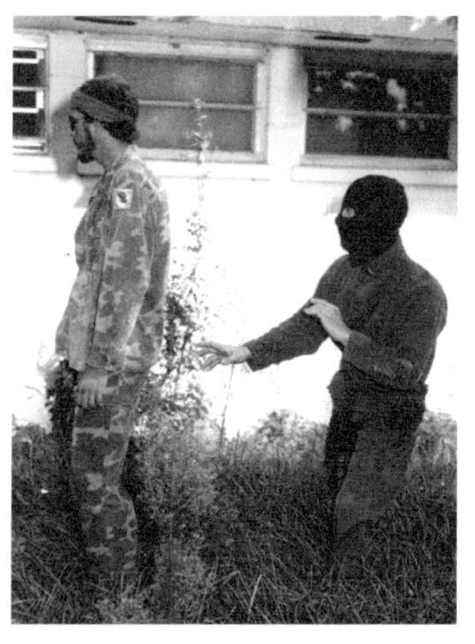
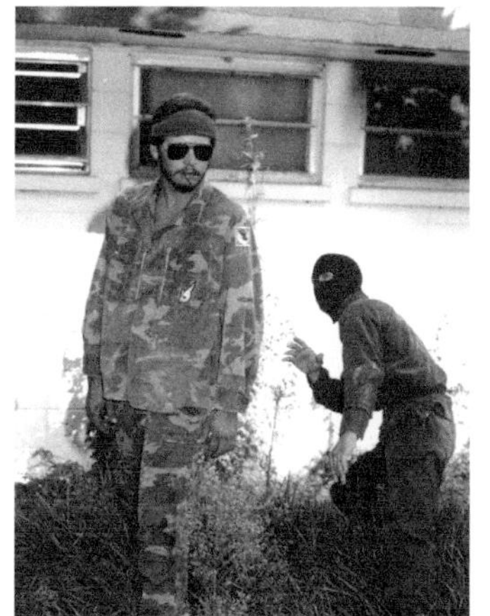
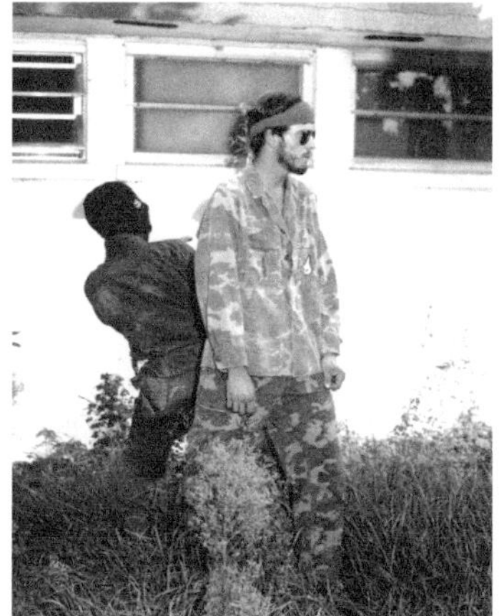
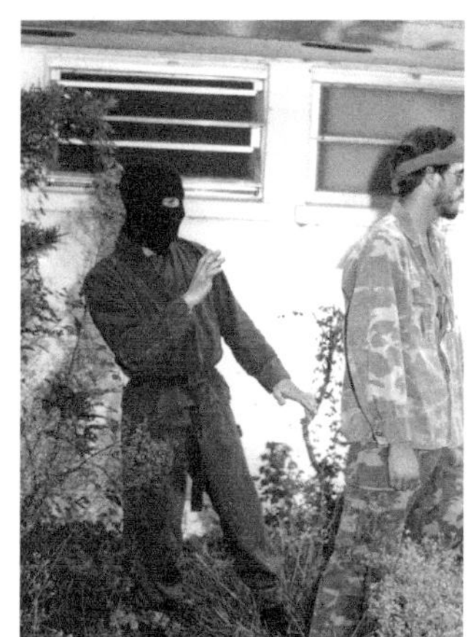
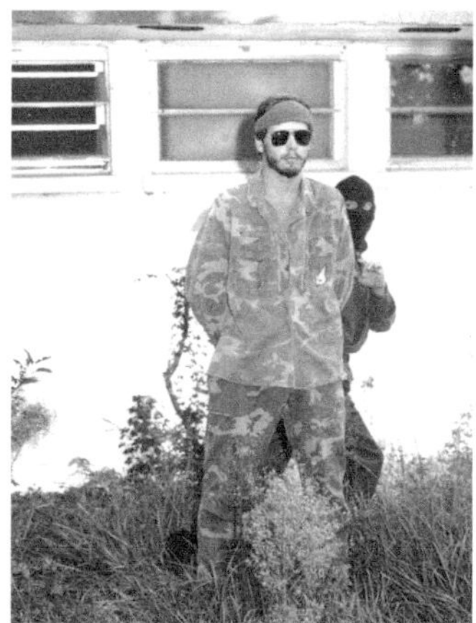

**Situation 4:**
Nachdem wir uns jetzt mit einigen Methoden befasst haben, bei denen der Gegner im „Stehen“ umgangen wird, wollen wir uns jetzt zwei Methoden des Schleichens am Boden zuwenden. Da die Füße generell nicht im Blick einer Person sind (wenn sie nicht gezielt nach unten blickt), bietet sich hier eine gute Möglichkeit an, ungesehen einen Feind zu passieren.

Der Ninja befindet sich in dem hoch bewachsenen Feld und muss nun die Straße überqueren. Der Gegner, welcher auf dem Fass sitzt, ist diesem Vorhaben sichtlich im Weg (Bild 1). Nachdem der Ninja den Mann einige Zeit beobachtet hat (weil er natürlich hofft, dass er von alleine weggeht, aber auch um dessen Gewohnheiten zu studieren), entscheidet er sich für ein Ablenkungsmanöver. Der Ninja schleicht sich kriechend (siehe auch die entsprechenden Schleichschritte im ersten Band) an, natürlich stets bereit aufzuspringen, falls sich der Feind unvorhergesehen umdrehen sollte.

Der Ninja muss nun einen Schmerz am Fuß des Gegners verursachen, der diesen annehmen lässt, dass er von einem Insekt gestochen wurde. Ein leichter Stich, etwa mit einem Zahnstocher, oder ein ausgerissenes Beinhaar werden die Aufmerksamkeit des Feindes schnell nach unten lenken (Bild 2).
Der Gegner wird sich nun seinen Fuß genauer ansehen, der Ninja hingegen sollte in diesem Moment schon wieder hinter der Deckung (Fass) verschwunden sein (Bild 3) und schließlich verschwinden, solange der Gegner noch mit seinem Bein beschäftigt ist.

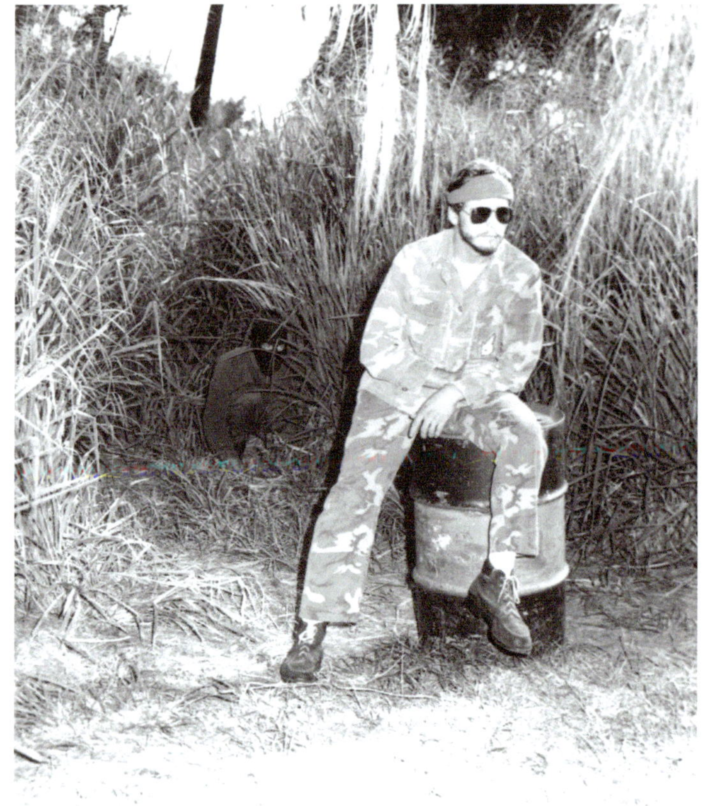

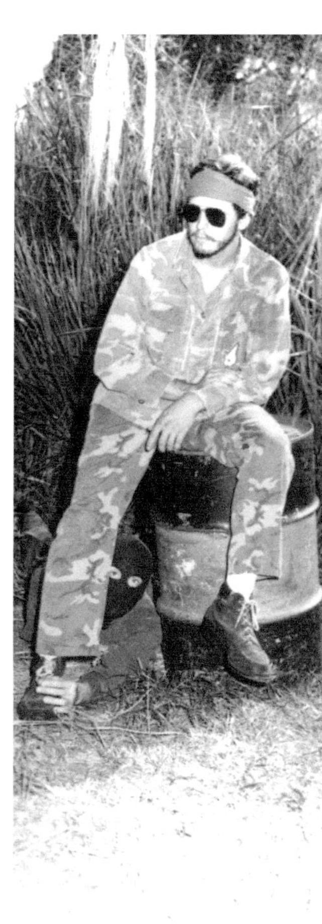
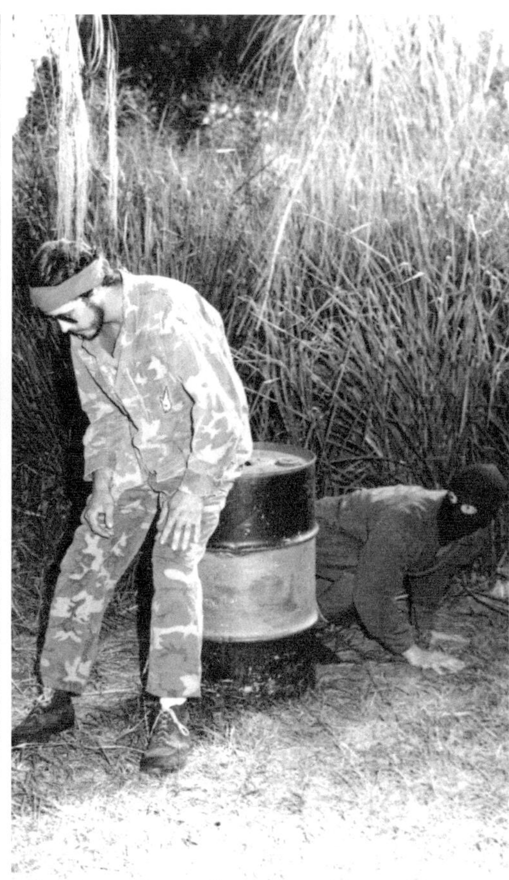
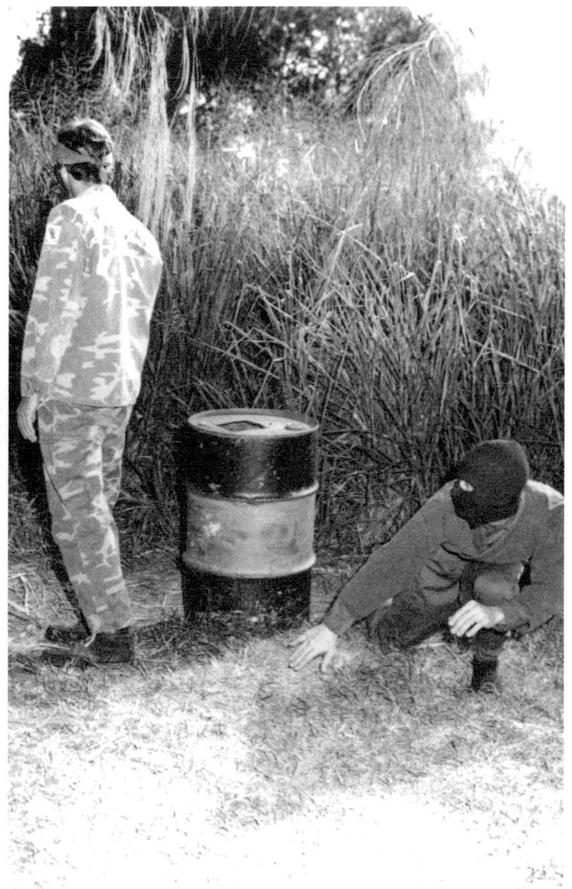

**Situation 5:**
Der Ninja befindet sich hier in einer ähnlichen Situation wie zuvor. Lösung 4 allerdings scheint ihm ein wenig zu riskant und deshalb entscheidet er sich dafür, die Wache zu betäuben. Also schleicht sich der Ninja abermals aus dem Feld an die Wache heran (Bild 1). Dabei beachtet er wie immer die Bewegungen der Wache, die Windrichtung und nutzt Umgebungsgeräusche, die seine eigenen überdecken sollen.

Erreicht der Ninja die Position hinter der Tonne, dann bereitet er sich vor, indem er sich in eine stabile Position bringt, indem er z.B. einen Fuß nach vorne mit dem Ballen auf den Boden stellt, während er sich mit dem anderen Fuß hinten abstützt (Bild 2).

Blitzschnell greift er um den Unterschenkel (etwa auf Knöchelhöhe) des Feindes. Dabei schließen beide Hände den Griff gleichzeitig mit vier Fingern vorne und dem Daumen hinten.

In diesem Moment wird der Gegner begreifen, dass er nicht alleine ist, und zuerst nach unten blicken. Der Ninja hat nun keine Zeit mehr zu verlieren. Er steht auf, bewegt sich dabei ein wenig nach hinten und reißt die Beine des Gegners kreisförmig nach hinten weg (Bild 3). Der Fall des Gegners wird sehr unsanft sein und er wird nun leicht zu überwältigen sein.

Üben Sie dies nicht im privaten Bereich. Der Fall nach vorne ist schwer zu kontrollieren und kann deshalb nur von Experten mit entsprechender Ausrüstung gefahrlos ausgeführt werden.

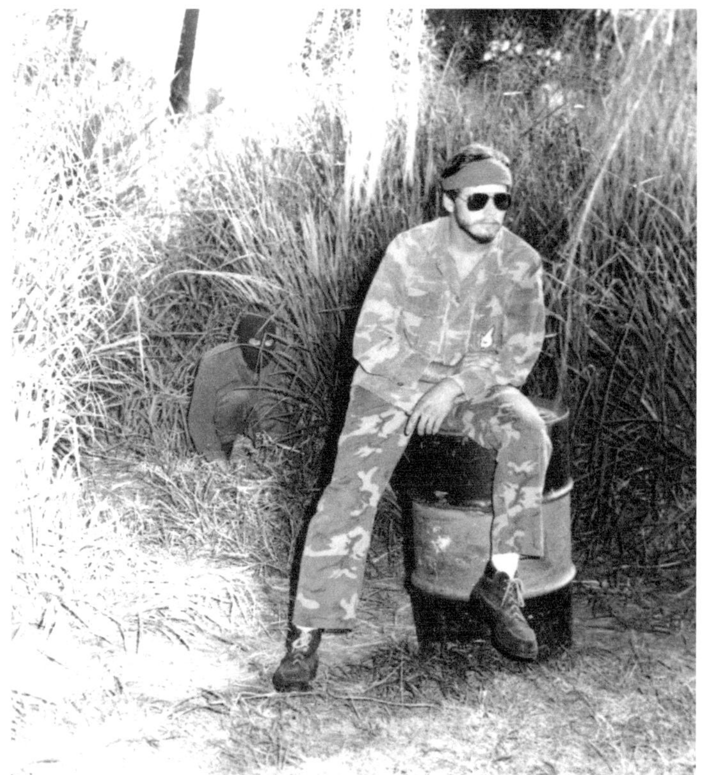

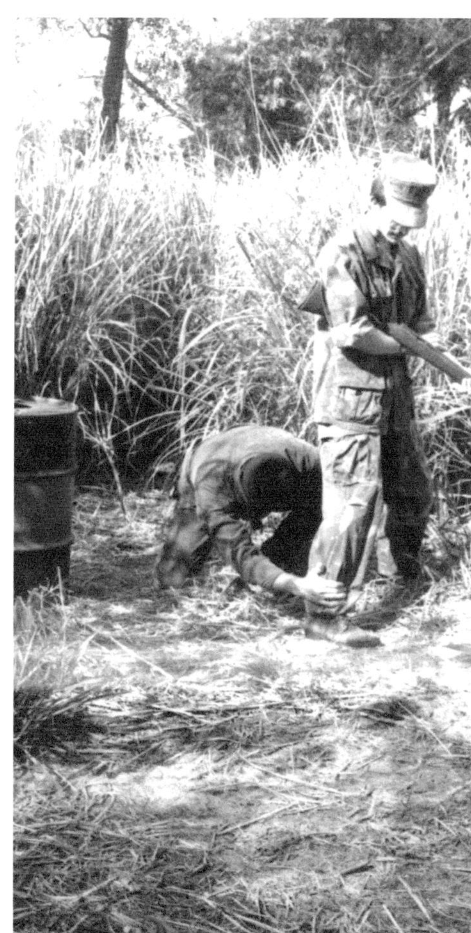

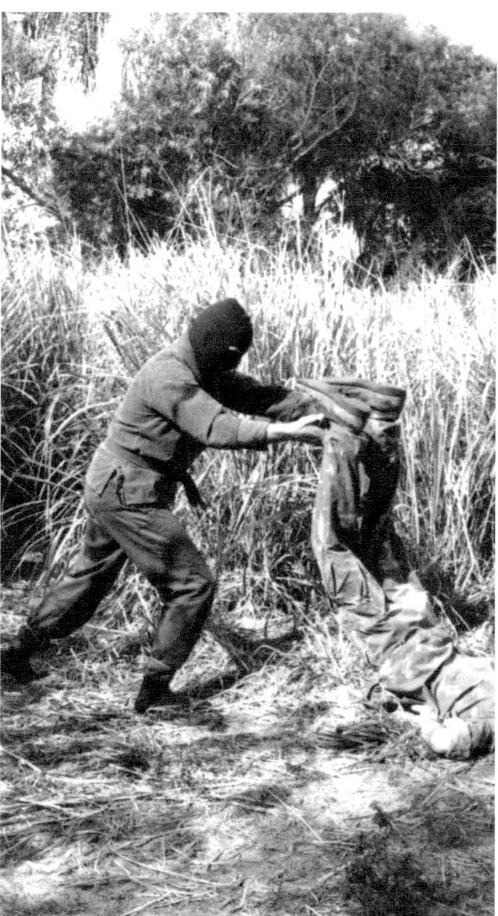

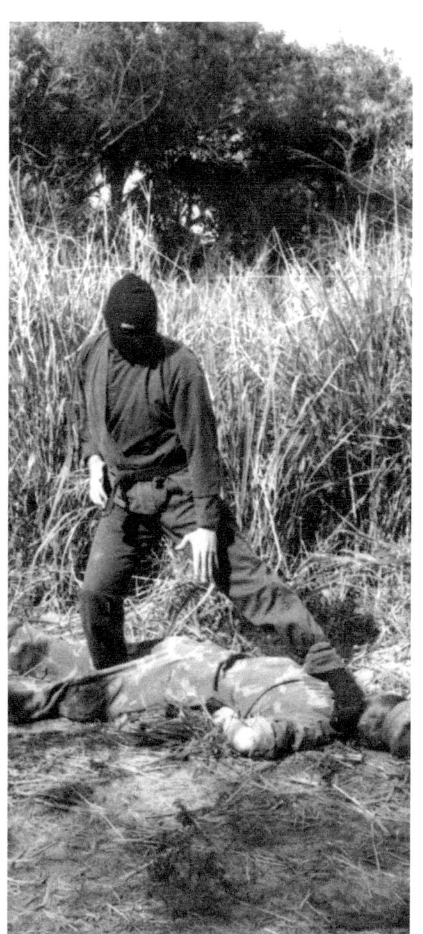

**Situation 6:**

In diesem Fall wurde der Ninja bereits entdeckt. Ein Verfolger ist ihm nahe auf den Fersen. Da entdeckt der Ninja eine türähnliche Öffnung. Solche örtlichen Begebenheiten bieten zahlreiche Möglichkeiten für einen gut trainierten Experten, da man sich kurzzeitig der Sicht des Gegners entziehen kann. Der Ninja läuft also den Gang hinunter ohne die Geschwindigkeit zu verringern (Bilder 1 & 2).

In Bild 2 legt er die Finger im Laufen auf den Türstock. Diese Geste erleichtert ihm den folgenden Schritt. Der Ninja läuft mit einem Kreuzschritt (Bild 3) um die Ecke und für den Verfolger sieht es so aus, als würde der Ninja weiter flüchten. Doch durch den Griff am Türrahmen in Kombination mit dem Kreuzschritt kann er problemlos das rechte Bein zur Seite ausstrecken und sich selbst gegen die Wand pressen (Bild 4). Es ist dabei unbedingt darauf zu achten, dass es für den Verfolger so aussieht, als wäre man weitergelaufen, ehe man aus seinem Blick verschwindet. Der Ninja könnte den Verfolger nun von hinten angreifen, oder aber er trickst ihn wie hier gezeigt aus und läuft den Gang zurück, den er gekommen war, falls sich dort hinten sein eigentliches Ziel befindet (Bild 5 & 6).

Er kann sich dabei selbst beschleunigen, indem er sich mit der linken Hand an der Mauerecke „anzieht“ und damit schnell Geschwindigkeit aufnimmt.

Der Verfolger wird, wenn er nicht sehr gut geschult ist, eine gewisse Zeitverzögerung in seiner Aktion haben, weil er sich neu orientieren, seinen Lauf abbremsen und schließlich umkehren muss.

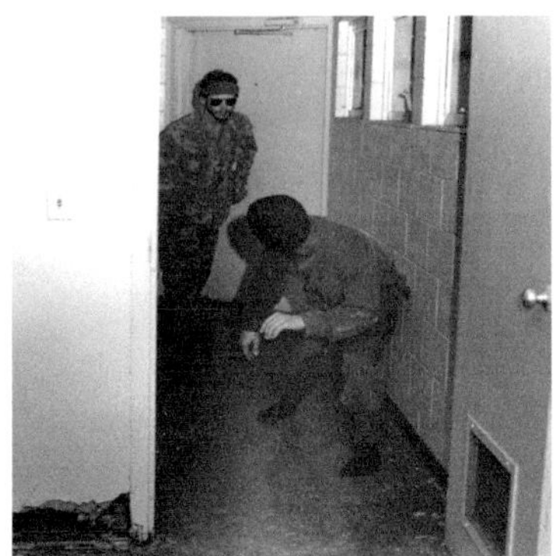

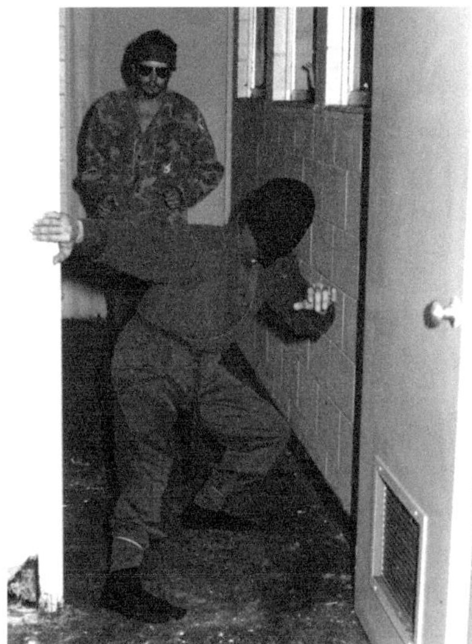

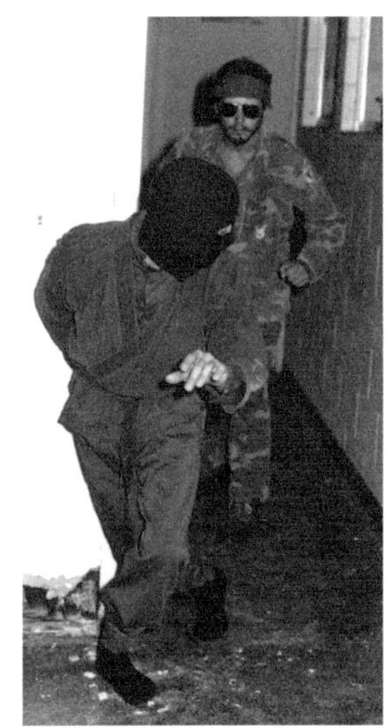

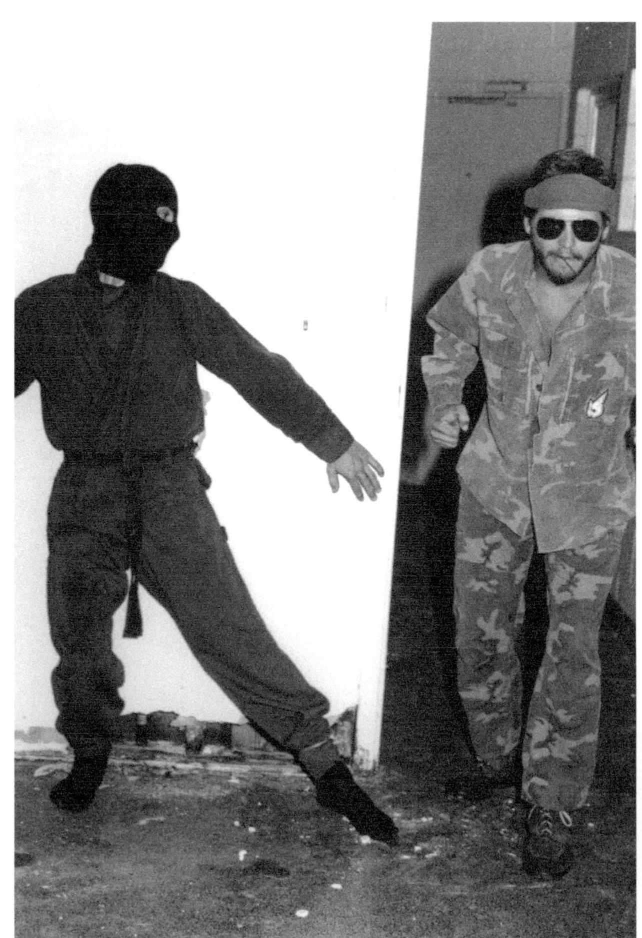

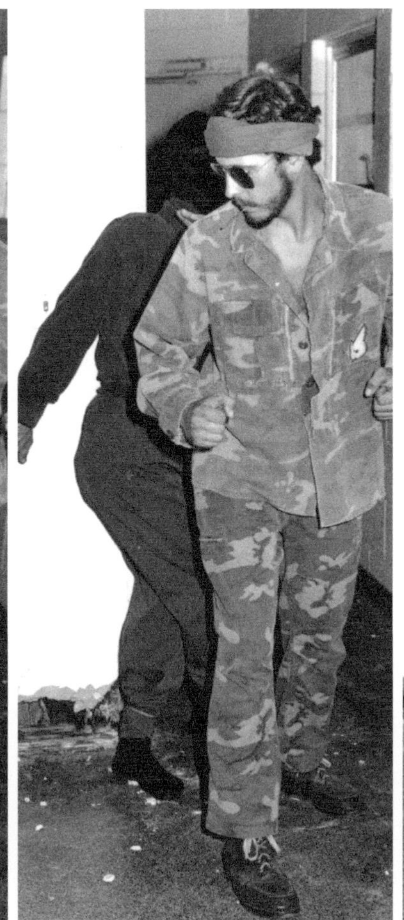

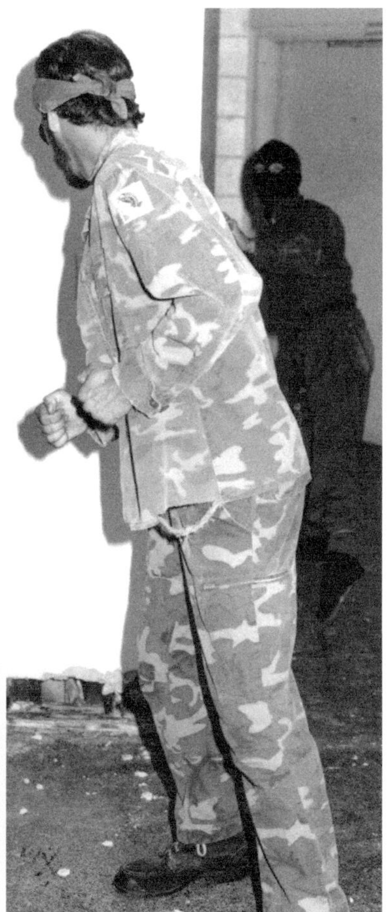

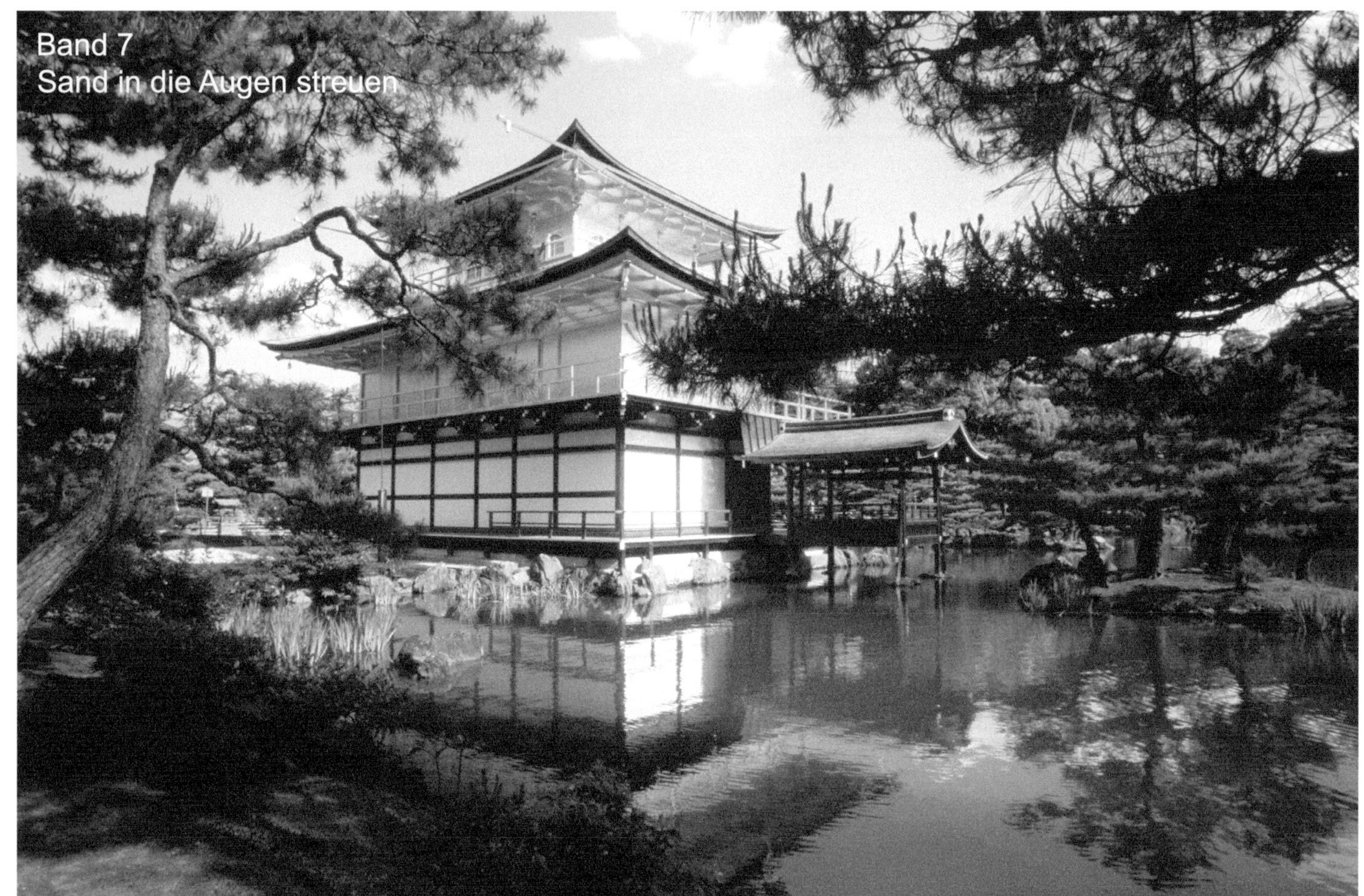
Band 7
Sand in die Augen streuen

Jeder, der sich mit dem Thema Unsichtbarkeit auseinander setzt wird früher oder später bemerken, dass eine der besten Möglichkeiten „unsichtbar zu werden“ die ist, dass man vor den Augen des Gegners verschwindet, indem man ihn zwingt zu zwinkern oder indem man seine Blickrichtung manipuliert.

In diesem Kapitel haben wir für Sie deswegen noch einige Techniken zusammengefasst, welche der Ninja im direkten Zweikampf anwenden kann, um auch hier seine Fähigkeiten im Bereich der Heimlichkeit einsetzen zu können.

Vergessen Sie dabei niemals, dass Unsichtbarkeit immer im Auge des Betrachters liegt und dass der Ninja den Geist des Gegners verwirrt, um ihm etwas Falsches vorzuspielen. Dies ist eines der größten Geheimnisse des Ninjutsu und ein Punkt, der es von den meisten anderen Kampfsystemen unterscheidet. Machen Sie sich dies immer bewusst, denn genau dieser Fakt wird immer wieder unterschätzt.

Jeder kann ein oder mehrere Kampfsysteme erlernen. Er kann Hebel, Schläge und Tritte erlernen und zu einer tödlichen Kampfmaschine werden.
Doch ohne klaren Geist wird er es schwer haben, zu siegen. Der Ninja ist jedoch auf diese psychische Seite des Kampfes spezialisiert und kann damit auch überlegene Gegner bezwingen.

**Technik 1:**
Der Ninja verwirrt den Gegner zunächst einmal, indem er die Hände nach vorne und bogenförmig nach außen schwingt. Dabei gibt er zwar seine eigene Deckung auf, zwingt den Gegner aber zu einer Reaktion. In den meisten Fällen wird er zwinkern (Ninja wird unsichtbar) und deshalb kurz zögern.

Der Ninja lässt dieser Finte einen unmittelbaren Tritt (z.B. Crescent Kick von links außen nach rechts innen) zum Kopf folgen (Bild 2). Der Gegner wird dies in dem Moment sehen, wo er die Augen wieder öffnet, und die Deckung hochreißen und dabei zurückweichen.

Der Ninja verfehlt unter Umständen seinen Gegner und lässt sich nun, der Kraft des eigenen Trittes folgend, nach unten ziehen. Da sowohl die Finte als auch der Trittangriff auf Kopfhöhe erfolgten, ist es nun ziemlich schwer für den Gegner, sich auf eine komplett neue Angriffslinie (unten) einzustellen.

Der eigenen Bewegung folgend streckt der Ninja das linke Bein aus und trifft den Gegner mit einem kreisförmigen Fußfeger in die Kniekehlen, was diesen zu Fall bringt (Bilder 3 & 4).

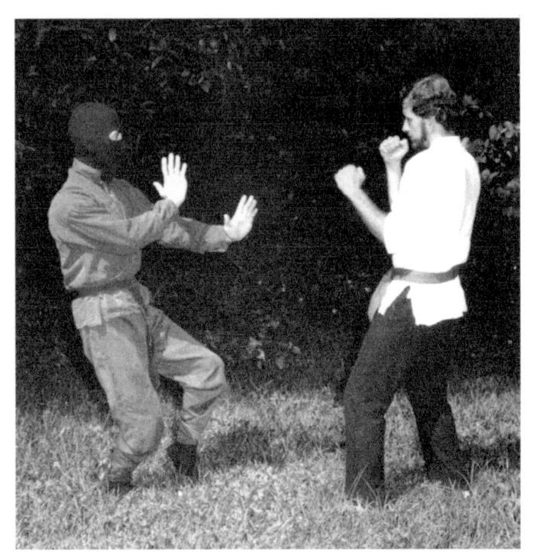

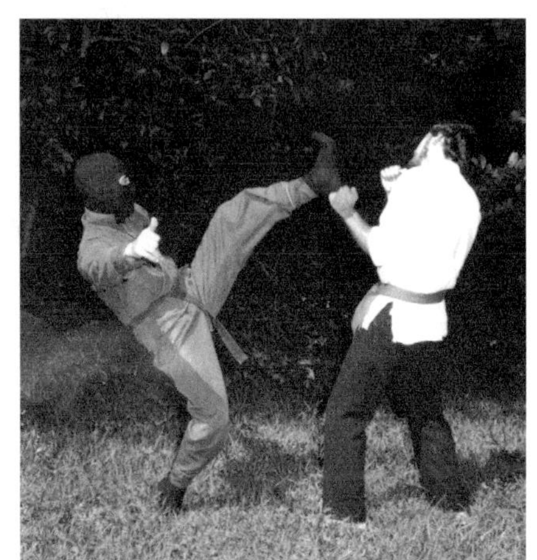

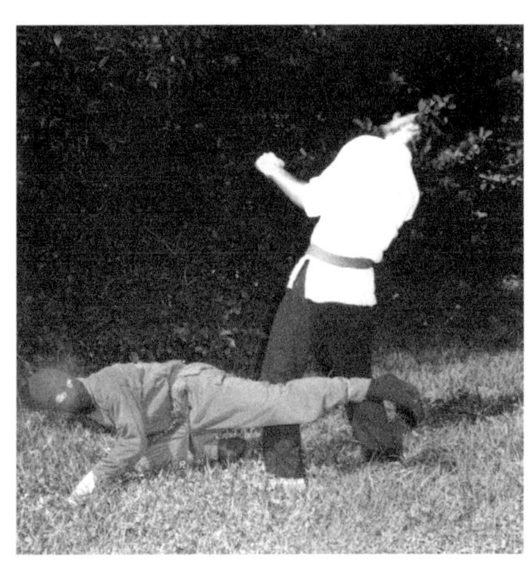

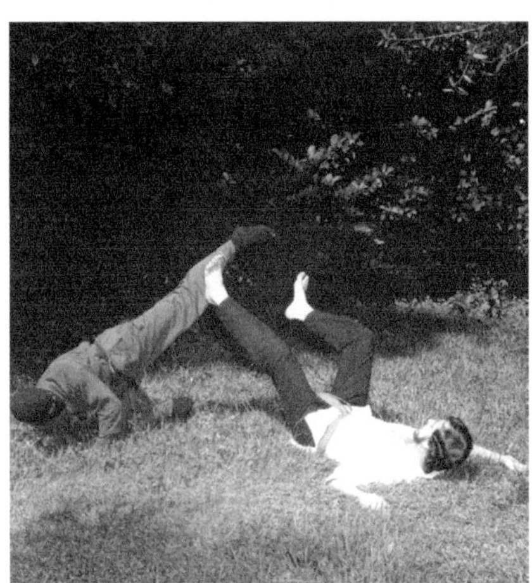

**Technik 2:**
Diese Technik ist vor allem für den Einsatz in sehr dunkler Nacht konzipiert, wo es schwer für die Kämpfer ist, den Überblick zu behalten.

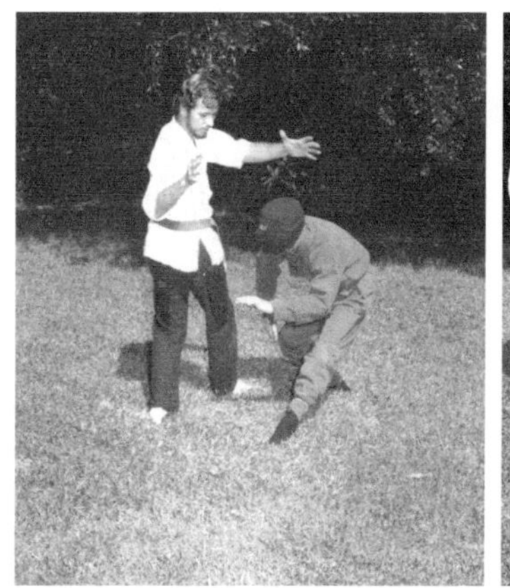

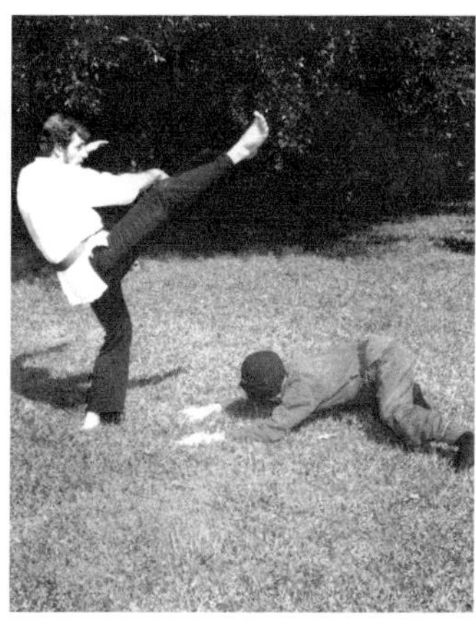

Der Angreifer versucht den Ninja an der Jacke zu ergreifen. Dieser jedoch duckt sich nach links unten weg (Bild 1).

Der Gegner kontert mit einem kreisförmigen Tritt (Crescent Kick) zum Kopf des Ninja. Anstatt zu versuchen, stehen zu bleiben oder zu kontern, lässt dieser sich einfach auf den Boden fallen, indem er die Füße nach hinten wirft (Bild 2).

Der Tritt verfehlt den Ninja und blockiert durch sein eigenes Bein, den rapiden Positionswechsel und die Dunkelheit kann der Gegner kurzfristig die Orientierung verlieren. Der Ninja ist sozusagen für einen Moment unsichtbar geworden. Ein gut trainierter Ninja kann nun blitzschnell aufspringen und einen verwirrten Gegner angreifen. Sollte dieser die Finte jedoch bemerken und mit einem Stampftritt nach dem Ninja treten, so rollt dieser sich mit einer Seitwärtsrolle aus der Angriffslinie, wo er entweder in der Dunkelheit verschwinden oder aufspringen und eine neue Angriffslinie aufbauen kann.

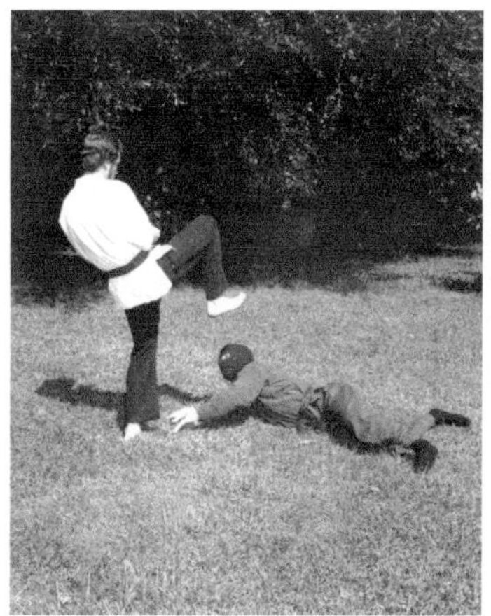

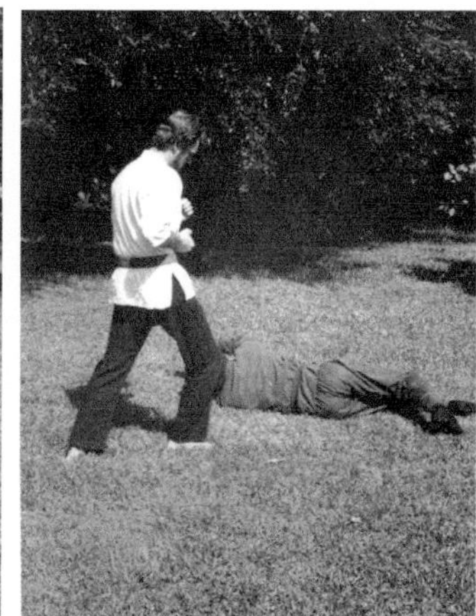

**Technik 3:**

Hier haben wir für Sie eine kleine Kata des „Verschwindens“ zusammengestellt, die mit einem Partner geübt werden kann. Die beiden Schlüssel zu der hier gezeigten Form sind wie so oft „Geschwindigkeit“ und „Stille“. Damit ausgestattet kann ein guter Ninja einen Gegner mehrfach in die Irre führen.

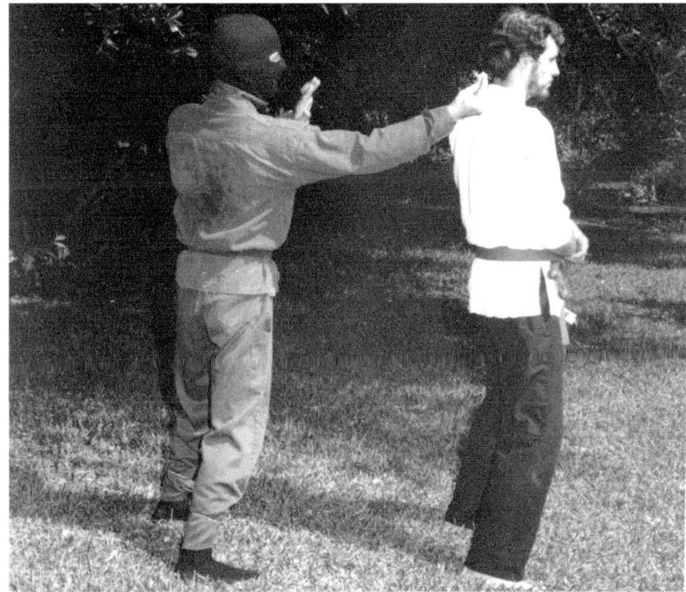

Zunächst schleicht sich der Ninja von hinten an, bis er sich hinter dem Gegner positioniert hat (Bild 1). Dann streckt er die rechte Hand und schnippt mit den Fingern.

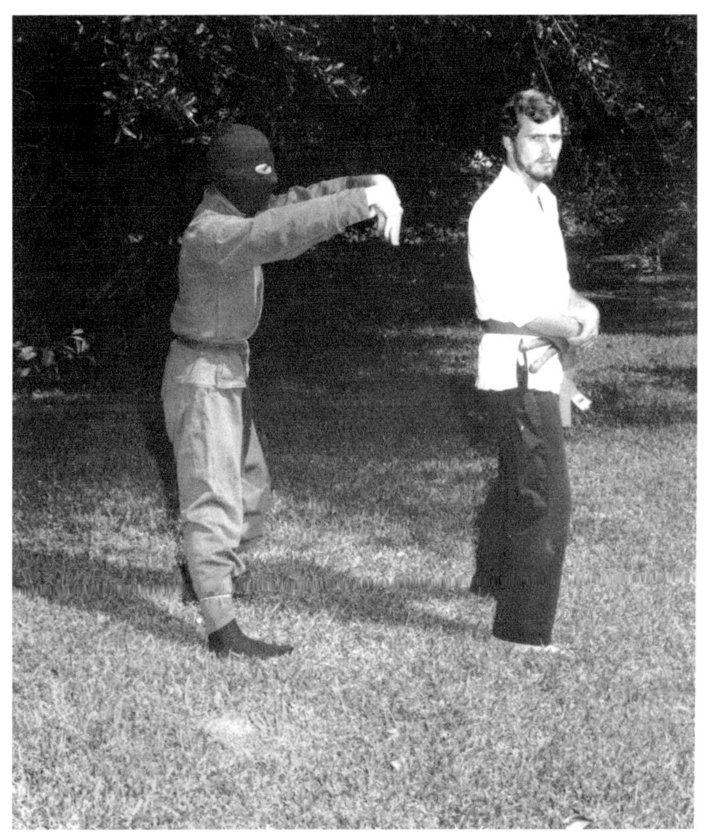

Der Partner wird sich nach rechts umdrehen. Der Ninja bereitet sich vor und streckt die Arme mit hängenden Händen nach vorne (Bild 2).

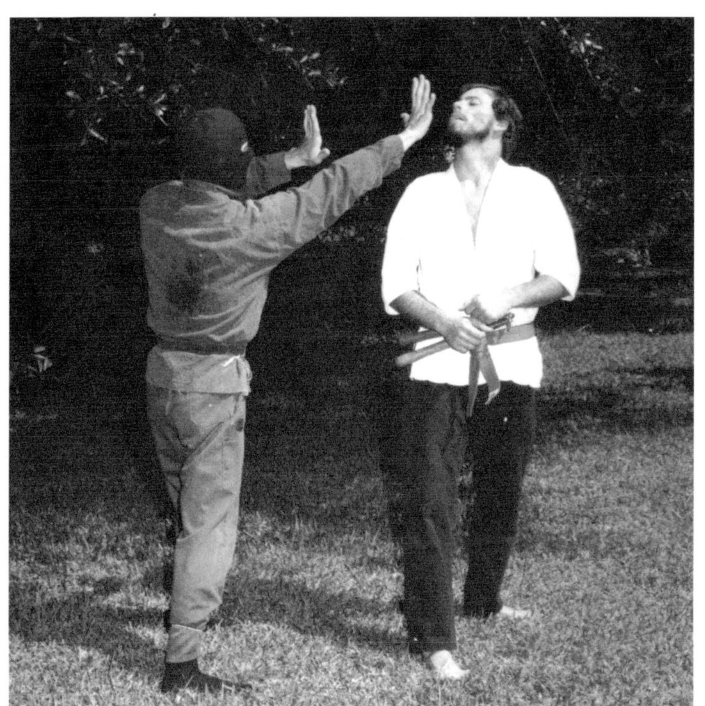

In dem Moment, als sich der Kopf des Gegners dreht, schnappt der Ninja seine Hände nach oben und streift damit die Nase des Gegners von unten nach oben (er kann die Bewegung auch kurz vor seinem Gesicht machen zu Übungszwecken). Instinktiv wird der Gegner den Kopf zurück in den Nacken lehnen und die Augen zum Schutz zukneifen (Bild 3).

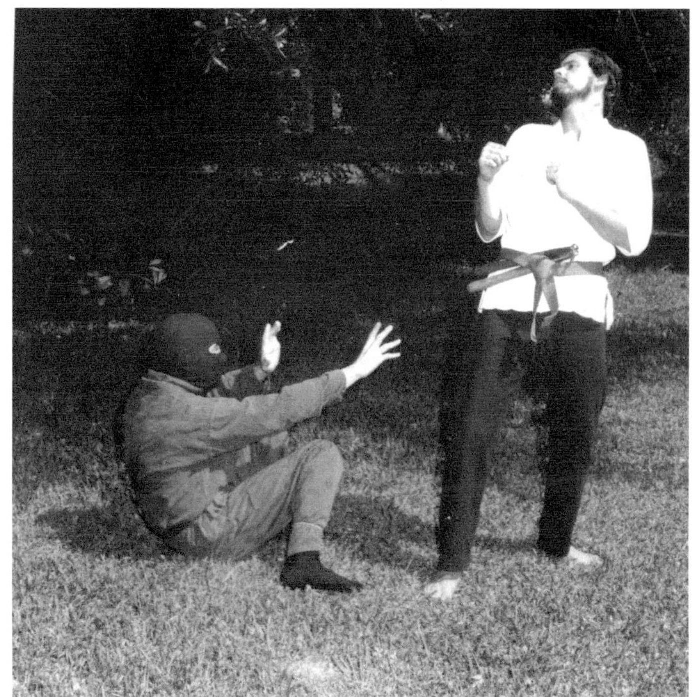

Der Ninja nutzt den Moment der Unaufmerksamkeit, lässt sich blitzartig fallen und rollt nach hinten weg (Bild 4). Hier ist besonders das Timing wichtig. Denn wenn der Ninja den Gegner zu einem Zeitpunkt mit den Händen streift, in dem dieser sich noch nicht komplett umgedreht hatte (wie hier im Bild), dann wird der Blick des Gegners, nachdem er die Augen öffnet, erst einmal geradeaus gehen.

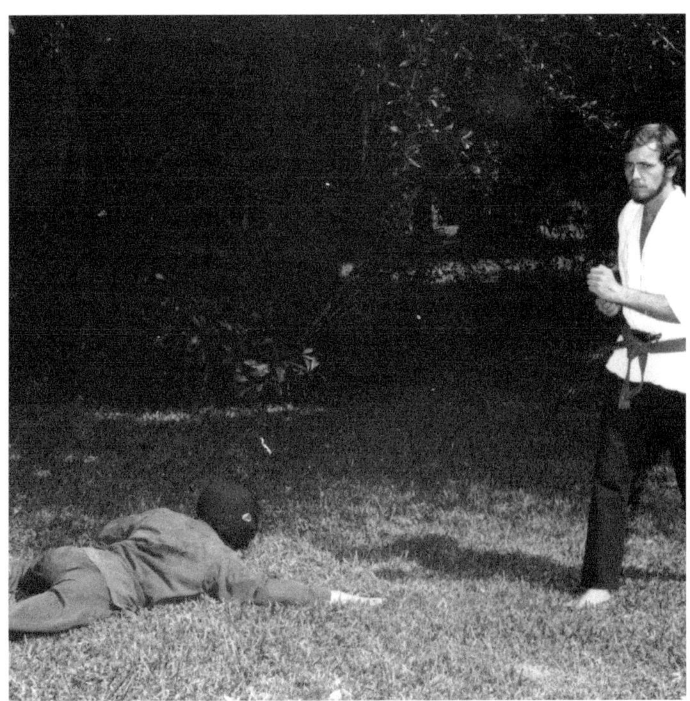

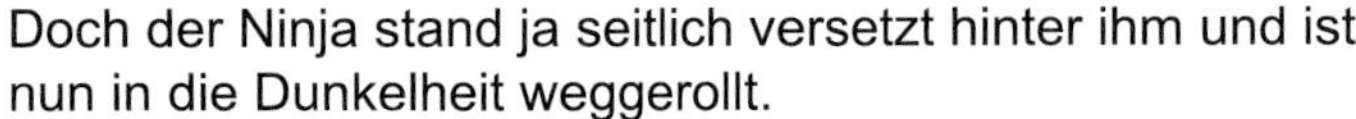

Doch der Ninja stand ja seitlich versetzt hinter ihm und ist nun in die Dunkelheit weggerollt.
Bei entsprechend schlechten Lichtverhältnissen wird es für den Gegner nun gar nicht so einfach sein, den Ninja sofort wieder zu finden (Bild 5). Dieser verschmilzt für den Moment mit dem Boden und bleibt im günstigsten Fall kurzzeitig unsichtbar.

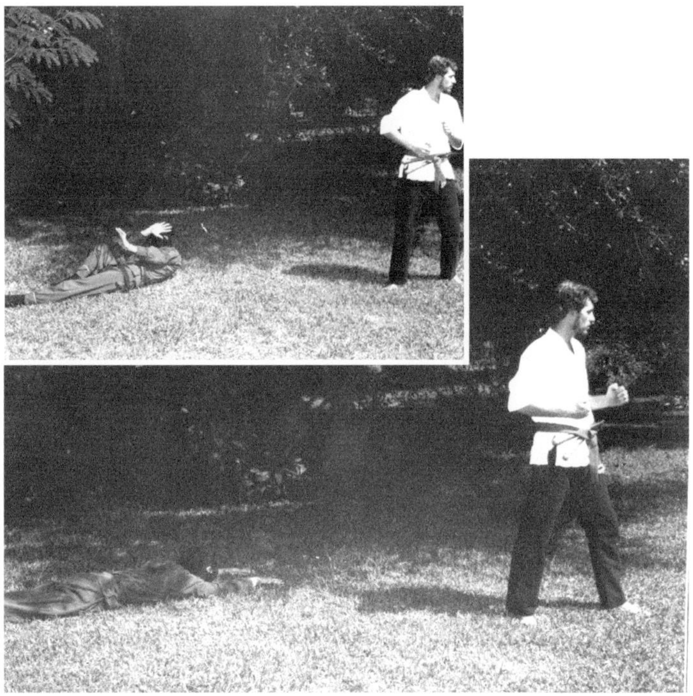

Sollte der Gegner den Ninja nicht sofort sehen und seinen Blick noch einmal verwundert abwenden, dann nutzt der Ninja diese Zeit, um den Abstand zum Gegner nochmals zu verlängern und rollt sich nach links in die tieferen Schatten der Umgebung (Bild 6 & 7).
Es sollten sich nun etwa zwei Körperlängen Distanz zwischen beiden Kontrahenten befinden.

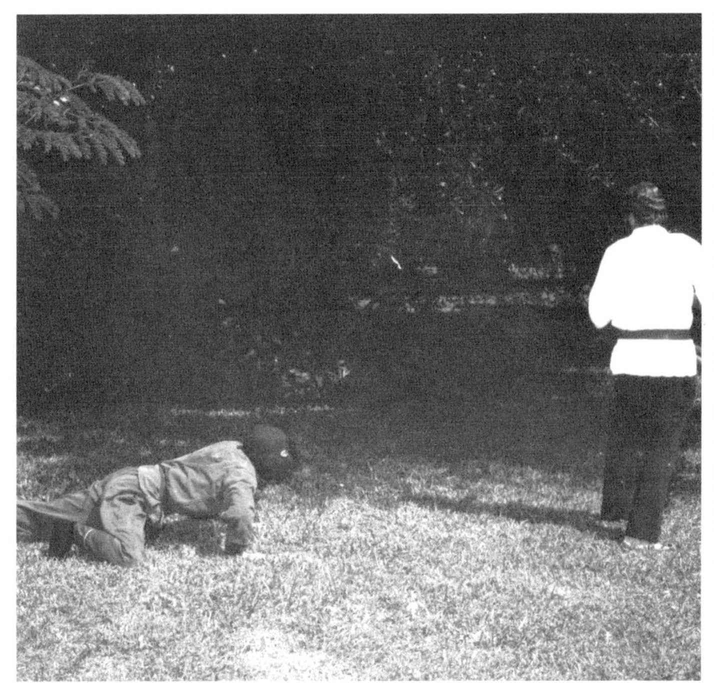

Der Ninja bereitet sich nun vor selbst anzugreifen. Er stützt sich auf (Bild 8)...

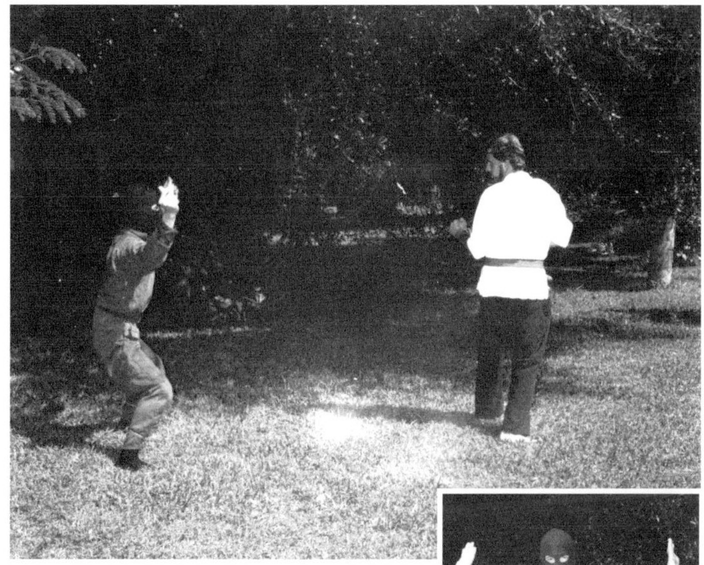

...und springt auf die Beine (Bild 9-10). Zum Erstaunen des Gegners steht der Ninja nun plötzlich in voller Größe vor ihm und ist praktisch aus dem Nichts erschienen.

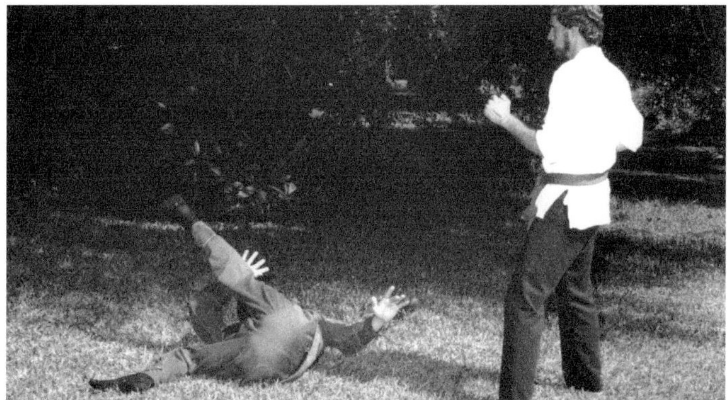

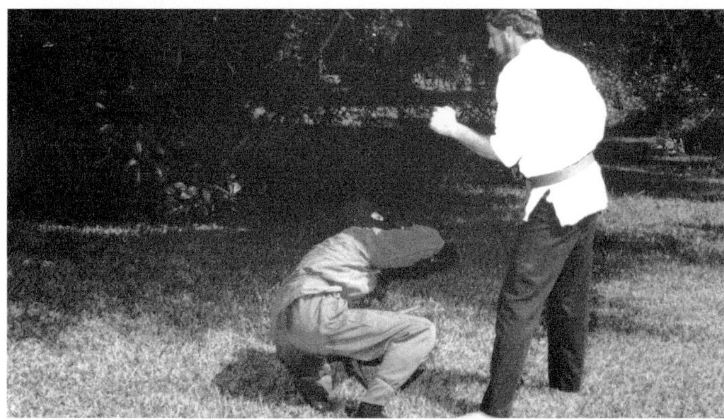

Der Gegner wird sich verwirrt fühlen und versuchen, dieses Mal schneller zu reagieren. Er wird sich blitzschnell umdrehen, doch der Ninja hechtet in einer Vorwärtsrolle auf ihn zu (Bild 11-12).

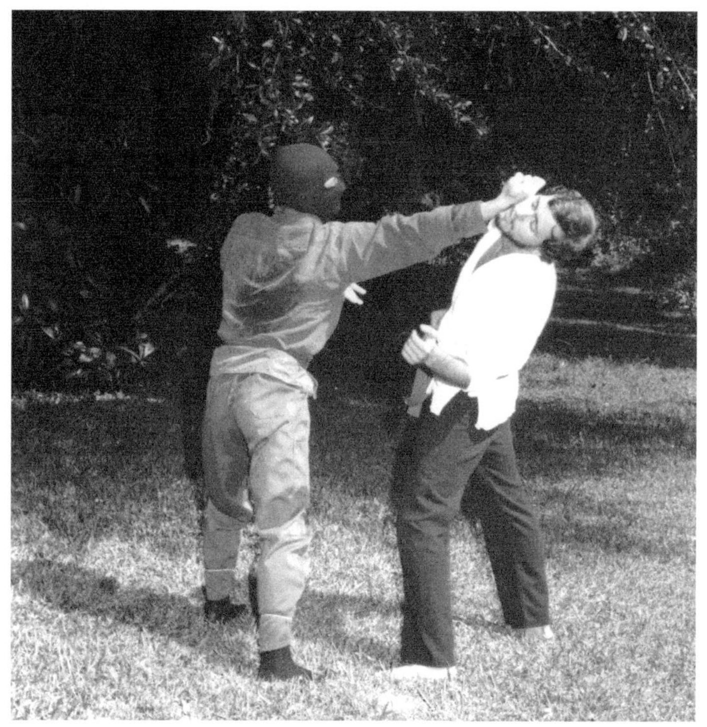

Durch die Rolle spielt es für den Ninja dabei keine Rolle, in welche Richtung der Gegner sich umdreht. Er überbrückt die Distanz mit maximaler Geschwindigkeit und unterhalb der direkten Sichtlinie. Abermals taucht der Ninja also aus dem Blickfeld und plötzlich von unten direkt vor dem Gegner auf, wo er ihn bekämpfen kann.

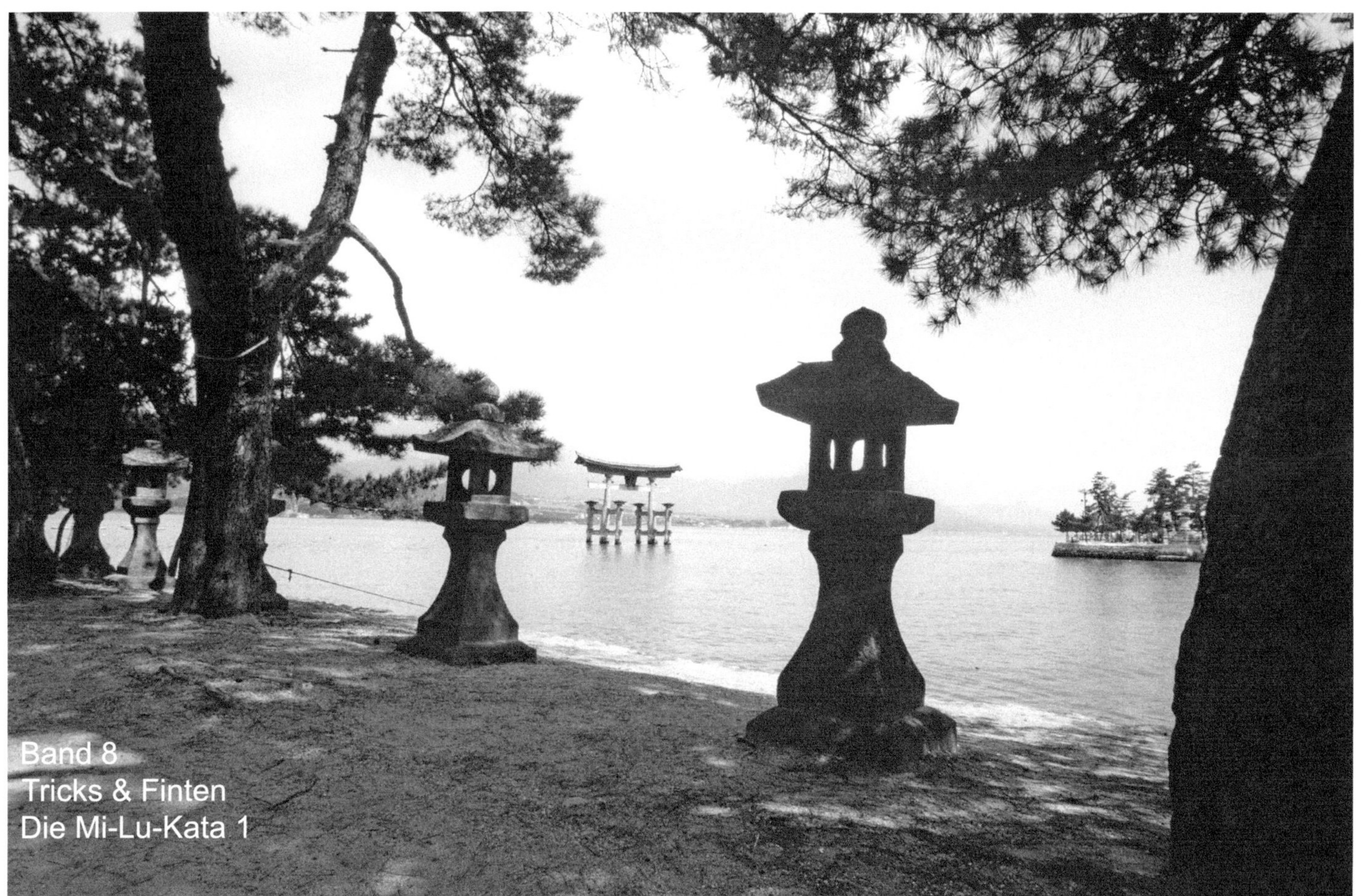
Band 8
Tricks & Finten
Die Mi-Lu-Kata 1

Die erste Mi Lu Kata ist eine komplette Kampfform, die nur dazu entwickelt worden ist, dem Schüler einige Basistechniken der Verwirrung zu vermitteln. Im Gegensatz zur dritten Mi Lu Kata kann die Form alleine und als Ganzes eingeübt werden, wenngleich man im Ernstfall sicherlich immer nur einzelne Bruchstücke daraus verwenden kann, um sie in seine eigene Kampftaktik einzubauen. Es ist wichtig die Prinzipien der Kata zu verstehen, mehr noch als die Techniken auswendig zu lernen. Wer verstanden hat, wie man den Geist des Gegners manipuliert, der kann immer wieder vor seinen Augen verschwinden (und sei es nur für den Bruchteil einer Sekunde) oder Angriffe aus überraschenden und ungesehenen Winkeln ausführen.

(1) Der Ausführende macht sich bereit, atmet mehrere Male tief durch die Nase in den Bauch. Er versucht seine Gedanken zu leeren und bereitet sich mental auf die Ausführung der Form vor. Seine Füße sind dabei geschlossen, seine Hände an der seitlichen Hosennaht. Rücken und Kopf sind gerade.

(2) Bei der Begrüßung trifft die rechte Faust auf die Linke Hand. Dies geht einher, mit einer knappen Verbeugung.

(3)Der Ausführende nimmt das linke Bein etwas zurück. Seine Arme überkreuzen sich dabei vor der Brust. Eine imaginäre Decke wird dabei in den Händen gehalten, welche die Umrisse des Shinobi verbirgt und die in den folgenden Bildern auf den Gegner geworfen wird.

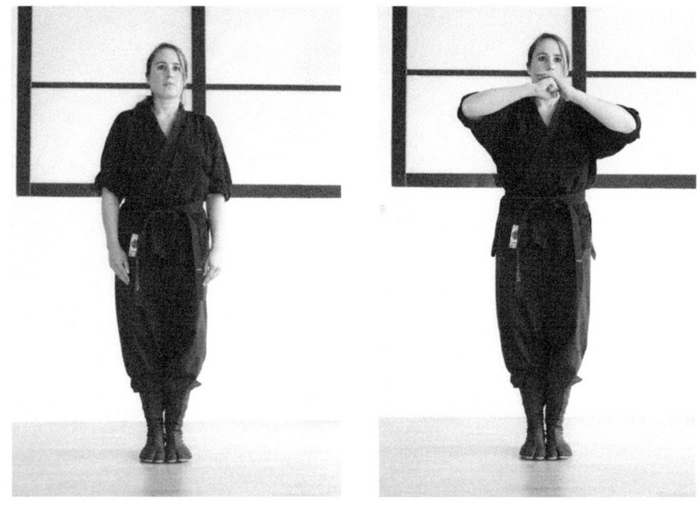

(4) Die Hände bewegen sich blitzartig nach vorne, auf das Gesicht des Gegners zu. Durch diese Aktion wird der Angreifer zum blinzeln verleitet und wird daher blind für die folgenden Attacken.

(5) Die Hände gehen aus der Vorwärtsbewegung nach außen auf, so als hätte man dem Angreifer die imaginäre Decke über das Gesicht geworfen und sie dabei in die Breite gezogen. Gleichzeitig wird ein Vorwärtstritt mit links ausgeführt, welcher den Gegner zwischen den Beinen oder in der Bauchgegend treffen soll. Dabei befolgt der Shinobi das Prinzip - oben ablenken, unten angreifen!

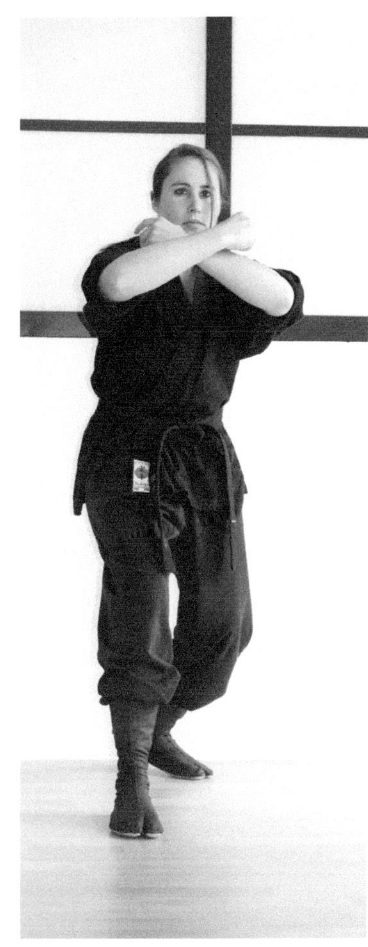

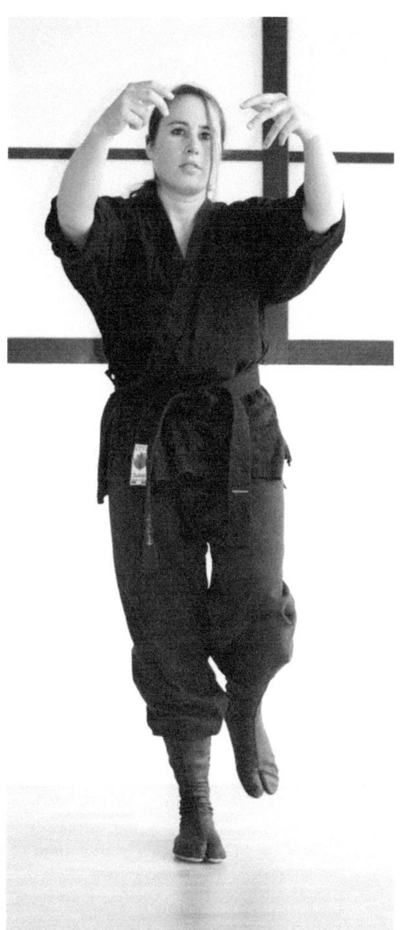

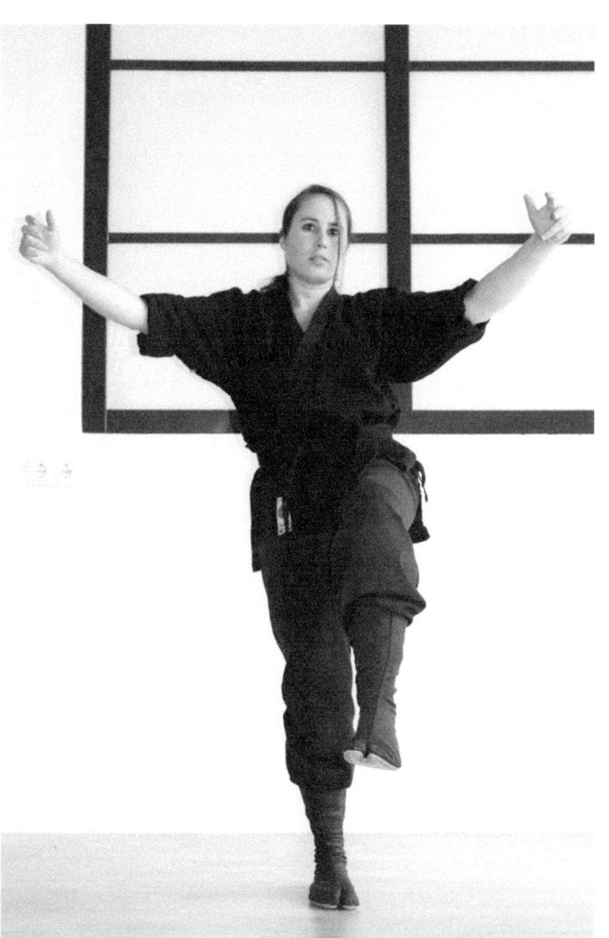

(6) Schnell folgt ein zweiter Vorwärtstritt. Da sich der Oberkörper wegen des ersten Tritts vermutlich nach vorne krümmt ist kein hoher Tritt mehr nötig, um einen Kopftreffer zu erreichen.

(7) Der Ausführende setzt das linke Bein vorne ab und attackiert mit einer rechten Messerhand. Die linke Hand bleibt dabei abwehrbereit oben.

(8) Es folgt ein Kreisblock mit beiden Händen gegen den Uhrzeigersinn, der sämtliche Gegenangriffe zur Seite "wischen" soll.

(9) Aus dem Kreisblock heraus wird unter Einsatz der Hüfte ein doppelter Handflächenstoß nach vorne ausgeführt.

(10-11) Schließlich bringt ein Fußfeger mit dem hinteren (linken) Bein den imaginären Gegner zu Fall und der Ausführende kann sich einem neuen Angreifer zuwenden, der sich von hinten nähert.

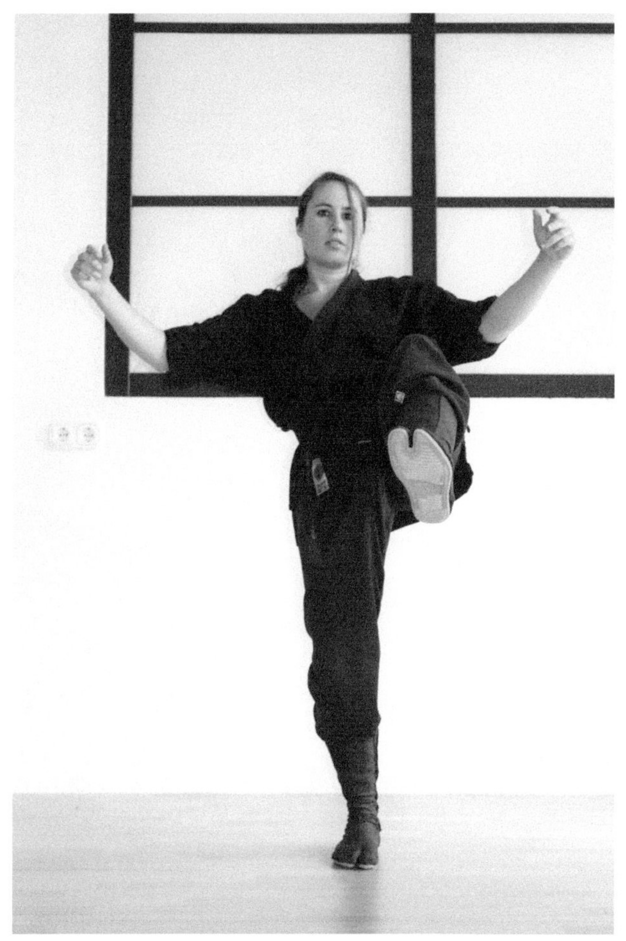

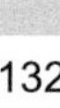

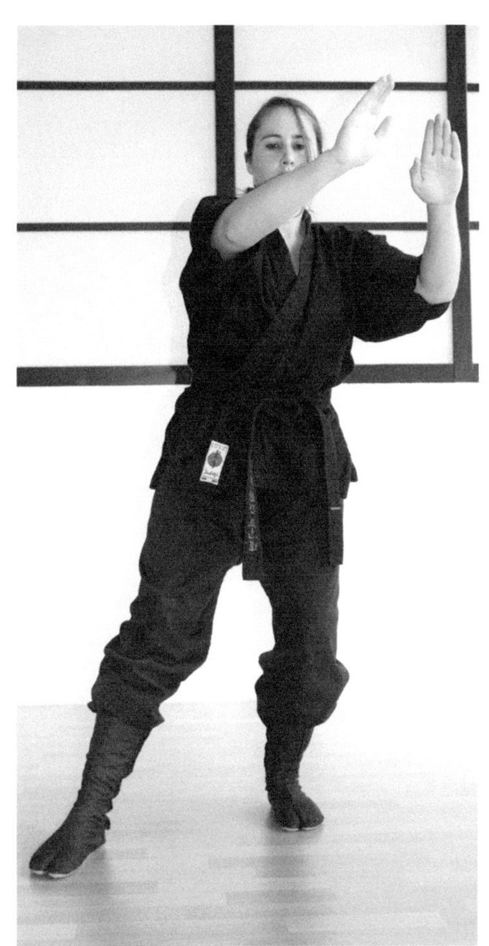
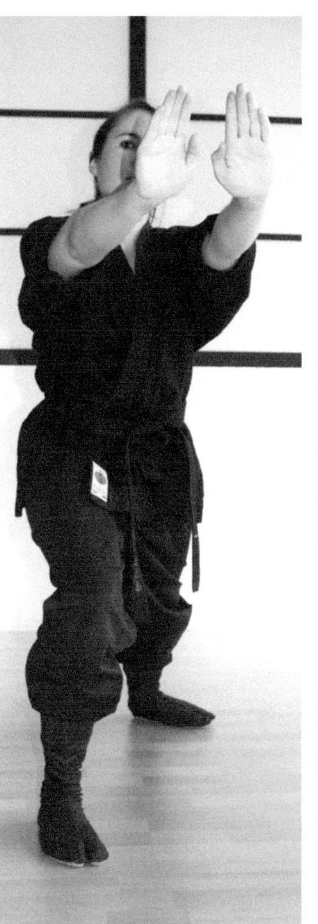
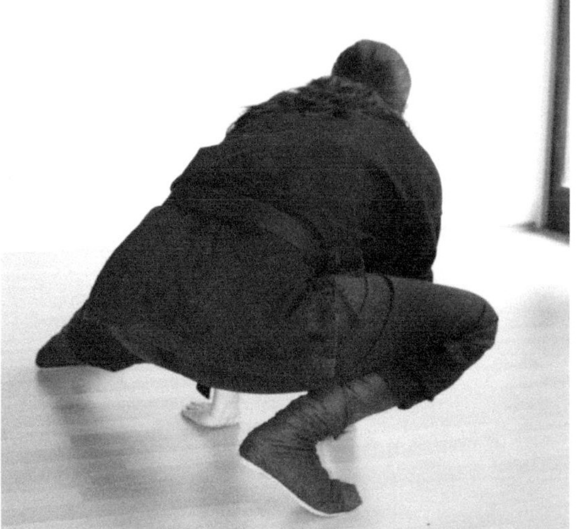
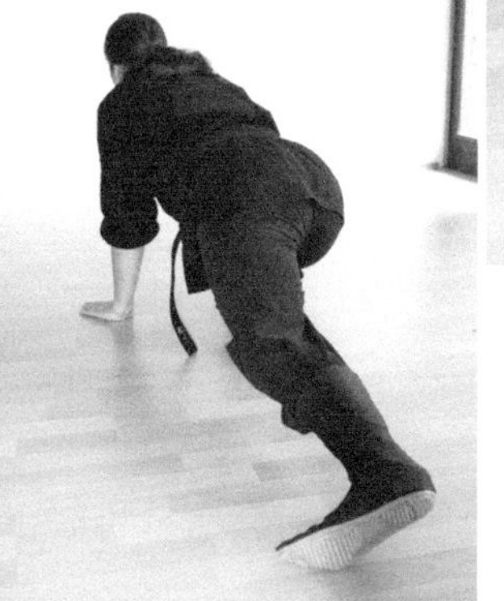
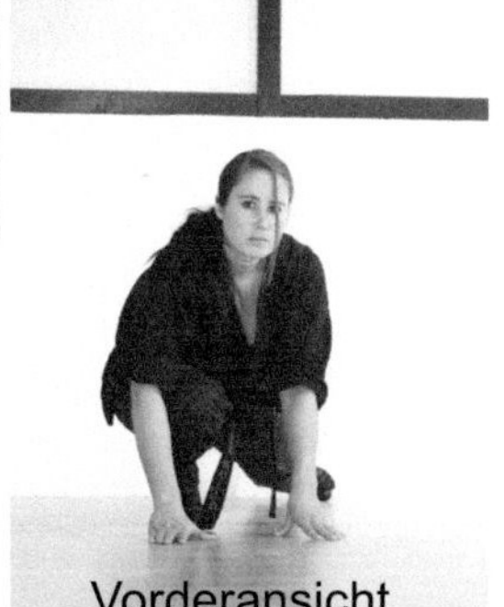
Vorderansicht

(12) Da sich der Ausführende in einer sehr ungünstigen Position (am Boden) befindet, macht er aus der Not eine Tugend und ergreift Schmutz, Staub oder Kies um diese dem heranstürmenden Angreifer entgegen zu schleudern, während er sich selbst erhebt.

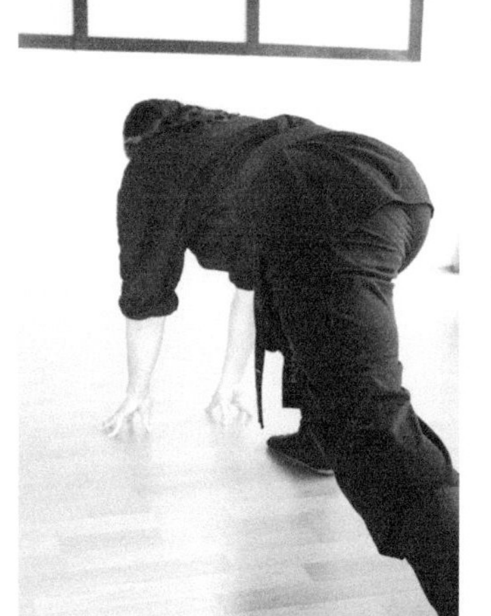

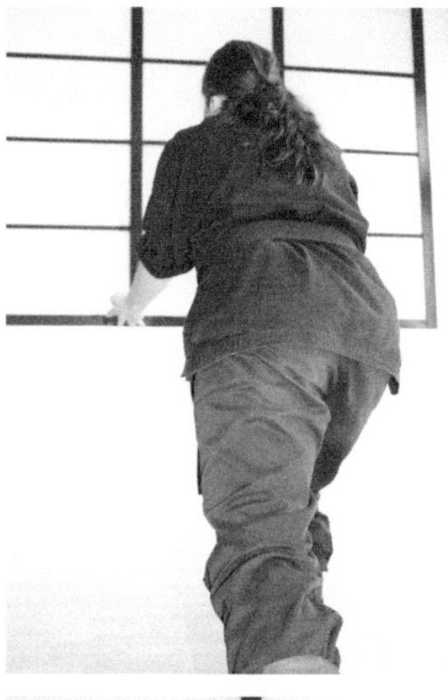

(13) Diese und die dann folgende Bewegung ergeben den so genannten Mi Lu Schritt. Der Ausführende macht im ersten Teil einen Schritt mit links nach vorne und bereitet einen Messerhandschlag vor.

(14) Ohne Verzögerung führt er mit dem rechten Bein einen Kreuzschritt aus und gelangt so hinter den Angreifer. Dabei vollendet er den Messerhandschlag zum Halsbereich.

(15) Ein neuer Gegner naht von links. Der Ausführende hält ihn zunächst mit einem Stopptritt auf. Dazu tritt er einen flachen Seitwärtstritt zum führenden Fuß des Angreifers. Der eigene Fuß ist dabei waagrecht. Die Technik ist ähnlich der eines Jamming Side Kicks.

(16) Sofort folgt ein Faustrückenschlag zum Kopf. Das Gewicht bleibt dabei gleichmäßig auf beide Beine verteilt.

(17) Der Ausführende dreht sich nun um 90 Grad gegen den Uhrzeigersinn und führt einen zweifachen Kreisblock aus. Dabei schützt der rechte Block die obere und der linke Block die untere Körperhälfte. Beide Blocks gehen gegen den Uhrzeigersinn.

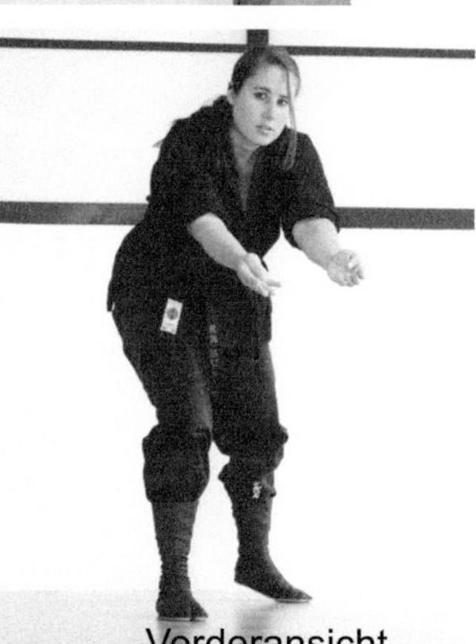
Vorderansicht

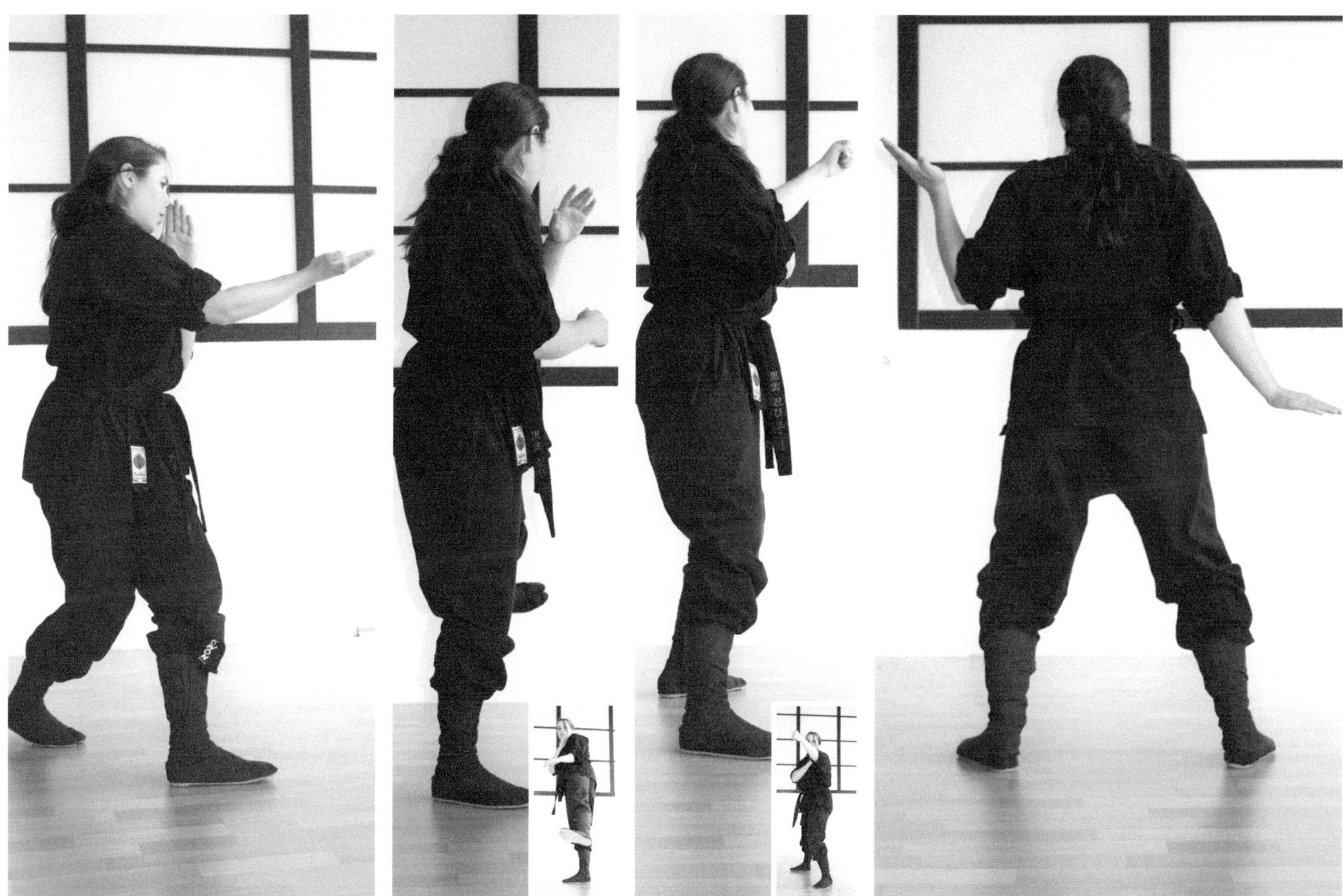

(18) Der Ausführende macht mit rechts einen Schritt nach hinten und verlagert sein Gewicht etwas mehr auf sein rechtes Bein. Dabei greift er in seine Jacke, um etwas zu ergreifen, das er dem Gegner entgegen werfen kann. Dies kann Kleingeld sein, ein Schlüssel oder aber auch nur eine leere Hand die den Angreifer trotzdem kurz mit den Augen blinzeln lässt. Wird die Technik gut ausgeführt, erreicht der Ausführende so oder so sein Ziel - er wird für einen kurzen Moment unsichtbar.

(19) Der Wurf wird ausgeführt.

(20) Der Ausführende macht einen Schritt mit dem linken Fuß nach vorne. Dabei attackiert er mit einem Faustrückenschlag zur linken Gesichtshälfte des Gegners. Dieser Schlag ist eine Ablenkung und soll den Angreifer veranlassen, seine Deckung nach links zu verlagern.

(21) Der Ausführende dreht sich schließlich ohne Zeitverzögerung auf und schlägt einen Faustrückenschlag zur rechten Gesichtshälfte des Angreifers.

(22-23) Ein neuer Gegner nähert sich. Der Ausführende dreht sich blitzschnell um und kommt dem Angreifer mit einer Kombination aus linkem Faustrückenschlag und rechtem Seitwärtshaken zuvor.

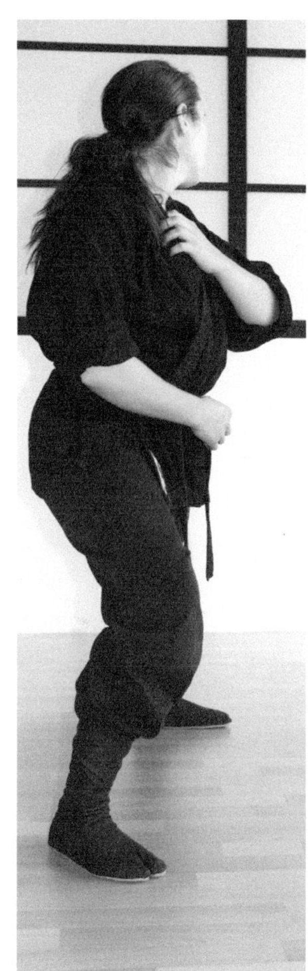

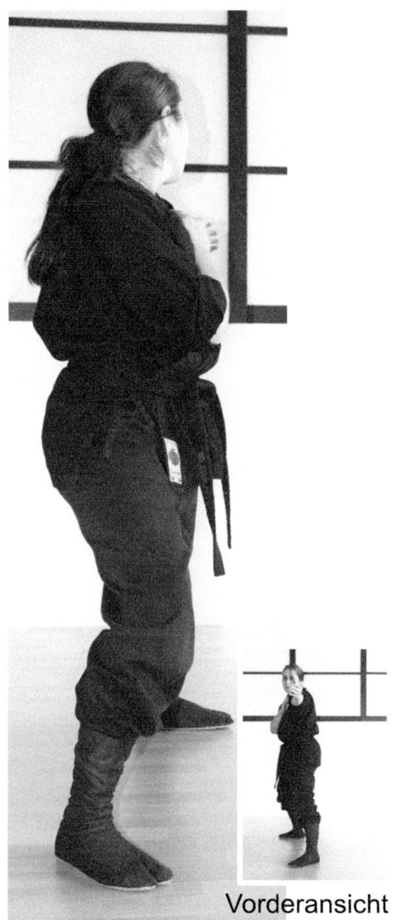

Vorderansicht

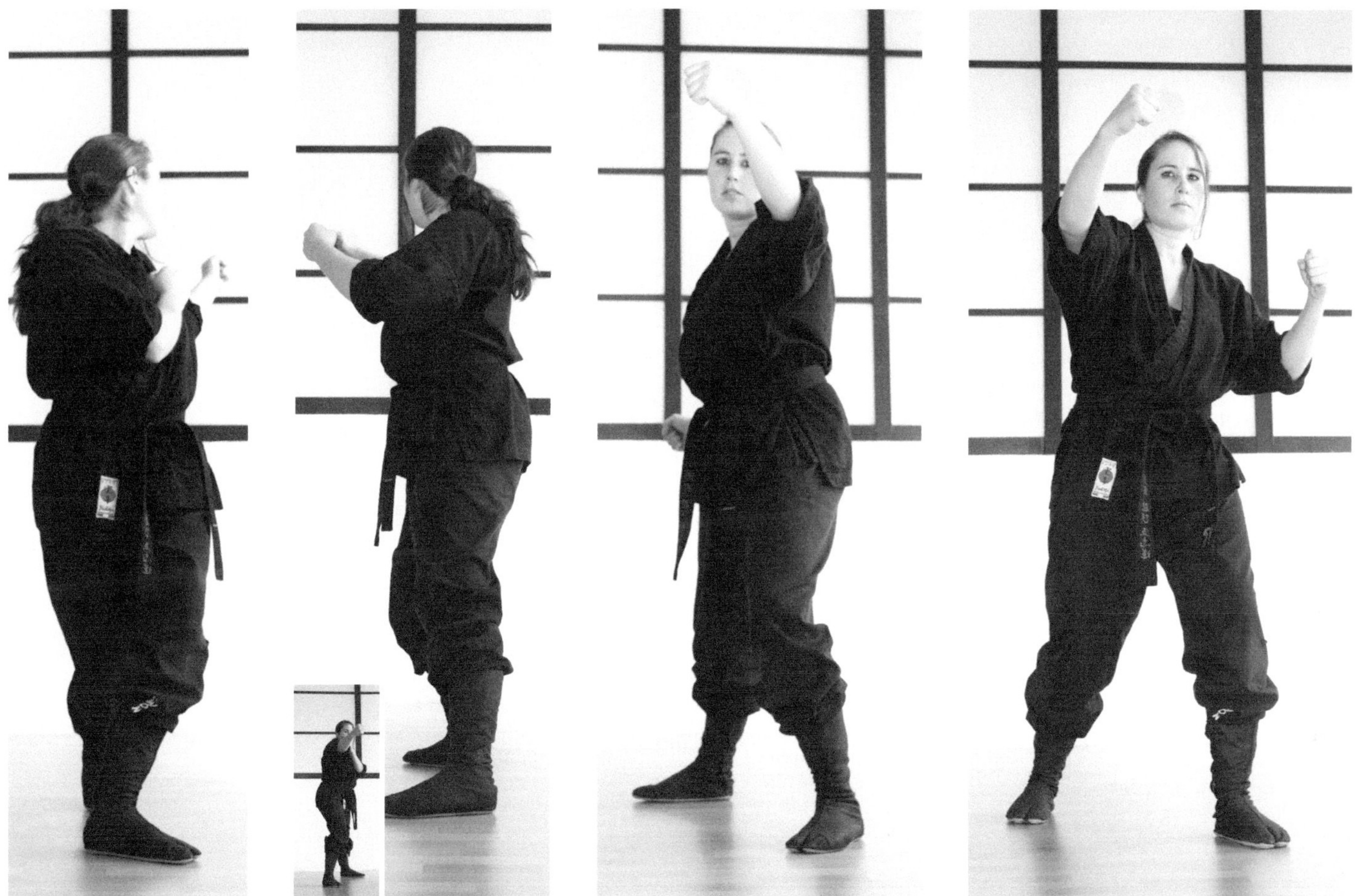

(24-25) Der Ausführende packt schließlich den imaginären Gegner an den Ohren und reißt ihn hinab auf sein Knie.

(26) Es folgt ein zweifacher Kreisblock nach außen. Dieser findet rechts im und links entgegen dem Uhrzeigersinn statt.

(27) Die linke Hand geht nahtlos in einen rechten Hochblock über, während die rechte Hand vorschnellt, um einen flachen Handflächenstoß zwischen die Beine des Angreifers auszuführen.

(28) Der Ausführende steht auf, bringt das rechte Bein zum linken Bein und überkreuzt die Arme vor der Brust. Dabei verbeugt er sich knapp.

(29) Die Form ist damit beendet.

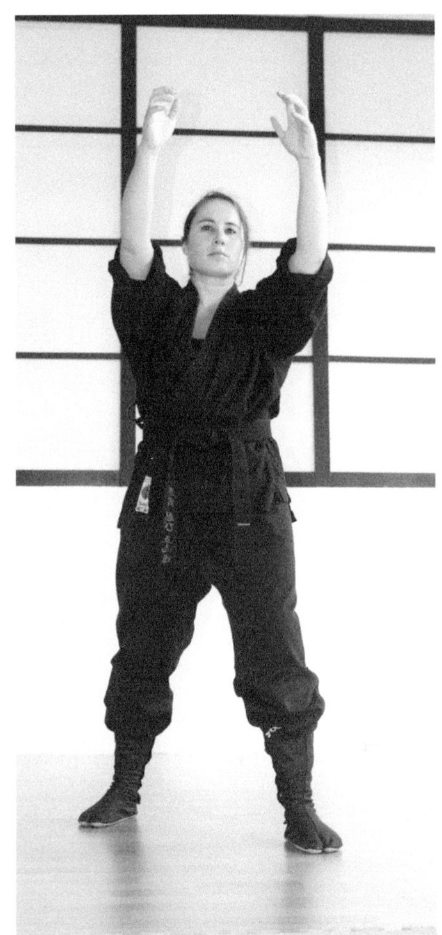

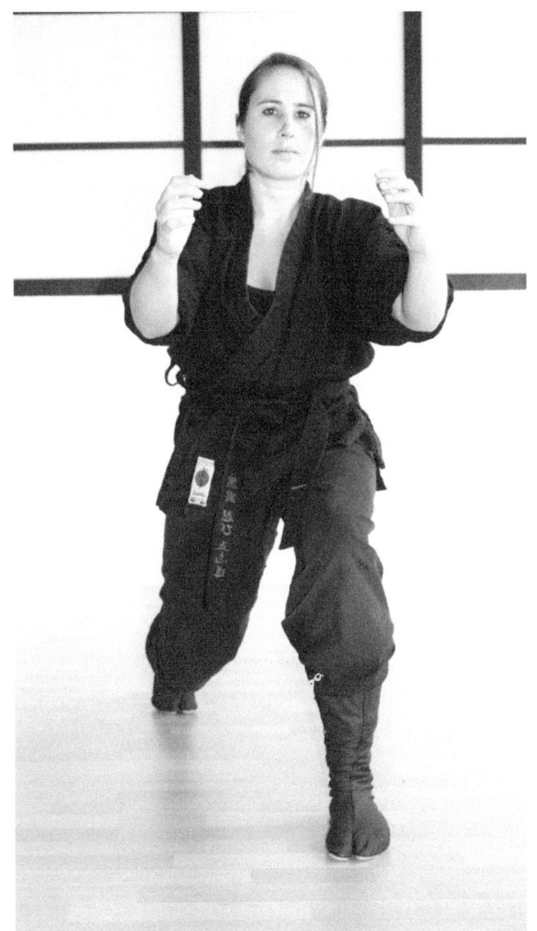

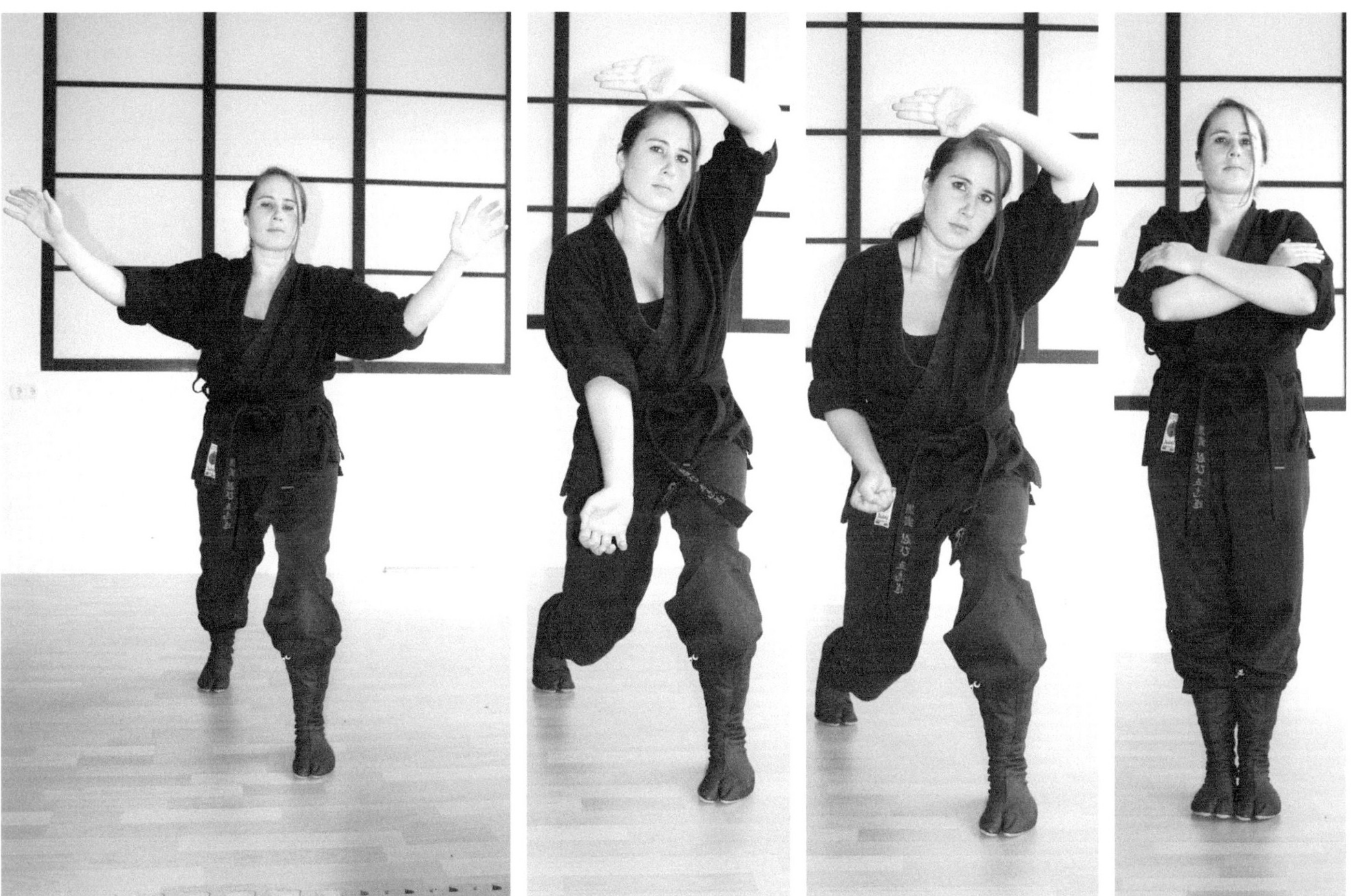

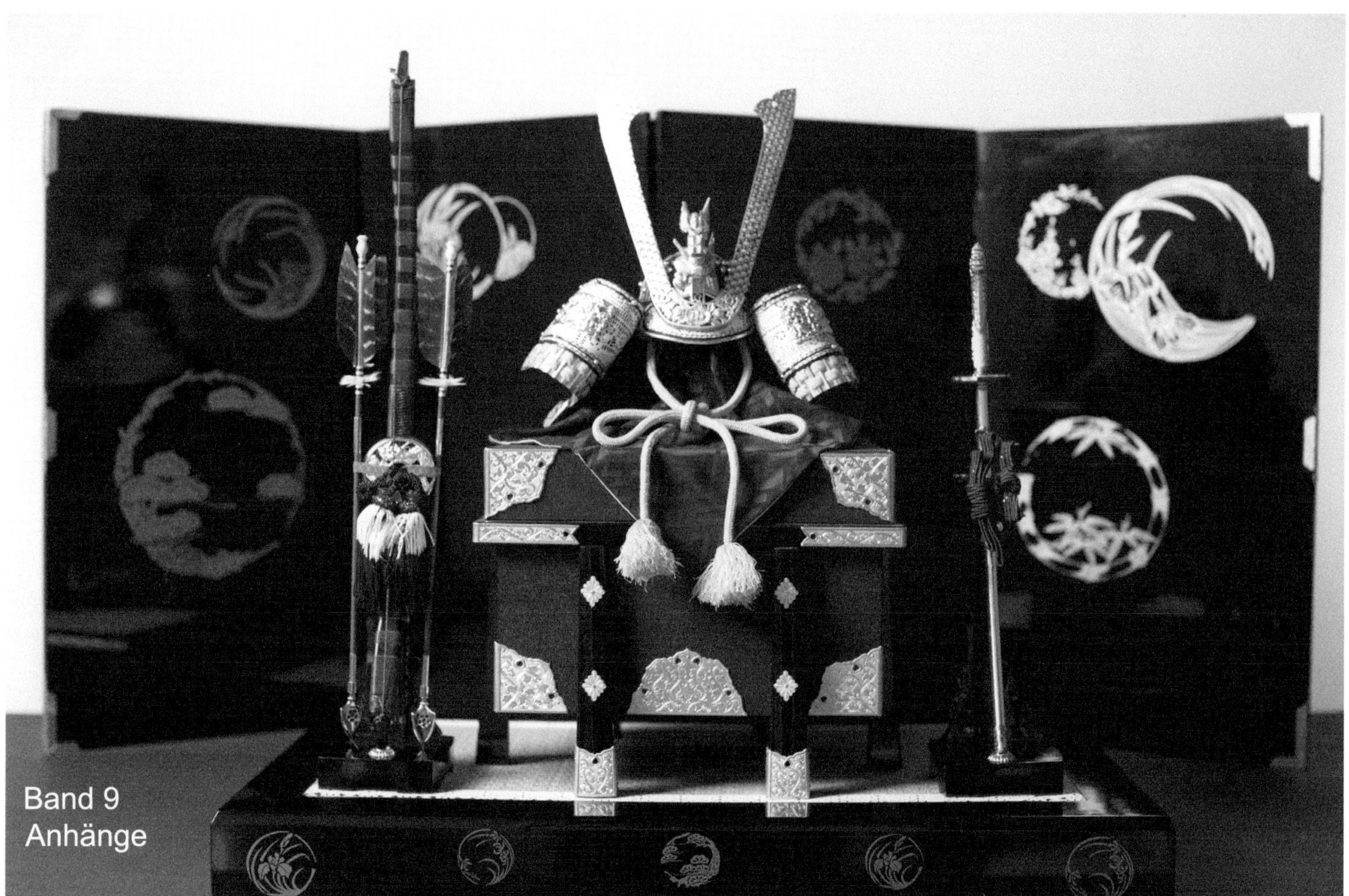
Band 9
Anhänge

## Unsichtbarkeit gegen technischen Fortschritt

Der technische Fortschritt ist in unserer heutigen Welt nicht mehr aufzuhalten. Wärmebildkameras, Bewegungsmelder, Nachtsichtgeräte, dies und noch viele andere hochtechnische Ausrüstungsgegenstände mehr würden dem Ninja von heute das Leben wesentlich schwerer machen, als er es vor einigen Jahrhunderten gewohnt war.

Weshalb also sollte man sich also mit den altertümlichen Techniken des Ninja befassen? Dafür gibt es mehrere Gründe!

1.
Heute gibt es auch Pistolen, Gewehre und Raketen. Führt man diesen Gedanken weiter, dann wäre also auch ein Training in den Kampfkünsten sinnlos, denn welcher Fußtritt hilft schon gegen eine Salve aus einem Maschinengewehr?

2.
Die meisten von uns sind keine professionellen Soldaten und glücklicherweise läuft die Mehrzahl der Schläger und Raufbolde bei uns (noch) nicht mit Feuerwaffen durch die Straßen.

3.
Wenn man zwei Menschen gleich ausrüstet, dann entscheidet am Ende doch wieder das persönliche Können. Das bedeutet, dass beim direkten Vergleich zweier Soldaten mit der identischen Ausrüstung der die Nase vorne haben wird, der besser trainiert ist.

Dies alles sind also durchaus plausible Gründe, weshalb wir uns mit den Ninjatechniken der Heimlichkeit ein wenig genauer auseinander setzen sollten. Sie ganz alleine können uns letztendlich bereits helfen Gefahrensituationen zu vermeiden, und kombinieren wir unser Heimlichkeitswissen mit einem vernünftigen und vorausschauenden Leben, dann werden wir uns viele Probleme und Auseinandersetzungen ersparen können. Dies erscheint uns beiden und hoffentlich auch Ihnen, sehr geehrte Leser, als durchaus lohnenswertes Ziel.

Jeder vermiedene Kampf ist ein gewonnener Kampf!

## Übung macht den Meister

Wir haben Ihnen sowohl im ersten Band als auch in diesem Buch einige Abläufe und Spiele zur Übung der Heimlichkeitstechniken vorgestellt. Bei vielen dieser Übungen braucht man einen Partner oder gar eine ganze Gruppe. Doch üben kann man immer, auch alleine, und es ist wie immer im Leben, nur Übung macht den Meister. Für manchen mögen sich die nun folgenden Ideen seltsam anhören, doch es sind ganz einfache Kleinigkeiten, bei denen wir unseren Körper und unseren Geist darauf konditionieren können, sich leiser als normal zu bewegen, und damit machen wir einen ersten Schritt in die Welt der Heimlichkeit. Denn im Ernstfall haben wir keine Zeit, um uns Gedanken über solche oder ähnliche Kleinigkeiten zu machen. Unser Körper muss dann einfach funktionieren und wenn wir uns z.B. eine leisere Gesamtbewegung, ein behutsames Abrollen oder ein sicheres Bewegen in der Dunkelheit angewöhnt haben, dann können wir uns im Ernstfall auf die wirkliche Gefahr konzentrieren. Sollten Sie sich also ernsthaft für das Thema Heimlichkeit interessieren, dann sind die folgenden Übungen vielleicht ja doch ein guter Einstieg in diese Thematik.

*Äste:*
Machen Sie es sich zur Gewohnheit, beim Waldspaziergang nicht auf Äste und Zweige zu treten, die dann laut unter Ihren Füßen zerbrechen.

*Bewegen in der Dunkelheit:*
Die eigene Wohnung ist der Ort, den man am besten kennt. Trotzdem schalten wir nachts sofort das Licht ein, wenn wir sie betreten. Was aber, wenn wir das Licht auslassen und lernen uns in der Dunkelheit zurecht zu finden?!

*Gehen üben:*
Sie werden es schon bemerkt haben. Manche Leute bewegen sich mit elfenhafter Eleganz und andere trampeln durchs Leben. Zu welcher Sorte möchten Sie gehören? Üben Sie das leise, elegante Gehen, das Abrollen über den Fuß und nicht das „Hacken mit der Ferse".

*Kanaldeckel:*
Wenn Sie durch die Straßen gehen, werden Sie vermutlich öfters unachtsam auf einen Kanaldeckel treten. Dies gibt meist einen dumpfen Ton. Vermeiden Sie ihn gezielt.

*Mitbewohner:*
Mitbewohner (Freundin, Eltern etc.) haben oftmals kein rechtes Verständnis für das Interesse an Ninja und Heimlichkeit. Doch sind sie gute Übungspartner. Denn hier kann man gut lernen sich unbemerkt durch die Wohnung zu schleichen und wenn man sie dann nicht durch ein lautes „Türschlagen" nachts um drei aufweckt, werden sie einem sogar noch dankbar sein.

*Niesen:*

Ein Niesen zum falschen Zeitpunkt kann schlimme Folgen haben. Versuchen Sie sich zu beherrschen. Ein Tipp: Es hilft ungemein, wenn Sie sich mit dem Zeigefinger auf den Bereich unterhalb der Nase (Mitte) drücken.

*Schimpfwörter:*
Manchmal ärgern wir uns, weil wir stolpern oder uns irgendwo anstoßen. Dann fluchen wir mehr oder weniger leise vor uns hin.
Im Ernstfall hilft dies natürlich wenig, da wir uns dann nicht nur „vielleicht" durch das verursachte Geräusch verraten haben, sondern „ganz sicher" durch unser Selbstgespräch.

*Schneegang:*
Wenn der Schnee so richtig hart und gefroren ist, dann versuchen Sie doch einfach einmal auf der Schneedecke zu gehen, ohne einzusinken. Ein Tipp: Durch gleichmäßige Gewichtsverteilung auf dem ganzen Fuß werden Sie größere Erfolge haben.

*Springen üben:*
Springen Sie einfach einmal in die Höhe und landen Sie wieder. Die meisten Menschen landen mit einem lauten Knall, selbst wenn sie keine Schuhe anhaben. Landet man aber gezielt auf den Fußballen, über die man dann langsam abrollt, dann wird der Aufprall abgefedert und das Geräuschniveau dämpft sich erheblich.

*Spuren im Schnee:*
Versuchen Sie einmal alten Spuren im Schnee zu folgen ohne eigene Spuren zu hinterlassen.

*Spuren verwischen mit Heng-Pu:*
Gehen Sie einmal über Sand oder Schnee und versuchen Sie Ihre Spuren durch Heng-Pu (Schleichschritt Nr. 2 aus Teil 1) zu verschleiern.

*Tag der Stille:*
Erklären Sie für sich selbst einen Tag der Stille. Nehmen Sie sich vor an diesem Tag so wenig Geräusche wie möglich zu verursachen  und bedenken Sie dieses Motto bei jeder Handlung, egal ob Kühlschrank öffnen, essen oder hinsetzen.

## Kurze Checkliste zur Heimlichkeit

In diesem Kapitel finden Sie eine kurze Checkliste, die Sie zur Sicherheit vielleicht im Hinterkopf behalten sollten.

*Ausdauer:*
Eine gute Ausdauer hilft bei vielen Heimlichkeitsmanövern. Denken Sie nur einmal, was passiert, wenn Sie weglaufen und sich dann schnell verstecken müssen. Ist Ihr Atem schwer und damit laut, wird Ihren Bemühungen kein großer Erfolg beschieden sein.

*Ausrüstung:*
Die mitgeführten Gegenstände können oft unangenehme Geräusche verursachen (Kleingeld, metallene Jackenknöpfe, Geldbeutelkette etc.). Diese müssen unbedingt gedämmt bzw. verhindert werden.

*Bewegung:*
Das menschliche Auge reagiert sehr empfindlich auf Bewegung und kann auch Bewegungen im Augenwinkel wahrnehmen, sodass man evtl. gesehen wird, wenn man sich bewegt, während man verborgen geblieben wäre, wenn man in Stille verharrt hätte.

*Geduld:*
Geduld ist das Geheimnis für jedes gute Versteck und für viele gute Schleichmanöver. Man muss lernen zu verharren und sich geräuschlos und sehr langsam zu bewegen.

*Gerüche:*
Vermeiden Sie auffällige Düfte, da diese Sie verraten könnten.

*Grün oder Tarnfarbe:*
Die modernen Tarnmuster „brechen eine Einheitsfarbe auf" und passen sich so besser der Natur an.

*Kleidung:*
Ist die Farbe meiner Kleidung der Umgebung angepasst? Kann ich mit „Wenden" von Kleidungsstücken oder durch Entledigung eines Kleidungsstückes (z.B. Jacke) meine Tarnung verbessern?

*Knochen:*
Manchmal machen unsere eigenen Knochen Geräusche, wenn wir uns bewegen. Diese können wir leider nicht verhindern. Wir sollten uns selbst aber gut genug kennen, um die Wahrscheinlichkeit eines solch verräterischen Geräusches zu berücksichtigen.

*Masse:*
Manchmal ist ein offensichtliches Versteck in der Masse besser als ein Versteck am geheimsten Ort.

*Orientierung:*
Befindet man sich in kompletter Dunkelheit, so ist ein guter Orientierungssinn sehr wichtig. Dieser kann mit einigen der Spiele aus Teil 1 trainiert werden.

*Reflektion:*
Licht reflektiert in den kleinsten Objekten. Egal ob weiße Streifen am Turnschuh, gelbe Schuhbänder oder Zähne. Sie alle können uns verraten.

*Schatten:*
Alle Gegenstände werfen einen Schatten. Dieser eignet sich häufig gut als Versteck.

*Schuhe:*
Die Vor- und Nachteile des eigenen Schuhwerks auf verschiedenen Untergründen sind gut zu bedenken. Gummisohlen sind meist leiser, quietschen aber auf vielen Böden im Haus. Ledersohlen und Absätze eignen sich wenig für Heimlichkeitsmanöver. Im Fall der Fälle sollte man überlegen, ungeeignete Schuhe auszuziehen.

*Schwarz:*
Die Farbe Schwarz eignet sich auch in der Nacht nur unter Einschränkung zur Tarnung, da schwarze Kleidungsstücke wie schwarze Flecken in der Natur wahrgenommen werden.

*Sichtlinie:*
Die Sichtlinie des Menschen befindet sich meist auf Augenhöhe. Befindet man sich darunter oder darüber, steigen die Chancen für den Moment unerkannt zu bleiben.

*Stille vs. Geschwindigkeit:*
Manchmal muss man sich schnell bewegen, manchmal sehr leise. Geschwindigkeit geht fast immer auf Kosten von Stille. Deshalb muss man in jeder Situation entscheiden.

*Tiere:*
Befindet man sich in freier Natur, dann scheucht man evtl. einige Tiere (z.B. Vögel) durch seine Anwesenheit auf. Spätestens dann wird ein guter Beobachter unsere Spur wieder aufnehmen können. Bedenken Sie dies!

*Umgebungsgeräusche:*
Diese kann man benutzen, um eigene Geräusche zu decken. Es kann sich hierbei um Wind, Regen, Verkehrslärm oder z.B. auch die Schritte des anderen handeln.

*Windrichtung:*
Der Wind kann der beste Verbündete oder der schlimmste Feind sein. Er trägt Geräusche und Gerüche unbarmherzig weiter. Bedenken Sie deshalb stets die Windrichtung.

## Schlusswort

Manche Zweifler werden die hier gezeigten Techniken nun für schwierig oder gar unmöglich erachten. Was aber, wenn wir genauso viel Zeit auf diese Art des Trainings verwenden würden als wir sie auf das Kampftraining verwenden? Was, wenn ein Ninja sich nicht durch eine weitere kompromisslose und tödliche Nahkampffähigkeit definiert, sondern durch die erstaunliche Fähigkeit, vor den Augen eines Mannes zu verschwinden?

Ich werde Ihnen sagen, was dann wäre: Ninjutsu wäre eine wahrhaft andere Kunst des Kampfes, nicht nur ein weiterer Kampfsport aus Hebeln, Würfen und Würgegriffen. Es wäre etwas Besonderes und Einmaliges im Bereich der Kampfkünste und glauben Sie nicht, dass das alles hier unmöglich sei. Stellen Sie sich vor, jemand geht 10 Jahre lang dreimal die Woche 2 Stunden ins Kampfsporttraining. Was könnte er für sagenhafte Fähigkeiten im Bereich der Heimlichkeit erlangen, wenn er die gleiche Zeit darauf verwenden würde?!

Wenn wir nun an die Hochzeit der Ninja zurückdenken und ihre Aufgaben und Missionen, dann waren diese Fähigkeiten vermutlich noch wichtiger als jegliche Kampftechnik. Denn ein einzelner Mann konnte keine ganze feindliche Burg niederkämpfen, ein Heer aufhalten oder eine Übermacht stellen. Er konnte aber wohl unbemerkt hinter die feindlichen Linien gelangen, um seinen Auftrag im Schatten der Nacht zu erfüllen, und dann ungesehen verschwinden. Ein Mann mit diesen Fähigkeiten konnte wahrhaft Großes vollbringen und vielleicht sogar einen ganzen Krieg verhindern. Er war weit mehr als ein weiterer „unbezwingbarer Elitekämpfer", von denen die Geschichte schon so viele gesehen hat.

Wir würden uns deshalb beide freuen, wenn das Augenmerk vieler Kampfkünste auch auf diese Techniken des „Vermeidens" ausgerichtet werden würde anstatt auf den bloßen Zweikampf, der immer die schlechteste aller Möglichkeiten darstellt.
In diesem Sinne wünschen wir Ihnen viel Vergnügen mit unseren kompletten Band zum Thema Heimlichkeit, der Sie in die „Geheimnisse der Unsichtbarkeit" einführen sollen.

Mit den besten Grüßen

Ashida Kim und Andreas Leffler

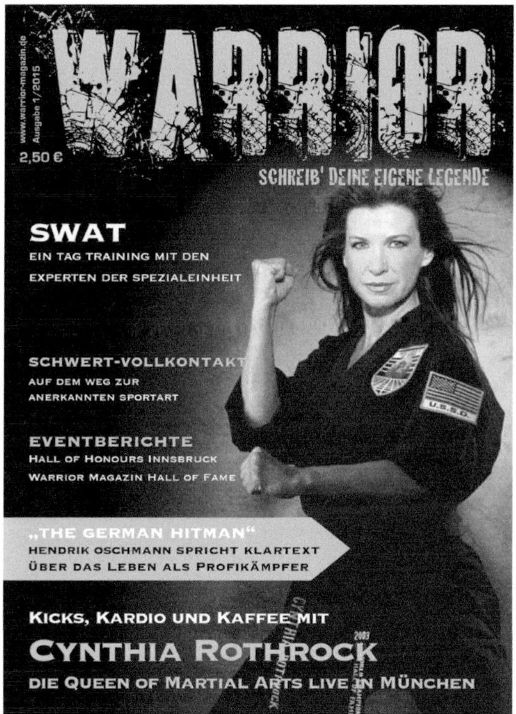


Warrior Magazin

*Die Kampfsportzeitschrift*
*erhältlich bei allen Partnershops oder*
*direkt unter*

www.warrior-magazin.de

## Warrior Spirit - Kämpfe gewinnt man im Kopf

Welche Kampfart ist die Beste? Welcher Lehrer ist der Erfahrenste? Wie hart können wir schlagen, wie hoch treten? Oder ist dies doch alles nur zweitrangig?

Der wichtigste Aspekt im realen Kampf, auf der Straße und im Ring ist vielmehr der Kopf. Trifft ein Verbrecher auf einen Passanten treffen dabei auch verschiedene Weltanschauungen aufeinander. Steht man im Ring und erleidet schnell mehrere Treffer nacheinander schwindet der Kampfgeist.

In diesem Buch betrachten wir diesen oft unterschätzten Aspekt des Kampfes. Mit Hilfe verschiedener Kampfkunstmeister beleuchtet der Autor Andreas Leffler die unterschiedlichen Aspkete des „Kriegergeistes" im Training und im Kampf.

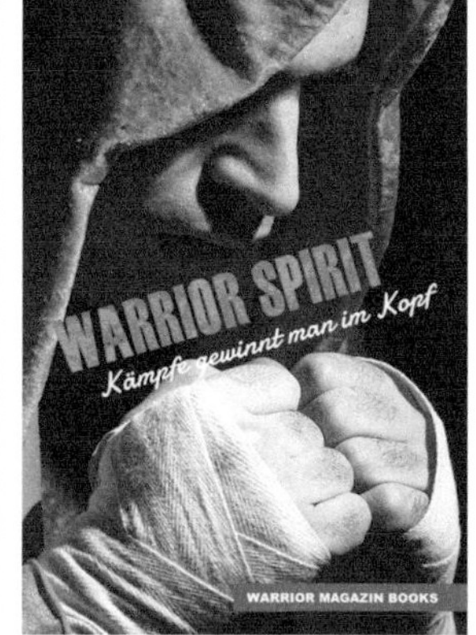


ISBN 978-3-936457-67-4
Preis 14,90 Euro

von
*Andreas Leffler*
mit
*Sifu Steffen Heinemann (WT & Krav Maga)*
*Anqi Nimbach (Kickboxen, Stunt, Wu-Shu)*
*Sensei Sven Ackermann (Ninjutsu und SV)*
*Sifu Ali Ol (Meister Chow Gar Kung Fu)*
*Maxim Walter (Lehrer Kung-Fu & Sanda)*

## Stimmen zum Buch

**Eine glatte 1 Plus**

Hugendubel Buchblog

**5 Sterne von 5**
...man kann sich gut in der wiederkehrenden Spannung festlesen...

Kittys Bücherblog

**Eine spannende Geschichte, so schön erzählt...sagt eine die es wissen muss!**

Ruth, Chefin bei aries-scutum & Zitadelle e.V. (Vollkontakt-schwertkampf & Mittelalter-eventveranstaltungen)

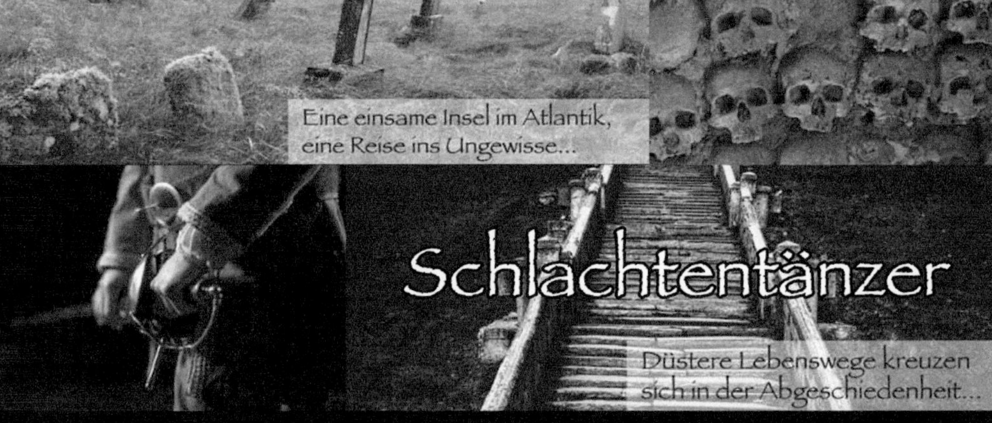


## Schlachtentänzer

Der aktuelle Roman vom Chefredakteur des Warrior Magazins Andreas Leffler

Schlachtentänzer
Ein Barockroman

ISBN: 978-936457-58-2

**Schlachtentänzer**
Realistische Kämpfe, eine spannende Reise, Hugendubel Buchblog bewertet das Buch mit 1 Plus!

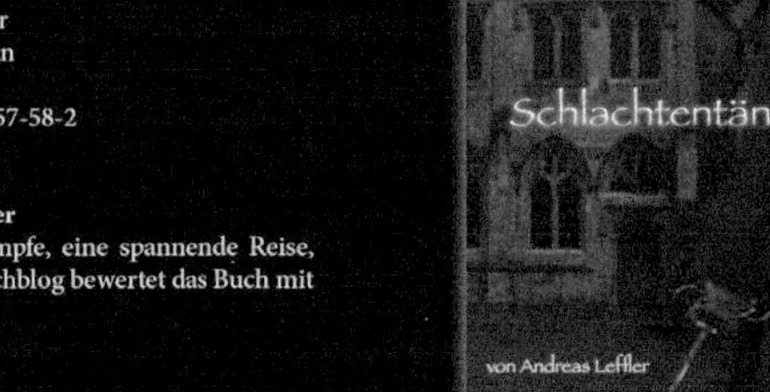


1781, der Kampf um die neue Welt entscheidet sich in einer blutigen Nacht auf einem verregneten Feld vor Yorktown. Janus, ein preußischer Offizier, erringt einen Sieg der ein ganzes Land befreit und verliert doch alles. Fünf Jahre später in Frankreich lebt er alleine von Schnaps, Bier und der Sehnsucht nach dem Ende. Seine verbliebenen Fähigkeiten nutzt er nur noch um sich Gläubiger und betrogene Ehemänner vom Leib zu halten. Doch das Schicksal lockt ihn auf eine einsame und Sturm umtoste Insel inmitten des Atlantiks. Dort, abgeschieden von der Welt verschwinden Menschen in den alten Gemäuern und auf den windgepeitschten Klippen. Etwas liegt in der Einsamkeit auf der Lauer und die Angst frisst sich in die Herzen der letzten Verbliebenen. Doch je mehr Menschen sterben, desto mehr erwacht Janus aus seiner Starre und wird wieder zu seinem alten Selbst - denn ER war